Gütersloher Taschenbücher/Siebenstern 493

Was geht uns Maria an?

Beiträge zur Auseinandersetzung in
Theologie, Kirche und Frömmigkeit
von
Schalom Ben-Chorin
Kari Elisabeth Børresen
Virgil Elizondo
Catharina J. M. Halkes
Maria Kassel
Hans Küng
Karl-Josef Kuschel
Monika Leisch-Kiesl
Gottfried Maron
Jürgen Moltmann
Elisabeth Moltmann-Wendel
John McKenzie
Nikos Nissiotis

Herausgegeben von
Elisabeth Moltmann-Wendel,
Hans Küng und Jürgen Moltmann

Gütersloher Verlagshaus
Gerd Mohn

Originalausgabe

CIP-Titelaufnahme der Deutschen Bibliothek

Was geht uns Maria an? : Beitr. zur Auseinandersetzung in
Theologie, Kirche u. Frömmigkeit / von Schalom Ben-Chorin
... Hrsg. von Elisabeth Moltmann-Wendel ... – Orig.-Ausg. –
Gütersloh : Gütersloher Verl.-Haus Mohn, 1988
    (Gütersloher Taschenbücher Siebenstern) ; 497)
    ISBN 3-579-00493-X
NE: Ben-Chorin, Schalom [Mitverf.]; Moltmann-Wendel, Elisabeth
    [Hrsg.]; GT

ISBN 3-579-00493-X

© Gütersloher Verlagshaus Gerd Mohn, Gütersloh 1988

Umschlagentwurf: Dieter Rehder, Aachen, unter Verwendung eines Bildaus-
schnitts des Gemäldes »Der zwölfjährige Jesus im Tempel« von Simone Martini,
1342 (Dia: Archiv für Kunst und Geschichte, Berlin)
Gesamtherstellung: Clausen & Bosse, Leck
Printed in Germany

Inhalt

Die Gestalt Marias, der Mutter Jesu, ist heute in den verschiedensten Aufbruchsbewegungen wieder lebendig geworden: Am Werfttor der Leninwerft in Danzig war sie Sinnbild des gerechten Kampfes des polnischen Volkes für eine christliche und soziale Gerechtigkeit. Als heimliche Göttin im Christentum gilt sie für manche Feministinnen, die die christliche Männersymbolik leid sind. Und als Maria auf dem Löwen, wie die Indios sie verehren, ist sie zum Befreiungssymbol in Lateinamerika geworden. Trotz alledem bleibt sie für viele katholische Christen und Christinnen in Altötting und Kevelaer Inbegriff traditioneller Frömmigkeit, die nicht Aufbruch, sondern Demut und Innerlichkeit verkörpert. Am 25. März 1987 erschien zum marianischen Jahr die Enzyklika: Redemptoris Mater, in der Maria wieder als Vorbild »für vorbehaltlose Hingabe der Liebe, grenzenlose Treue und unermüdlichen Einsatz« erscheint. Eine deutliche Absage an revolutionäre Interpretation und zugleich eine Ermahnung an katholische Frauen zu traditionellen Werten. Zugleich graben Lutheraner – ihrer rationalisierenden Traditionen müde und auf der Suche nach neuer Spiritualität – zaghaft nach lutherischem Marienlob und Magnificat. Aber immer noch kann Maria auch mit der Kampfparole von den »blauen Armeen Mariens« für antikommunistische Propaganda in Anspruch genommen werden.

Die Gegensätze, die sie vereinen muß, könnten nicht größer sein: rechte und linke Gesellschaftsveränderung, alte und neue Innerlichkeit, Urbild von Mütterlichkeit und Aufstand. Doch wer war sie, und wer ist sie geworden in Geschichte, in der Tradition, in den verschiedenen Kirchen?

Von den zahlreichen Publikationen der letzten Jahre, die sich mit Marias vielfältigem Gesicht befaßt haben, ragt eine besonders heraus, die auf wissenschaftliche und zugleich unkonventionelle Weise den Wurzeln und Verzweigungen der Marientraditionen nachgeht: Der Band »Maria in den Kirchen« der Internationalen Zeitschrift für

Theologie »Concilium« (Heft 10, Oktober 1983, 19. Jahrgang), herausgegeben von der Sektionsleitung für Ökumenik, Hans Küng und Jürgen Moltmann. Den beiden Herausgebern und ihrer internationalen und ökumenischen Kenntnis von Fachleuten ist es zu danken, daß Maria aus Geschichte und Gegenwart, aus jüdischer und feministischer, aus kritischer und traditionsbewußter Sicht lebendig wurde.

Neu war, daß dieses Heft nicht nur Traditionen beschwor, sondern neue Zugänge, z. B. auch über die Literatur eröffnete. Wichtig war, daß es nicht nur zustimmende, sondern auch gerade von zwei feministisch orientierten Frauen kritische Stimmen zu Maria brachte und zugleich eine männliche Stimme hören ließ, die eine neue Mariologie sich nur von Frauen vorstellen konnte. Ein neues Wissen um Maria, eine Maria-logie war anvisiert, die mit alter Mariologie wenig mehr zu tun hatte. Das Heft war schnell vergriffen, wurde nicht mehr aufgelegt und soll mit diesem vorliegenden Buch in veränderter Form wieder zugänglich gemacht werden. Der Stiftung Concilium sei für die Abdruckgenehmigung der dem Heft entnommenen Aufsätze gedankt.

Fast alle Beiträge wurden von den Autoren neu bearbeitet und einige völlig neu verfaßt (Hans Küng, Maria Kassel und Karl-Josef Kuschel). Neben die Literaturperspektive trat jetzt noch die Darstellung Marias in der Kunst; durch ihren kunsthistorischen Beitrag und einige Bilder hat die Autorin Monika Leisch-Kiesl auch visuelle Zugänge zu Maria ermöglicht.

Tübingen, Mai 1988   *Elisabeth Moltmann-Wendel*

Hans Küng

Maria ökumenisch gesehen

Als die Zeitschrift CONCILIUM 1983 eine Nummer über Maria herausbrachte, schien uns das noch »ein nicht ganz unproblematisches Unternehmen« zu sein — war doch das Gespräch über Maria für Jahrzehnte aus dem ökumenischen Dialog mehr oder weniger ausgeklammert gewesen! Wer hätte es damals geahnt: Fünf Jahre später ist — zumindest in bestimmten Kreisen — die *Diskussion* über Maria wieder »in«, ja, hat scheinbar Hochkonjunktur. Wir beobachten hier eine seltene Konvergenz der Interessen: progressive Feministinnen und regressive Traditionalisten sprechen gleichermaßen über Maria. Aber sprechen römische und feministische Theologie von derselben Maria? Hat vielleicht gar eine Rückfrage nach der historischen Maria eingesetzt, wie schon sehr viel früher die Frage nach dem historischen Jesus? Oder geht es ihnen allen letztlich immer nur um eine Symbolfigur im Dienste der jeweiligen fortschrittlichen oder konservativen Ideologie? Die Mutter Jesu also wieder neu politisch oder zur religiösen Bedürfnisbefriedigung mißbraucht? Die Jungfrau als Gestalt weiblicher Autonomie, oder die Magna Mater aus matriarchaler Frühzeit, oder die demütige und gehorsame Magd: was haben sie alle mit jener Maria von Nazaret zu tun? Marienkult: von den einen gepriesen als kostbares Relikt einer weiblichen Subkultur, von den anderen geschmäht als ideologisches Mittel zur Frauenunterdrückung, von den dritten tiefenpsychologisch analysiert als Archetypus grundlegender seelischer Verfassung, von den Ewig-Gestrigen schließlich feierlich amtskirchlich restauriert und propagiert als sicherer Heilsweg!
Angesichts dieser Situation hat das »nicht ganz unproblematische Unternehmen«, über Maria zu reden, eine neue Bedeutung gewonnen: Mehr als je scheint es das Gebot der Stunde zu sein, nüchtern, sachlich und unvoreingenommen Marienlehre und Marienkult in den christlichen Traditionen neu zu bedenken und dabei insbesondere die Zusammenhänge zwischen Marienbild und Frauenbild zu analysieren. Die Traditionalisten kennen die Tradition oft am allerwenigsten: Die Brücke von Maria von Nazaret (was wissen wir schon historisch

Gesichertes von ihr?) zur kirchlich verehrten Mutter Gottes ist nun einmal höchst schmal, und sie führt über die breite Talsohle der drei ersten christlichen Jahrhunderte, die noch gar keinen Marienkult kannten. Danach erst lassen sich, und zunächst nur im *Osten*, erste *Spuren der Marienverehrung* nachweisen: Maria wird im Gebet angerufen (»Unter deinen Schutz« 3./4. Jahrhundert) und das Gedächtnis Marias in die Liturgie eingeführt. Im *Westen* finden sich noch bei Augustinus weder Hymnen noch Gebete an Maria, und erst im 6. Jahrhundert wird Marias Name in den Meßkanon aufgenommen; das erste Beispiel einer unmittelbar lateinisch-hymnischen Anrede an Maria ist das »Salve sancta parens« von Caelius Sedulius, es stammt aus dem 5. Jahrhundert. Im *Osten* wurden zuerst Marienlegenden erzählt, Marienhymnen gedichtet, Kirchen nach Maria benannt (4. Jahrhundert). Hier wurden Marienfeste eingeführt und Marienbilder geschaffen (5. Jahrhundert). Im *Westen* entstand erst im späteren 6. Jahrhundert nach Venantius Fortunatus eine dann allerdings immer reichere lateinische und schließlich auch deutsche Mariendichtung. Doch erst im 7. Jahrhundert werden die östlichen Marienfeste der Verkündigung, des Heimgangs, der Geburt und der Reinigung übernommen. Und erst gegen Ende des 10. Jahrhunderts entstehen jene Legenden über die wunderwirkende Kraft des Gebetes zu Maria, die zu einer spezifisch westlichen Marienfrömmigkeit führen — losgelöst von der früheren Bindung an die allgemeine Liturgie. Im *Osten* war es freilich schon im 5. Jahrhundert auf dem Konzil von Ephesos (nach einem geschickten politischen Manöver des alexandrinischen Patriarchen Kyrill) zu jener Definition der Mutter Jesu als »Gottesgebärerin« (theotókos) gekommen: ein neuer nachbiblischer Titel, erst für das vorausgehende Jahrhundert sicher bezeugt, aber vom Volk in dieser Stadt mit dem großen Tempel der jungfräulichen Göttin Artemis (Diana) mit Begeisterung aufgenommen. Er ist seither in die dogmatische Tradition *des Ostens und Westens* eingegangen, allerdings mit der Einschränkung des Konzils von Chalkedon 451: »geboren aus Maria der Jungfrau... nach seiner Menschheit.« Doch nun entwickelten sich *Osten und Westen auseinander*. Warum? Die *orthodoxe* Theologie und Kirche haben die klassische Mariologie der Alten Kirche bewahrt und in Liturgie und allgemeine Hagiographie ausgestaltet. Aber die *römisch-katholische Kirche* — nicht ohne Zusammenhang mit dem westlichen Zölibatszwang für den gesamten Klerus seit dem 11. Jahrhundert — begann damit, die Gestalt Mariens immer mehr theologisch und sentimental zu überhöhen und für eine bestimmte Soteriologie zu funktionalisieren. War die Person der »Mutter Gottes« (»Gottesgebärerin«) im ersten christlichen Jahrtausend von durchaus zweitrangiger Bedeutung, erreichte der Marienkult seit dem 12. Jahrhundert eine gewisse Selbständigkeit, um aber erst nach der Reformation in der Romantik des 19. Jahrhunderts – je weiter im Süden, um so mehr – ein emotionales »Hoch« (Lourdes: »Die Unbefleckte Empfängnis« – ohne Kind!) zu erreichen. Spätestens mit den beiden Dogmatisierungen von 1854 und 1950 ist sie in das Assoziationsfeld von Papalismus und Triumphalismus geraten: Marienverehrung, Papstvergötzung und Zölibatszwang als drei Grundfaktoren in der Entwicklung des mittelalterlich-gegenreformatorisch-antimodernistischen römischen Systems.

Obwohl die Reformatoren nur die Mariolatrie (nicht eigentlich die Mariologie) kritisierten, hat die Mariologie in den *evangelischen* Kirchen – von einigen Ausnahmen abgesehen – so gut wie alle Aufmerksamkeit verloren. Die berühmte Magnifikatauslegung Martin Luthers blieb theologisch wie spirituell praktisch folgenlos. Ja, in Reaktion gegenüber der katholischen Kirche und aus Gründen der Christozentrik war Mariologie für manche geradezu zum Negativsymbol kirchlichen Glaubens geworden. Erst in neuerer Zeit erwachte bei den Protestanten wieder ökumenisches Interesse an Maria, besondes nachdem – eine Sensation – auf dem *Zweiten Vatikanischen Konzil* (1962–1965) innerkatholisch deutliche Kritik laut geworden war an den Exzessen eines Marianismus in Theorie und Praxis. Johannes XXIII., der erste ökumenisch gesinnte Papst, hatte neue Dogmen aufgrund theologischer Einsichten wie auch im Hinblick auf den zwischenkirchlichen Dialog von vorneherein abgelehnt. Und das Konzil verwarf dann nach einer sehr emotionalen Debatte (zuletzt Kardinal König von Wien gegen Kardinal Santos von Colombo) in einer Kampfabstimmung – 1114 gegen 1074 Stimmen – ein separates Konzilsdokument. Es gliedert die Ausführungen über Maria in die Konstitution über die Kirche ein und warnte ausdrücklich vor marianischen Übertreibungen.

Wer an diesen Konzilsdebatten teilgenommen hat, der konnte es feststellen: Der überzogene Marianismus, der unter Pius XII. einen letzten Höhepunkt (das Himmelfahrtsdogma 1950 und die Anerkennung der dubiosen Erscheinungen von Fatima) erfahren hatte, war in die Krise geraten. Von daher konnte es nicht überraschen: Nach dem

Konzil wurden theologische Bücher und Artikel über Maria – von den Publikationen einiger weniger Spezialisten abgesehen – eine Rarität, und der breite mariologische Strom schien auch in der römisch-katholischen Theologie zu versickern. Nach dieser Krise der Mariologie im Zweiten Vatikanum schien es zu einer soliden und dies heißt biblisch begründeten und damit auch ökumenischen Marienverehrung und Marientheologie kommen zu können.

Doch *nach dem Vatikanum II* (das leider statt des traditionellen Titels »theotokos« = »Gottesgebärerin« den noch mißverständlicheren Titel, »mater Dei« = »Mutter Gottes«, zum ersten Mal offiziell gebrauchte), begann man in der römischen Amtskirche erneut, unbequeme Wahrheiten zu scheuen. Ja, man versuchte zunehmend, längst überholte barocke und romantische Frömmigkeitsformen wieder zu beleben. Der Marianismus als Mittel der römisch-polnischen Restauration – für eine immer mehr abschmelzende »katholische« Getto-Frömmigkeit. Gleichzeitig jedoch ergaben sich auf dem Hintergrund der neuen Frauenbewegung und einer sich langsam durchsetzenden feministischen Theologie neue Fragen um Maria: Wird durch die Erhebung der Mutter Jesu zur Kultfigur einem Menschen Götzendienst erwiesen, oder werden in Maria weibliche Dimensionen des Göttlichen verehrt? Verleiht die Erhebung Marias zur Gottesmutter den Frauen eine besondere Würde, oder führt die Idealisierung der einen jungfräulichen Mutter zur Diskriminierung aller realen Frauen in Kirche und Gesellschaft? Unter manchen feministisch orientierten Frauen entstand jetzt ausdrücklich eine Göttinnenbewegung und eine Thea-logie. Die bisherigen Entwürfe dieser Richtung können der wissenschaftlichen Kritik freilich kaum standhalten. Zu einem endgültigen Urteil ist es jedoch zu früh. Ein weites Arbeitsgebiet liegt hier vor, das der interdisziplinären Zusammenarbeit von Religionswissenschaft und Theologie, von Soziologie und Psychologie bedarf: eine realistische Mariologie »von unten« ist es, was wir brauchen.

Jedenfalls haben sich die Fronten oft in recht fragwürdiger Weise von ökumenischen auf feministische Fragestellungen verschoben. Wurde von Kritikern des Christentums der Mythos der Jungfrauengeburt vornehmlich als Produkt und Instrument eines sexualfeindlichen Denkens gesehen, erscheint er heute manchen als Symbol weiblicher Autonomie immerhin bedenkenswert! Wurde früher der Marienkult schnell als Aberglaube abgetan, so wird er heute als möglicher Ort einer subversiven Subkultur auf weibliche religiöse Erfahrung verschiedenster Traditionen befragt! Wie immer: Die Frage nach Maria ist jetzt weniger Gegenstand kontrovers-theologischer konfessioneller Diskussionen, sondern Anlaß zu gemeinsamem Nachdenken von Christen, wie die historische Hypothek der Frauenfeindlichkeit in allen Kirchen abgebaut und die Sexismen in einer allzu männlich geprägten Theologie überwunden werden können.

Eins ist gewiß: Die Mariengestalt bedarf der Befreiung von gewissen Bildern – von den Wunschbildern einer männlich-zölibatären Priesterhierarchie ebenso wie von den Wunschbildern einer kompensatorischen Identitätssuche von Frauen. Die Debatte um Maria – als historische wie als symbolische Figur – ist jedenfalls neu eröffnet und hat als Gegenstand der offiziellen Glaubenslehre wie der privaten Frömmigkeit auch gesellschaftliche Relevanz. Und mehr als je muß gelten: Allein die Argumente, von welcher Seite auch immer, zählen! Nein, es kann nicht darum gehen, die Bedeutung Marias für Theologie, Kirche und Frömmigkeitsgeschichte zu eskamotieren, gar zu destruieren. Vielmehr muß es darum gehen, die Mariengestalt für unsere Zeit neu zu interpretieren: sie von frauenfeindlichen Klischees und festgefahrenen Vorstellungen zu befreien. Um so den Weg zu ebnen für ein wahrhaft ökumenisches Bild Mariens, der Mutter Jesu, von der dann wieder neu für alle christlichen Kirchen das lukanische Wort gelten kann: »Es werden mich selig preisen alle Geschlechter« (Lk 1,48).

Maria, die *Mutter Jesu* – der durch die ökumenische und feministische Debatte erneuerte Blick auf sie richtet sich nun zurück auf ihren Sohn, auf den so gar nicht »typisch männlichen« und so wenig »patriarchalischen« *Jesus von Nazaret, den Freund der Frauen, der Kinder und der Natur.* Bei aller Stärke und Unbeugsamkeit zeigen ihn die Quellen doch nicht ständig »hochgemut«, sondern zuweilen niedergedrückt und sich seiner Tränen nicht schämend. Auf ihn können sich die Verfechter einer andauernden Diskriminierung der Frauen in der Kirche nicht berufen. In seinem Munde findet sich kein Schweige- und Unterordnungsgebot für Frauen: sie stehen neben den Aposteln in seiner Nachfolge. Er kennt keinen »Eva-Mythos«, der die Frau für alles Böse in der Welt verantwortlich macht. Er kennt keine Verteufelung der Sexualität, keine Degradierung der Frau als Lustobjekt, nicht ihre Diffamierung als universale Verführerin. Er, der Ehelose, kennt kein Zölibatsgesetz, aber auch keine Festlegung auf die Ehe (»Wer es fassen kann, der fasse es« Mt 19,12). Ja, es gilt in allen Dingen: Er hat uns »zur Freiheit befreit« (Gal 5,1), und »wo der Geist des Herrn ist,

da ist Freiheit« (2 Kor 3,17). Er hat das Fundament gelegt, auf das
sein Apostel Paulus bauen konnte: »In Christus gilt nicht Mann und
Frau« (Gal 3,28).

Jürgen Moltmann

Gibt es eine ökumenische Mariologie?

Ein ökumenisches Gespräch über Mariologie ist ausgesprochen
schwierig, wenn es ehrlich geführt wird und auch die Tiefenschichten
der Marienverehrung und ihrer Ablehnung umfassen soll. Darum
wurde die Mariologie bisher aus den offiziellen ökumenischen Dialo-
gen meistens ausgeklammert. Wo es doch zu mariologischen Gesprächen kam, entstand oft nur ein Konsens mariologischer Spezialisten,
der für die durch sie vertretenen Kirchen kaum Bedeutung gewann.
Wir müssen darum tiefer graben und unvoreingenommen auch die
antiökumenischen Elemente und Funktionen der kirchlichen Mariologie bewußt machen, wenn wir erkennen wollen, wie eine ökumenisch
verbindende Mariologie aussehen könnte.
Angesichts der leidvollen und im Gedächtnis betroffener Christen
noch unvergessenen Geschichte der Kirchenspaltungen und der Ver-
folgungen von Christen durch Christen klingt es etwas naiv, wenn der
Bischof von Osnabrück vorschlägt, Maria zur »Patronin der Ökumene« zu machen, ganz abgesehen vom Ansinnen eines Patronats an
eine Frau. Blicken wir in diese Geschichte zurück, dann müssen wir
feststellen, daß die Marienverehrung und die ihr entsprechende theologische Mariologie mehr trennend als vereinigend gewirkt haben:
Besiegelte nicht schon die kirchliche Verehrung der »Gottesmutter«
die endgültige Trennung des Christentums vom Judentum, denn was
hat die »Göttin und ihr Heros« mit der jüdischen Mutter Mirjam und
ihrem eigenwilligen jüdischen Sohn zu tun? — An keinem anderen
Punkt ist die Differenz zwischen der Kirchenlehre und dem Neuen

Testament so groß wie in der Mariologie. Man braucht nur die offenbar historische Lossagung Jesu von seiner Mutter (Mk 3,31–35 par) mit den kirchlichen Statuen der Madonna mit dem Kind zu vergleichen, um zu erkennen, daß die Evangelien Jesus gerade nicht als den »Muttersohn« par excellence darstellen. – Wurde der kirchliche Kampf gegen die auf die Bibel zurückgreifenden Reformbewegungen der Albigenser, Katharer und Waldenser im frühen Mittelalter nicht im Zeichen der Jungfrau geführt? – Wie viele evangelische Kirchen wurden in der Epoche der politischen Gegenreformation gewaltsam aus »Christus«-kirchen zu »Marien»kirchen umfunktioniert, indem an die Stelle des Kreuzes mit dem Gekreuzigten hinter dem Altar die Statue Marias mit dem Kind aufgestellt wurde? – Stand nicht der gegenrevolutionäre Konservativismus der römisch-katholischen Kirche, ihr Kampf gegen Aufklärung und Autonomie, gegen Demokratie und moderne Wissenschaft, gegen Religionsfreiheit und Religionskritik im Zeichen des Marienglaubens? Die neuen römisch-katholischen Mariendogmen von 1854 und 1950 stehen auch im Kontext dieses reaktionären »Antimodernismus«. – Viele haben in den Marienerscheinungen von *Fatima* 1917 eine apokalyptisch-politische Antwort auf die bolschewistische Revolution in Rußland gesehen. – Auch die gelegentliche Aufwertung der Mariologie durch die modernen feministischen Bewegungen kann nicht zu dem Mißverständnis verleiten, daß alte, patriarchale und zölibatäre Mutterbilder jetzt der Befreiung der Frau aus ihrer Erniedrigung durch eben diese Männerwelt dienstbar gemacht werden könnten. Mariologie – das wird man ehrlich und nüchtern feststellen müssen – hat bisher eher antiökumenisch als proökumenisch gewirkt. Die immer weiter entwickelte Mariologie hat Christen von Juden, die Kirche vom Neuen Testament, die evangelischen Christen von den katholischen Christen und die Christen insgesamt von den modernen Menschen entfernt. Ist aber die Madonna der kirchlichen Mariologie mit Mirjam, der jüdischen Mutter Jesu, identisch? Kann man diese in jener wiederfinden? Sollten wir nicht aufgrund der Spaltungen und Trennungen, die im Namen der Madonna von Kirchen verübt wurden, nach der jüdischen Mutter Mirjam selbst zurückfragen? Gewiß kann die ökumenische Bewegung auf andere, heute vielleicht wichtigere Themen ausweichen und die traditionelle Mariologie auf sich beruhen lassen. Doch wird damit die Vergangenheit nicht aufgearbeitet. Es besteht vielmehr die Gefahr, daß sie gegenwärtig bleibt oder einst unverändert wiederkehren wird.

Es ist gewiß noch nicht an der Zeit, eine »ökumenische Mariologie« zu entwickeln. Wir können aber doch schon die Bedingungen zu beschreiben versuchen, unter denen eine solche entstehen kann. Unter »ökumenisch« verstehe ich: 1. die christliche Gemeinschaft der getrennten Kirchen, 2. die »Bibelökumene« von Christen und Juden, 3. die säkulare Gemeinschaft der Christen mit dem ganzen »bewohnten Erdkreis«, d. h. zuerst mit dem armen Volk, für das diese Erde noch immer unbewohnbar ist. Hier ist auch eine persönliche Bemerkung angebracht: Ich bin mir bewußt, daß ich als evangelischer Theologe, als Mann und als Europäer denke. Dies ist mein Ausgangspunkt, aber, wie ich hoffe, nicht mein Vorurteil.

I. Negative Bedingungen für eine ökumenische Mariologie

Unter »negativen Bedingungen« meinen wir diejenigen Interessen und Funktionen in der Mariologie, die Ökumene verhindern, weil sie Maria nicht eine Gestalt in der befreienden Geschichte des Evangeliums Christi sein lassen. Ich nenne hier nur einige, die mir als einem evangelischen Theologen auffallen. Es sind von anderen Gesichtspunkten her sicher noch andere zu nennen.

1. Die enge Verbindung von *Mariologie und Zölibat* fällt jedem auf, dem das eine wie das andere fern liegt. Weiht sich der zölibatäre Mann einer Virginität, die er an der göttlichen Jungfrau verehrt? Wird sie ihm zum religiösen Ersatz für eine leibliche Ehefrau, wie Ludwig Feuerbach mit religionskritischem Verdacht boshaft unterstellte? Bleibt für den Zölibatären die eigene leibliche Mutter die maßgebliche Frau, so daß er unter ungelösten und dann auch noch religiös verdoppelten Mutterbindungen lebt? Und sollten hier solche Verdrängungen stattfinden und von der Kirche bewußt beabsichtigt sein, werden dann nicht Männerphantasien stimuliert, in denen die Frau als Heilige oder als große Sünderin, aber nicht als menschliche Person vorkommt? Es hat seit dem Nachfolgeruf Jesu immer ein freiwilliges Zölibat gegeben. Es gehört aber in die Gemeinschaft des neuen messianischen Lebens, die Jesus sammelte: »Wer den Willen Gottes tut, der ist mein Bruder und meine Schwester und meine Mutter« (Mk 3,35). Es ist ein begrenzter gegenwärtiger Verzicht um des Gewinns einer unbegrenzten Zukunft willen. Es ist aber kein Verzicht, der religiös kompensiert werden müßte. Die messianische

Nachfolgegemeinschaft Jesu durchbricht offensichtlich die Mächte der Herkunft und lebt aus den Kräften der Zukunft im Geist Gottes. Darum weist Jesus seine Mutter und seine Geschwister zurück und sagt sich von ihnen los. Aber diese messianische Gemeinschaft ist auch wiederum offen für alle Glaubenden, auch für Maria, den Bruder Jakobus und die Geschwister Jesu, freilich nicht wegen ihrer leiblichen Verwandtschaft, sondern wegen ihres Glaubens. Darum treten Maria und die Brüder Jesu in der österlichen Gemeinde (Apg 1,14) auf: als glaubende Personen. Das Verhältnis der Gemeinde zu Maria ist hier eher schwesterlich zu nennen. Ist es aber so, dann wird auch der Blick frei für die offene und befreiende *Freundschaft Jesu* mit den ihm nachfolgenden Frauen, allen voran mit Maria Magdalena. Diese offene Freundschaft scheint die messianische Gemeinschaft viel mehr bestimmt zu haben als die Mutter-Sohn-Beziehung, die durch die spätere Mariologie ins Zentrum rückte und die hierarchische Kirche bestimmte. Wird nicht mit dem Zölibat die Kirche symbolisch zur Mutter und die Glaubenden religiös zu Kindern der Kirche? Wo bleiben dann die für jede Gemeinschaft notwendigen Querverbindungen, die mit Brüderlichkeit, Schwesterlichkeit und Freundschaft bezeichnet werden? Eine zukünftige ökumenische Mariologie sollte nicht im Blick auf eine zölibatäre Priesterhierarchie, sondern in der Erinnerung daran, wie Jesus Gemeinde gewollt hat, und im Blick auf die in offener Freundschaft verbundenen Glaubenden entfaltet werden.

2. Die bisherige *politische Mariologie* behinderte die Entwicklung einer ökumenischen Mariologie. Es wurde schon auf die fatale Bedeutung der traditionellen Mariologie für die gegenreformatorische, die antimodernistische und die gegenrevolutionäre Bewegung hingewiesen. Gewiß liegen hier in den tieferen Gefühlsschichten auch berechtigte Aversionen gegen eine weitere Vermännlichung des Christentums und der politischen Welt vor. Aber man erkennt doch auch die kirchlichen Ängste vor der Mündigkeit der Christen, der sittlichen Selbstbestimmung der Menschen und der Souveränität des Volkes, die sich in der modernen Blüte der Marienverehrung und in den modernen Mariendogmen niedergeschlagen haben. Die eigentliche Politisierung der Mariologie aber liegt vermutlich in der *Marienapokalyptik:* Offb Kap. 12 spricht von einem »Weib, mit der Sonne bekleidet, der Mond zu ihren Füßen, auf dem Haupt eine Krone von zwölf Sternen«. Sie gebiert mit großer Qual ein Kind. Der »rote

Drache« aber will das Kind fressen und verfolgt Weib und Kind. Es folgt der Endkampf zwischen denen, die das Zeugnis Christi haben, und dem Drachen. Obgleich dieses Weib nicht Maria genannt wird, sondern wohl das Gottesvolk (Israel und Kirche) meint, hat dieses Endspiel« die christliche Marienphantasie tief beeinflußt: Maria auf dem Halbmond, Maria im Sonnenkleid, Maria mit der Zwölf-Sternen-Krone, das ist die apokalyptische Maria. Auf sie wurde auch gegen den Text das Protevangelium Gen 3,15 bezogen, so daß auf den Bildern und Statuen sie, und nicht ihr Sohn, der Schlange den Kopf zertritt. Damit wurde Maria zur Schutzmadonna aller vom roten Drachen bedrängten Gläubigen und zur Siegerin im apokalyptischen Endkampf der Welt. Die moderne Mariologie ist auch in dem Kontext solcher apokalyptisch-politischen Deutungen der gegenwärtigen Zeit als »Endzeit« zu sehen. Diese apokalyptische Mariologie scheint mir ebenso unchristlich und verhängnisvoll zu sein wie die *apokalyptische Politik* des endzeitlichen Freund-Feind-Denkens und der nuklearen Harmageddon-Theologie. Schließlich wechseln auch Drachen ihre Farben: sie sind nicht immer nur »rot«. Es gibt auch andere.

3. Endlich ist gerade die Marienverehrung immer ein Sammelbecken der verschiedensten *religiösen Bedürfnisse und Wünsche* gewesen. Weil das Evangelium Christi selbst nicht aus einer Volksreligion erwachsen ist, sondern eine messianische Gemeinschaft aus allen Völkern ins Leben gerufen hat, nahm die Kirche in den verschiedenen Völkern die jeweiligen Volksreligionen auf und paßte sich ihnen an. Doch sollte das Evangelium Christi der Maßstab und die Kritik der religiösen Bedürfnisse und ihrer jeweiligen Befriedigung durch kirchliche Symbole und Rituale bleiben. Dieser Prozeß von Anpassung und kritischer Korrektur ist besonders deutlich in der Geschichte der Mariologie zu erkennen. Die vielfältigen Formen der volkstümlichen Marienverehrung gehen meistens weit über das Maß der kirchlich akzeptierten Mariologie hinaus. Das sachliche Problem also liegt darin, ob und wieweit die christliche Theologie solche religiösen Wünsche und Wunscherfüllungen aufnehmen kann, ohne ihre christliche Identität zu verlieren. Mariologie kann nicht zum Tummelplatz tiefenpsychologischer Spekulationen werden. Zugespitzt heißt das: Wie christlich ist die marianische Volksfrömmigkeit, und wie christlich ist die kirchliche Mariologie? Evangelische Theologen waren immer ratlos, wenn zur Begründung der neuen mariologischen Dogmen

neben der Schrift und über sie hinaus auch die Tradition und neuerdings der »Sinn der Gläubigen« (sensus fidelium) herangezogen wurde. Sie fürchteten, daß mit dieser Entwicklung der Maßstab des Christlichen verlorenginge. Auf der anderen Seite muß man aber auch sehen, daß die protestantische Bindung an das Schriftprinzip nicht nur – wie beansprucht – im evangelischen Christusglauben begründet war, sondern auch von der Verdrängung des Religiösen durch die Rationalität der modernen, industriellen Gesellschaft bedingt war. Darum muß hier nach der religiösen Relevanz des christlichen Glaubens gefragt werden. Eine zukünftige ökumenische Mariologie wird im Spannungsfeld zwischen Christologie und Volksreligion entstehen. Sie wird dann vielleicht zu einer »Mariologie von unten« werden, durch die das unterdrückte Volk zu seiner Freiheit und Würde im Evangelium kommt, aber im Evangelium Christi.

II. Positive Bedingungen für eine ökumenische Mariologie

Nur mit großer Zurückhaltung wage ich es, die mir positiv erscheinenden Bedingungen einer ökumenischen Mariologie zu benennen, denn auch über sie muß zunächst ökumenische Einigkeit erzielt werden, und diese ist noch durchaus ungewiß.

1. *Die kirchliche Mariologie findet ihren Grund und ihr Maß am biblischen Zeugnis über Mirjam, die Mutter Jesu, Mitglied der urchristlichen Gemeinde nach Ostern.* In den kirchlichen Marienverehrungen und in der kirchlichen Mariologie muß die wirkliche geschichtliche Maria dargestellt, sie darf nicht religiös und symbolisch entstellt werden. Um die wirkliche Maria zu erkennen, muß das ganze biblische Zeugnis berücksichtigt werden. Es geht nicht an, eine einheitliche biblische Traditionsgeschichte zu konstruieren, um auf der Schiene des Lukasevangeliums dann zu immer spekulativeren mariologischen Extrapolationen zu kommen. Das könnte nur zu einer nachträglichen Rechtfertigung der Entfremdung der Kirche von ihrem wahren Usprung führen, die kein Christ ernsthaft wollen kann. Es ist darum nicht gut, wenn nur die Gestalt Marias in der legendären Geburtsgeschichte Jesu nach Lukas berücksichtigt wird, die störenden Geschichten der Begegnung Marias mit Jesus und ihr Fehlen in der Frauengruppe unter dem Kreuz nach den anderen Synoptikern aber

kaum beachtet werden. Es ist freilich auch nicht gut, wenn die Beziehung Jesu zu seiner Mutter überhaupt keine Beachtung findet wie in vielen evangelischen Christologien. Die »Gemeinschaftsstudie von protestantischen und römisch-katholischen Gelehrten«: *Maria im Neuen Testament. Eine ökumenische Untersuchung*, hg. R. E. Brown, K. P. Donfried, J. A. Fitzmeyer, J. Reumann (Stuttgart 1981) ist vorbildlich und wegweisend für eine ökumenische Mariologie.

2. *Mariologie muß der Christologie dienen und darf sie weder beeinträchtigen noch sich von ihr verselbständigen.* Wie Johannes der Täufer, mit dem zusammen sie oft unter dem Kreuz Christi gemalt wird, weist Maria von sich weg auf den Sohn, und in dieser von sich absehenden, ganz und gar auf Christus verweisenden Gebärde liegt ihre bleibende und unvergeßliche Bedeutung. Eine christozentrische Mariologie würde dann auch der Bedeutung Christi für Maria entsprechen. Man würde in ihr die wirkliche jüdische Mutter Mirjam erkennen können. Das aber heißt auch, daß die anderen Bilder Marias, das Bild der Weisheit (Spr 8), das Bild des Weibes aus der Apokalyptik (Off 12), das Bild der großen Göttin, der Himmelskönigin oder des Ewig-Weiblichen zurücktreten müssen, damit Maria auch in ihrer Beziehung zu den anderen Frauen in der Umgebung Christi, unter denen besonders Maria Magdalena hervorragt, wieder sichtbar wird. In einer christozentrischen Mariologie ist Maria eine notwendige Gestalt im befreienden Evangelium Christi und keine Figur aus Regressionsträumen oder apokalyptischen Ängsten. Das meint der sonst banal klingende Satz: Ohne Christus keine Maria, ohne Christologie keine Mariologie.

3. *Eine biblisch begründete, christozentrische Mariologie wird die Wirkung und die Gegenwart des Heiligen Geistes in der Geschichte Christi und in der Geschichte der Menschen mit Christus zum Ausdruck bringen.* Nach den Evangelien war das Wirken des Heiligen Geistes vor Ostern auf Jesus selbst beschränkt (Joh 7,39). Erst der Auferstandene sendet den Geist auf die Gemeinde. Mit einer Ausnahme: Nach Lk 1,35 empfängt Maria vom Heiligen Geist und ist vom Heiligen Geist erfüllt. Sie ist neben Johannes dem Täufer der erste Mensch, der an der von Christus bestimmten Geschichte des Heiligen Geistes teilnimmt. Wo darum vom Heiligen Geist die Rede ist, wird auch von Maria zu reden sein, und wo in einem theologischen Sinne

von Maria geredet wird, ist vom Heiligen Geist die Rede. Doch darf hier nicht gewechselt werden: nicht Maria, sondern der Heilige Geist ist die *Quelle des Lebens,* die *Mutter der Wiedergeborenen,* die *Weisheit Gottes* und die *Einwohnung* des göttlichen Geheimnisses in der Schöpfung, aus der heraus das Antlitz der Erde erneuert wird. Maria ist Zeugin der Gegenwart des Heiligen Geistes. Sie macht die göttliche Trinität nicht zu einer Quaternität, sondern weist auf die Offenheit der Trinität für die Vereinigung mit allen Geschöpfen und für das ewige Leben der ganzen Schöpfung hin. Diese Erkenntnis führt uns zu dem Satz: *Ohne den Heiligen Geist keine Maria, ohne Pneumatologie keine Mariologie.*

Damit berühren wir eine merkwürdig verschlungene Geschichte der christlichen Symbolik und Metaphorik: Die »weibliche« Seite Gottes und das »mütterliche« Geheimnis der Trinität sind im Heiligen Geist selbst zu suchen. Das hebräische Wort für den Geist »ruah« ist weiblichen Geschlechtes. Wenn nach Gen 1,2 der »Geist Gottes« über den Wassern »brütet«, ist an die lebendigmachende Mutter alles Lebendigen gedacht. Wenn nach Spr Sal 7 die »Weisheit« als »Tochter Gottes« vor der Schöpfung aller Dinge bei Gott war und sein ewiges Entzücken darstellte, dann ist auch hier ein weibliches Gegenüber zum Schöpfergott gemeint. Wenn endlich die treue Gegenwart Gottes im Tempel zu Jerusalem, im Volk des Bundes und in der ganzen bedrohten Schöpfung »Schekhina«/»Einwohnung« genannt wird, ist wieder ein weibliches Symbol verwendet. Es ist auffallend, daß im Alten Testament Schöpfung, Bund und Heil von dem Gott *herkommen,* der in männlichen Symbolen und Metaphern als Schöpfer, Herr, König, Retter umschrieben wird, daß aber Schöpfung, Bund und Heil in einer göttlichen Gestalt *ankommen,* die vorwiegend mit weiblichen Symbolen und Metaphern beschrieben wird: Geist-Ruah, Weisheit-Chokma, Einwohnung-Schekhina sind weiblicher Natur. Die Art und Weise, wie Gott schafft, handelt und gegenwärtig ist, wird gern mit den lebengebenden und lebennährenden Funktionen der Mutter verglichen. Die Art und Weise, wie die göttliche Gegenwart erfahren wird, wird gern in Bildern intimer Zärtlichkeit wiedergegeben: Seine Gegenwart ist der Lebenshauch, der alles innerlich durchdringt (Ps 104,30), und Gott tröstet, wie einen seine Mutter tröstet (Jes 66,13).

Es ist auf diesem hebräischen Hintergrund verständlich, daß auch die urchristliche Geisterfahrung gern mit weiblichen und mütterlichen

Metaphern dargestellt wurde. Der nach dem Johannesevangelium von Christus verheißene »Geist«, der »Paraklet«, heißt der »Tröster« (Joh 14,26). Die diesen Geist erfahren, werden von neuem »geboren« (Joh 3,3−6). Der Geist ist ihre Mutter, und sie sind die »Kinder« des Hl. Geistes. Die syrischen Kirchenväter, deren Homilien eine weitreichende Wirkung auf die christliche Frömmigkeit gehabt haben, sprachen daraufhin vom »Mutteramt des Hl. Geistes«. Graf Zinzendorf nahm dies auf und verkündete 1741 bei der Gründung der Brüder- und Schwestern-Gemeinde in Bethlehem, Pennsylvania, dieses »Mutteramt des Hl. Geistes« als Glaubensgrund für die Gemeinde: »Der Vater unseres Herrn Jesus Christus ist unser wahrhaftiger Vater, der Geist Jesu Christi unsere wahrhaftige Mutter, weil der Sohn des lebendigen Gottes unser wahrhaftiger Bruder ist«. Auch in den römisch-katholischen und in den russisch-orthodoxen Traditionen ist das Wissen um die Weiblichkeit des göttlichen Geistes immer lebendig gewesen. Nach M. Scheeben ist der Hl. Geist die »jungfräulich-bräutlich-mütterliche Person in der Dreifaltigkeit«. Auf der berühmten Ikone von Nowgorod wird Geist als die »Hl. Sophia« dargestellt. Wenn wir diese Vorstellungen von der Weiblichkeit der Hl. Geistin ernst nehmen, dann verlagert sich vieles von dem, was die Kirche Maria zugeschrieben hat, auf Gott selbst, und Maria kann wieder sein, was sie war und ist: die jüdische Mutter Jesu. Kommt Jesus im Namen Gottes, dann kommt er auch im Geist Gottes. Der Geist Gottes prägt sein Gottesverhältnis und seine göttliche Sendung und spricht aus ihm. In der Symbolgestalt der Taube kommt der Geist bei seiner Taufe im Jordan auf ihn und »ruht« auf ihm. Damit beginnt Jesu öffentliches, messianisches Wirken. Die Legende von der Jungfrauengeburt, die darum eine Legende genannt werden muß, weil sie als historisch unausweisbar erzählt wird und nicht nachprüfbar ist, hat ihr Wahrheitsmoment darin, daß sie das Kommen Jesu *im Geist* als sein Kommen *aus dem Geist* darstellt. Sie sagt sachlich nichts anderes als die Geschichte von der Geisttaufe Jesu im Jordan. Das einzige vergleichbare Geschehen ist die »Wiedergeburt« der Glaubenden zur Gotteskindschaft in der Gemeinschaft mit dem Bruder Jesus aus dem Hl. Geist. Man sollte darum die so mißverständliche Rede von der »Jungfrauengeburt« fallenlassen und von der »Geistgeburt« Jesu reden: Gott ist der Vater Jesu Christi und darum ist der Hl. Geist seine göttliche Mutter. Mariologie ist deshalb keine Frage der Gynäkologie, sondern ein Thema christlicher Pneumatologie.

John McKenzie

Die Mutter Jesu im Neuen Testament*

Es ist das Ziel dieses Aufsatzes, darzulegen, *welche Stellung Maria in den römisch-katholischen Studien unserer Zeit einnimmt*. Zuerst muß man feststellen, daß seit dem Zweiten Vatikanischen Konzil kaum noch biblische Studien über Maria publiziert wurden, wie übrigens die gesamte Mariologie fast zum Stillstand kam. Andere Aufsätze in diesem Buch werden sich mit diesem »marianischen Schweigen« auseinandersetzen. Ich werde, so gut ich kann, sowohl auf die Faktoren hinweisen, die dazu führten, daß kaum noch mariologische biblische Studien unternommen werden, als auch darstellen, inwieweit die Bibelwissenschaft für den heutigen Niedergang der Mariologie verantwortlich ist.

I. Eine ökumenische Diskussion der letzten Zeit über Maria

Meine Aufgabe ist durch die Veröffentlichung einer ökumenischen Reihe von Aufsätzen über Maria im Neuen Testament (MNT)[1] viel leichter geworden. Die Autoren gehören dem von der evangelisch-lutherischen und der römisch-katholischen Kirche der USA seit dem Ende des Zweiten Vatikanischen Konzils ins Leben gerufenen Kreis *des Evangelisch-lutherisch/Römisch-katholischen Dialogs* an.

Diese Gruppe hat auch noch einige andere ökumenische theologische Diskussionen durchgeführt. Wie die anderen Veröffentlichungen sind auch die mariologischen Untersuchungen Beispiele theologischer Diskussion. Sie gehen von einer soliden wissenschaftlichen Grundlage aus, sie zeigen sich offen, wohlüberlegt und ausgewogen, sind frei von sektiererischer Enge und Leidenschaft, und die Schlußfolgerungen sind vorsichtig formuliert und dennoch klar und deutlich.

---

* Aus dem Englischen übersetzt von Dr. Karel Hermans.

Wenn man vor vierhundertfünfzig Jahren auf diese Art und Weise hätte diskutieren können, dann hätte es keine Reformation zu geben brauchen. Ich weiß nicht, wie viele meiner Leser der Meinung sein werden, daß das eine gute Sache gewesen wäre. Auf alle Fälle entstand durch diese Diskussionen in mancher Hinsicht ein neues Klima der Beziehung zwischen den getrennten Kirchen. Wenn ich meine Aufgabe dadurch erledigen könnte, daß ich nur auf diese Veröffentlichung verweise und sie darstelle, dann würde ich mehr und Besseres leisten als das, was ich hier bringen werde.

Diese Veröffentlichung zeigt die Übereinstimmung aller Beteiligten, die darin auch für ihre Kirche sprechen, daß das Neue Testament nach den Prinzipien und den Methoden der historisch-kritischen Bibelwissenschaft interpretiert werden muß. Sowohl für einige Katholiken als auch für einige Protestanten wird das etwas Neues sein; für wie viele das der Fall ist, kann ich hier aber nicht ausmachen. Die historisch-kritische Methode zeigt uns nun, *daß wir nur sehr wenig sicher über Maria wissen.* Dieses Ergebnis könnte die Katholiken erschrecken, wenn das für sie alles wäre. Wir werden hier auf einige der lange geliebten und gehegten Überzeugungen und Annahmen eingehen, denen man jetzt jede wirkliche historische Grundlage abgesprochen hat.

II. Marianische Traditionen und bibelwissenschaftliche Kritik

Sowohl jene Veröffentlichung (MNT) als auch dieser unser Aufsatz befassen sich ausschließlich mit dem *Neuen Testament als einer historischen und theologischen Quelle.* Wir klammern hier also die Frage nach dem Wert der Tradition, wie man diese auch verstehen mag, ausdrücklich aus. Es wäre allerdings falsch, wenn man annehmen würde, daß die historisch-kritische Methode der wissenschaftlichen Interpretation die Tradition freundlicher behandeln würde, als sie das mit dem Neuen Testament tut. Hierfür werden wir einige Beispiele anführen.

So bietet das Neue Testament *keine historische Grundlage für den Glauben an die unbefleckte Empfängnis oder an die Aufnahme Marias in den Himmel.* Eine andere Frage ist, ob es dafür in der Tradition eine Grundlage gibt. Das Neue Testament bietet auch *keinen Anhaltspunkt dafür, daß Maria die Mittlerin aller Gnaden ist.* Als ich vor fast fünfzig Jahren Theologie studierte, sagte mein Professor, daß man mit dieser Glaubensannahme weit genug sei, um sie als Dogma zu definieren; heute wird sie vom marianischen Schweigen mitverschlungen.

Die Bibelkritik hat auf keinerlei Weise die Namen bestätigt, die die Tradition den Eltern Marias gab: Joachim und Anna. Auch liturgische Gedenktage wie die Feier der Darstellung Marias im Tempel (»Mariä Opferung« am 21. November) entbehren jeder historischen Grundlage. Auch hat die Bibelkritik gezeigt, daß das *Protoevangelium Jacobi,* das die Quelle all dieser frommen Ansichten ist, überhaupt keinen historischen Wert hat. Zudem gibt es nicht nur einen zu großen zeitlichen und örtlichen Abstand zwischen den apokryphen Evangelien und den Ereignissen, von denen sie zu berichten vorgeben, als daß sie als glaubwürdige historische Quellen erscheinen könnten, sondern die meisten von ihnen sind nicht frei von wenigstens Spuren der Häresie wie etwa des Doketismus, der eine wirkliche Menschlichkeit Jesu verneinte, oder des Gnostizismus oder jener bizarren Vielfalt von Glaubensformen, die man schlecht als Gnostizismus zusammenfassen kann, wobei uns hier als Charakterisierung jener Formen die Feststellung erlaubt sei, daß sie auf die eine oder andere Weise Ausdruck einer dualistischen Auffassung der Wirklichkeit waren.

III. Die Kindheitsgeschichte bei Matthäus und Lukas

Die hervorragendste Stellung nimmt Maria in den Evangelien von Matthäus und Lukas dank ihrer Rolle in der jeweiligen Kindheitsgeschichte (Mt 1—2; Lk 1—2) ein. Die Tatsache, daß bei Markus und Johannes sowie im ganzen sonstigen Neuen Testament jede Spur jener Erzählungen fehlt, kann am besten durch die Annahme erklärt werden, *daß Markus, Johannes, Paulus oder einer der anderen Autoren des Neuen Testaments außer Matthäus und Lukas niemals von irgendeiner Kindheitsgeschichte oder Kindheitserzählung gehört hatten.* Nicht nur die Autoren des Werkes MNT, sondern die meisten Bibelwissenschaftler halten jede andere Erklärung für ein Produkt der Phantasie.

Außer drei Erwähnungen Josephs als Vater Jesu (Lk 4,22; Joh 1,46; 6,42), erscheint der Name Joseph nur in den Kindheitsgeschichten. Es gibt keinen Zweifel daran, daß Maria einen Ehemann hatte — sieht man von der Verleumdung einiger Rabbiner im Altertum ab, die man nicht ernst nehmen kann — und daß dieser einen ganz bestimmten Namen hatte. Vom Inhalt der anderen als der erwähnten Stellen des Neuen Testaments her gab es keine Notwendigkeit dafür, daß dort der Name jenes Ehegatten Marias genannt würde, dennoch taucht der allerdings logisch nicht zwingende Gedanke auf, daß der Name deshalb nicht genannt wurde, weil man ihn nicht kannte.

Die Kindheitsgeschichten von Matthäus und Lukas sind *die einzigen Quellen dafür, daß Jesus auf jungfräuliche Weise* (d. h. ohne Zutun eines menschlichen Vaters) empfangen wurde. Auch wird nur in ihnen berichtet, daß Joseph der Mann Marias war und vor dem Gesetz als Vater Jesu galt und daß Jesus in Bethlehem geboren wurde.

Wir haben schon erwähnt, wie selten der Name Joseph im Neuen Testament zu finden ist. Dasselbe gilt für die außerhalb der Kindheitsgeschichte nirgendwo erwähnte Geburt Jesu in *Bethlehem*, denn normalerweise redet man im Neuen Testament von Jesus von *Nazareth*. Matthäus beruft sich übrigens auf ein nirgendwo sonst bezeugtes und historisch wenig wahrscheinliches Verbrechen des Herodes, um zu erklären, daß Jesus von Bethlehem nach Nazareth kam, während Lukas eine ähnlich unbekannte Volkszählung als Grund dafür anführt, daß Joseph und Maria aus Nazareth nach Bethlehem kamen, so daß Jesus dort geboren wurde. Es gibt also Fragen, was den Geburtsort Jesu betrifft. Diese Fragen aber berühren zwar nicht unmittelbar unsere Analyse der Mariologie der Evangelien, sie stellen aber *die historische Glaubwürdigkeit* der Kindheitsgeschichten in Frage, auf die ein großer Teil der Mariologie zurückgeht. Es ist also nicht vermessen, sich zu fragen, über wieviel und welche Information Matthäus und Lukas tatsächlich verfügten, als sie über die Geburt Jesu schrieben.

Ein alter und frommer christlicher Glaube stellte sich Lukas mit Stift und Tafel in der Hand zu den Füßen Marias vor, um ihre Alterserinnerungen aufzuschreiben. In aller Ehrfurcht kann man sich dann fragen, zu wessen Füßen Matthäus saß, denn außer den oben erwähnten Übereinstimmungen sind die beiden Kindheitsgeschichten im Detail völlig verschieden. Dabei handelt es sich *keineswegs um unwesentliche Unterschiede*, sondern die beiden Geschichten *lassen sich überhaupt nicht miteinander in Einklang bringen*. Das legt uns auch dort, wo beide Kindheitsgeschichten übereinstimmen, einige Vorsicht nahe, und einer dieser übereinstimmenden Punkte, die jungfräuliche Geburt, hat unmittelbar mit der Mariologie zu tun.

Die Autoren des Buches MNT zeigen, *daß, wenn man Mt 2 und Lk 2 ohne das jeweilige erste Kapitel lesen würde, niemals daraus geschlossen werden könnte, daß Jesus auf jungfräuliche Weise empfangen worden ist.* Wenn es, wie wir suggerierten, stimmt, daß weder Matthäus noch Lukas jemanden gekannt haben, der selber persönlich und unmittelbar mit den Ereignissen, von denen sie berichten, zu tun gehabt hatte, dann gingen sie von unterschiedlichen Erinnerungen unterschiedlichen Wertes aus unterschiedlichen Quellen aus — es sei denn, man ziehe es vor anzunehmen, daß sie bei diesen Dingen über keinerlei Informationen verfügten und jeder von beiden, unabhängig vom anderen, nur aus der eigenen Phantasie geschöpft habe. Die meisten Leser werden das nicht annehmen wollen und für unbegründet halten. Ich glaube also annehmen zu dürfen, daß die Erzählungen über die Geburt Jesu bei Matthäus und Lukas — es handelt sich jeweils um das zweite Kapitel —, von denen wir bisher schon festgestellt haben, daß sie ziemlich unabhängig voneinander sind, keinen Hinweis auf die jungfräuliche Empfängnis Jesu, von denen jeweils das erste Kapitel redet, enthalten. Diese ersten Kapitel sind auch voneinander und vom jeweiligen zweiten Kapitel unabhängig. Ich gehe davon aus, daß meine Leser verstehen, daß es wegen des Gewichtes des hier behandelten Materials berechtigt ist, so sehr ins Detail zu gehen.

IV. Die jungfräuliche Empfängnis Jesu

Deswegen ist es auch gerechtfertigt, die historische Realität der jungfräulichen Geburt Jesu weiter zu untersuchen. Eine solche Untersuchung wurde durch Joseph Fitzmyer und Raymond Brown durchgeführt[2]. Sicherlich *ist dabei die jungfräuliche Empfängnis Jesu nicht auf der gleichen historischen Ebene wie sein Tod am Kreuz angesiedelt.* Brown kommt zu der vorsichtigen Schlußfolgerung, daß eine historische und kritische Analyse der Texte nicht die Glaubensaussage ausschließt, daß Jesus auf jungfräuliche Weise empfangen worden ist. Die ebenfalls vorsichtige Schlußfolgerung von Fitzmyer bringt die Sorge zum Ausdruck, daß man die Texte nicht mehr sagen lassen darf, als sie tatsächlich aussagen. Keiner dieser Autoren, die beide der ökumenischen Kommission angehören, welche MNT vorbereitete, deutet irgendwo an, daß die Literaranalyse der Texte zwingend zu der Glaubensaussage der jungfräulichen Empfängnis Jesu führt.

Genausowenig schließen sie die von einigen neueren römisch-katholischen Autoren[3] vertretene These aus, daß in jenen Texten *die jungfräuliche Empfängnis Jesu als ein Theologumenon* gegeben ist, d. h. daß in der Erzählung der Glaube zum Ausdruck gebracht wird, Jesus sei der Sohn Gottes. Diese Theorie scheint sich darauf berufen zu können, daß der Glaube, Jesus sei der Sohn Gottes, im Neuen Testament in den Evangelien und den Paulusbriefen mit Sicherheit öfter zum Ausdruck gebracht wird, *allerdings ohne daß dort deshalb irgendwie vom Fehlen eines menschlichen Vaters die Rede ist.* Das zeigt sich am treffendsten im Johannesevangelium. Die dortige Verkündigung des einzigen Sohnes des Vaters würde wunderbar mit einer jungfräulichen Empfängnis Jesu übereinstimmen, dennoch zeigt Johannes nirgendwo, daß er um eine solche weiß.

Man könnte auf literarkritischer Ebene die jungfräuliche Empfängnis dadurch überprüfen, daß man davon ausgeht, nur Maria und Joseph hätten eine solche bezeugen können. Nun kann man aber im Matthäus- und im Lukasevangelium keinen Beweis für ein solches Zeugnis eines der beiden finden, während sich dagegen sehr wohl positive Hinweise finden lassen, daß diese Evangelien ohne ein solches Zeugnis geschrieben wurden.

V. Die bleibende Jungfräulichkeit Marias

Die Frage nach einer bleibenden Jungfräulichkeit Marias, die man traditionell als eine Jungfräulichkeit *ante partum, in partu et post partum,* d. h. vor, während und nach der Geburt definierte, ist keine biblische Frage im strengen Sinn des Wortes. Dennoch gibt es einige Aspekte dieser Frage, für die biblisches Material heranzuziehen ist. So fehlt in den Evangelien jeder Hinweis darauf, daß diese Jungfräulichkeit auch im Geburtsvorgang bewahrt geblieben wäre: Das wäre dann eine jungfräuliche Geburt im strengsten Sinn des Wortes gewesen. Auch die anderen Bücher des Neuen Testaments schweigen über eine solche *virginitas in partu.* Wer Unterstützung für die Wahrheit einer solchen Glaubensannahme finden will, muß sich also zu anderen theologischen Quellen wenden.

Dagegen hat die Frage, ob Maria auch nach der Geburt Jesu Jungfrau geblieben sei, sicherlich mit der Exegese zu tun. Sie hängt mit der Frage zusammen, wer die Brüder und Schwestern Jesu sind, die öfter in allen vier Evangelien und in der Apostelgeschichte erwähnt werden.

Es kann keinen Zweifel daran geben, daß in der Bibel das Wort »Bruder« nicht nur für jemanden gebraucht wird, der mit demjenigen, dessen Bruder er ist, wenigstens einen Elternteil gemeinsam hat: »Bruder« kann auch jemand anderen aus der Verwandtschaft oder einen Angehörigen derselben Sippe, desselben Stammes oder gar derselben Nation bezeichnen. Im Neuen Testament werden die Christen hundertsechzigmal Brüder genannt, und es wird dort auch ein Jesuswort zitiert, daß derjenige, der den Willen seines Vaters tut, seine Mutter und sein Bruder ist (Mt 12,50; Lk 8,21; nur Mk 3,35 fügt hinzu »und Schwester«).

Das Wort »Schwester« dagegen wird viel weniger gebraucht, um auf fernere Verwandte bzw. Angehörige einer Beziehungsgruppe hinzuweisen. Überhaupt kein Beispiel dafür gibt es, daß »Brüder« und »Schwestern« solche Verwandte und Angehörige in einer Aufzählung bezeichnen[4]. Und wenn Jakobus »Bruder des Herrn« genannt wird, kann man das kaum dadurch erklären, daß man damals gemeint habe, er täte auf besondere Weise den Willen des Vaters.

Wenn Jakobus, Joses, Judas und Simon Brüder Jesu genannt werden in einem Text, in dem auch von den Schwestern Jesu die Rede ist (Mk 6,3), dann ist *die wahrscheinlichste Erklärung dafür, daß es sich um Geschwister handelt, die wenigstens einen gemeinsamen Elternteil hatten.* So würde man den Text immer verstehen, wenn es sich um jemand anderen als Jesus handelte. Nun werden aber im Kontext keine Eltern außer Maria genannt: Man findet also keine Bestätigung für die gelegentlich vorgebrachte Meinung, es handle sich bei den Brüdern und Schwestern um Kinder, die Joseph aus einer früheren Ehe mitgebracht hätte.

Man hätte wünschen können, daß die Evangelisten oder ihre Quellen sich deutlicher über die hier gemeinten Familienbeziehungen geäußert hätten. Da sie das aber nicht tun, verpflichtet uns eine sorgfältige Interpretation, *den Texten ihre Ungenauigkeit zu belassen.*

VI. Jesus und seine Familie

1. Die exegetischen Tatsachen

Im Zusammenhang mit der Frage nach der bleibenden Jungfräulichkeit Marias steht die Frage nach den *persönlichen Beziehungen* zwischen Jesus und seinen Familienangehörigen, um welchen Verwandtschaftsgrad es sich dabei auch immer handelte.

In der Apostelgeschichte erscheint Jakobus, »der Bruder des Herrn«, als ein leitendes Mitglied der Jerusalemer Gemeinde. Alle anderen Hinweise aber auf die »Brüder und Schwestern« Jesu bezeugen explizit oder implizit ein bestimmtes Maß an *Kühle und Distanz* zwischen Jesus und ihnen. Auch wenn wir annehmen, daß diese Distanz, die ganz eindeutig aus dem Text des Markus spricht, von Matthäus und Lukas abgeschwächt wurde, ergibt ihre redaktionelle Behandlung des vorgegebenen Materials bestenfalls ein neutrales Bild.

Jeder würde in Mk 3,21 und 3,31—35 ganz eindeutig eine Haltung *des Unglaubens und der Feindseligkeit* sehen, wenn es sich um andere Familienangehörige als die von Jesus handelte und dort nicht möglicherweise auch seine Mutter mit gemeint wäre. Mt 12,46—50 und Lukas 8,19—21 bewahren zwar den Spruch Mk 3,31—35, scheinen ihm aber seine Schärfe zu nehmen.

Der Wortwechsel zwischen Jesus und seinen »Brüdern« in Joh 7,1—9 ist nicht von irgendeiner Stelle der anderen Evangelien abhängig; aber ob es jetzt eine solche Abhängigkeit gibt oder nicht: auf alle Fälle sagt Johannes, daß die Brüder nicht an ihn glaubten (7,5).

Die Tatsache, daß Maria in der Rahmengeschichte Mk 3,21.31—35 mit den Brüdern Jesu zusammen ist, bedeutet noch nicht, daß sie deren Meinungen und Gefühle teilt. In solchen Angelegenheiten wurden die Entscheidungen von den erwachsenen Männern der erweiterten Familie getroffen. Mit dieser Einschränkung kann man sich fragen, ob die persönliche Erfahrung Jesu mit seinen Verwandten nicht zu der Schärfe seiner *harten Worte über die notwendige Loslösung von den nächsten Familienangehörigen* (Mt 10,34—37; Lk 14,26) beigetragen hat.

Das alles soll nicht heißen, daß es sich in diesen Texten um die buchstäbliche Wiederholung der genauen Worte des historischen Jesus selbst handelt. Die Frage, wie diese Worte entstanden sind, stellt sich nicht anders und auch nicht schwerer oder leichter als bei den anderen Jesus zugeschriebenen Worten. Jesus hatte einen sehr starken Sinn für Familie und Blutsverwandtschaft, wie wir ihn übrigens in allen anderen Kulturen außer den fragmentarisierten Gesellschaften hochentwickelter Zivilisationen wiederfinden. Vielleicht brauchen wir nicht mehr, um jenen Spruch von Mk 3,33–35 (»Wer den Willen Gottes tut, der ist für mich Bruder und Schwester und Mutter«) zu erklären, und es erübrigt sich zu fragen, ob er etwas über die Beziehung Jesu zu seiner nächsten Familie aussagt. Wir gehen aber sicher in der Annahme, *daß die Evangelien nicht gerade den Eindruck einer herzlichen Beziehung zwischen Jesus und seiner nächsten Familie vermitteln.*

2. Probleme der theologischen Wertung

Alle Argumente für eine bleibende Jungfräulichkeit Marias haben mit dem zu tun, was man gewöhnlich die *ratio theologicae convenientiae*, den Grund der theologischen Angemessenheit, nannte. In der Mariologie faßte man dieses Argument mit einem Duns Scotus zugeschriebenen Satz zusammen: *Deus potuit, decuit, igitur fecit:* Gott konnte es, es geziemte sich, also tat er es auch[5]. Ich weiß nicht, wie viele Theologen heute dieses Prinzip noch für gültig halten, aber der Maßstab für die Beurteilung dessen, was historisch tatsächlich geschah, ist demnach nicht sosehr das, was an geschichtlichen Ereignissen auch wirklich berichtet wurde, *als das menschliche Urteil darüber, was für Gott zu tun angebracht ist.*

Seit die Argumentation für die bleibende Jungfräulichkeit Marias einer normalen historischen Untersuchung nicht standhält, kann man auch leicht verstehen, weshalb diejenigen, die zuallererst, und die, die später an eine solche Jungfräulichkeit glaubten, anstelle fehlender Zeugnisse und Beweise eine theologische Angebrachtheit konstruierten. Dabei war es leicht anzunehmen, daß das menschliche Gefäß, das das fleischgewordene Wort getragen hatte, nur diesem gedient habe, und also das menschgewordene Wort dieses Gefäß weder vor noch nach seiner Geburt mit irgend jemand anderem zu teilen brauchte. Weniger leicht war es anzunehmen, daß dieses Gefäß ganz und gar unversehrt geblieben wäre, *denn das setzt wenigstens implizit die Annahme voraus, daß das Gebären die weiblichen Reproduktionsorgane beschmutze und entehre.* Diese Annahme führt dann auch dazu, daß man es für »besser« hält, wenn diese Organe niemals ihren biologischen und gesellschaftlichen Zielen dienen.

Hier fängt der Wissenschaftler an zu ahnen, welche Suggestion und Faszination von bestimmten Formen des *Gnostizismus* ausgehen können. Er braucht dabei nicht an die *ratio theologicae convenientiae* zu denken, um zu wissen, daß es im frühen Christentum Formen des Gnostizismus gab, die die Sexualität der Sünde gleichsetzen und hinter dieser Sünde einer radikalen Sündigkeit des Menschen. Man weiß, daß der Glaube, Maria habe Jesus ohne das empfangen, was man jahrhundertelang den »Makel fleischlichen Verkehrs« nannte, genauso gnostischen Idealen entspricht wie der Glaube, eine Verbindung von Mutterschaft und Jungfräulichkeit sei die höchste Erfüllung der Weiblichkeit. Man kann also die Schlußfolgerung ziehen, *daß an die Glaubwürdigkeit einer Glaubensannahme, die mit solchen fragwürdigen Assoziationen verbunden ist, strengere Anforderungen zu stellen sind als an die Annahme, daß die Empfängnis und die Geburt Jesu nicht anders als die gleichen Vorgänge bei anderen, normalen Menschen abliefen.* Wenn man von Jesus das glaubt, was die Christen immer von ihm geglaubt haben, dann ist das Wunder seiner Geburt noch wunderbarer, wenn Jesus genauso geboren ist, wie andere Kinder aus einer Frau geboren werden. Diese Überlegungen lassen uns die Frage stellen, ob die alte Argumentation, die mit Überlegungen einer theologischen Angemessenheit hantierte, für uns noch so zwingend ist, wie sie es damals war.

Weitere Fragen stellen sich, wenn wir den Glauben an die jungfräuliche Geburt zu einigen anderen Anschauungen in Beziehung setzen, die auch in der Frühkirche als häretisch verurteilt wurden. So gab es verschiedene Formen des Irrtums, den man *Doketismus* nannte, der verneinte, daß Jesus auf echte Weise voll Mensch war. Vielleicht ist unser Urteil noch relativ barmherzig, wenn wir darauf hinweisen, daß der orthodoxe Glaube mehr Schwierigkeiten hatte, an der Menschlichkeit Jesu festzuhalten, als seine Göttlichkeit hervorzuheben.

Die besondere Form des Doketismus, die ich hier im Auge habe, ist der Glaube, daß Jesus durch den Leib Marias wie Wasser durch eine Röhre bzw. einen Schlauch hindurchgegangen sei. *Die Unkenntnis der Wachstumsprozesse der menschlichen Frucht* im Altertum war dafür verantwortlich, daß die Anhänger jener Anschauungen nicht einsehen konnten, daß sie Jesus durch ihren Glauben die normalen Wachstumsprozesse absprachen, die notwendig sind, damit ein voll entwickeltes menschliches Wesen entstehen kann. *So sagten sie eigentlich nichts anders, als daß Maria nicht die Mutter Jesu war.*

Vielleicht müssen wir uns fragen, ob wir Jesus, wenn wir ihm einen menschlichen Vater absprechen, nicht notwendigerweise dadurch auch die normale und »natürliche« Entwicklung eines menschlichen Individuums nehmen. War Jesus wirklich Mensch, wenn ihm ein menschlicher Vater fehlte? Man könnte sich so fragen, ob die jungfräuliche Geburt nicht einer antiken Weltanschauung angehört, die genauso sehr überholt ist wie die klar aus der Bibel sprechende Überzeugung, die Erde sei die Mitte des Universums.

VII. Maria und Jesus: Mutter und Sohn

Wie anmaßend es auch erscheinen möge, man darf die Frage nach den persönlichen Beziehungen Jesu zu seiner Mutter nicht übergehen. Ich sage »anmaßend«, denn es könnte sein, daß solch persönlich-intime Angelegenheiten uns nichts angehen. Solche Fragen stellt der Historiker gewöhnlich auch nicht über historische Persönlichkeiten, deren Leben viel besser dokumentiert und bekannt ist, als es das von Maria und Jesus war.

Die wenigen persönlichen Gespräche und Begegnungen zwischen Jesus und Maria, von denen die Evangelien berichten, *geben uns wenig Auskunft.* Es handelt sich um die Worte bei der Auffindung Jesu im Tempel (Lk 2,48−49), bei der Hochzeit in Kana (Joh 2,3−5) und um die Worte Jesu am Kreuz (Joh 19,26−27). Hinzu kommt die Stelle über die Mutter und die Brüder Jesu, die wir schon erwähnten und auf die wir unten kurz zurückkommen werden. Über die Stelle bei Lukas und beide Johannesstellen kann sofort gesagt werden, daß die heutige Bibelwissenschaft sich nicht nur dessen sicher ist, daß jene Worte bei den erwähnten Anlässen nie so gesprochen worden sind, sondern auch daran zweifelt, ob sie überhaupt etwas von dem entsprechen, was Jesus und Maria tatsächlich sagten.

Deshalb erzählt uns *die unzweifelhafte Schroffheit der Worte Jesu* bei seiner Auffindung im Tempel oder auf der Hochzeit von Kana nur etwas über die Vorstellung, die ein frühchristlicher Schriftsteller darüber hatte, wie Jesus − oder irgendein jüdischer Mann − zu seiner Mutter gesprochen haben könnte. Auf die Worte Jesu am Kreuz werden wir unten eingehen. Was die Worte Jesu zu seinen Brüdern und über sie betrifft, haben wir schon festgestellt, daß aus ihnen keine Herzlichkeit spricht. Die Frage ist hier, ob Maria, die in jenen

Episoden die Brüder begleitete, *auch von dieser kühlen Haltung Jesu seiner Familie gegenüber mitbetroffen war.*

Sicher macht Jesus in seiner Antwort auf die Meldung, daß seine Verwandten da seien, keinen Unterschied zwischen seiner Mutter und seinen Brüdern. Auch läßt sich aus der Episode nicht ableiten, daß Maria sich auf irgendeine Weise vom Verhalten der Brüder distanziert hätte oder daß jemand anders dort einen Unterschied gesehen hätte. Ginge es hier nicht um Jesus und wäre hier nicht Maria im Spiel, würde man im selben Verhalten jeder anderen Frau *ein passives Einverständnis und eine stillschweigende Mitarbeit* sehen bei dem, was die Brüder taten. Vielleicht sollten wir es bei dieser Feststellung belassen und alle weitere Erklärung denen überlassen, die ohne andere biblische Zeugnisse als Lukas' Verkündigungsgeschichte glauben, daß Marias Glaube an ihren Sohn seit seiner Empfängnis immer fest und klar war.

VIII. Maria als der ideale Jünger

Für die Worte, die Jesus am Kreuz an Maria richtete (Joh 19,26–27), finden wir in den synoptischen Evangelien keine Parallele. Die anderen Evangelien erwähnen noch nicht einmal die Anwesenheit Marias unter dem Kreuz, auch wenn sie von der Anwesenheit anderer Frauen berichten (Mk 15,40–41; Mt 27,55–56; Lk 23,49). Die Evangelisten sagen eindeutig, daß alle Jünger geflohen und beim Tod Jesu abwesend waren. Auch wenn es nicht verwunderlich ist, daß die Quellen der Evangelien sich nicht so deutlich darüber geäußert hatten, wer tatsächlich anwesend gewesen war, kann bei den Synoptikern selbst kein Zweifel darüber bestehen, daß nach ihrer Darstellung Maria nicht zugegen war.

Es scheint also, *daß wir die Worte Jesu im Johannesevangelium zu Maria und zum geliebten Jünger als eine theologische Konstruktion des Verfassers jenes Evangeliums interpretieren müssen.* Die Autoren von MNT meinen, daß Maria dort als der ideale Jünger dargestellt wird. Bei Markus und Matthäus dagegen wird Maria nicht als einer dieser Jünger gesehen. Auch nach dem Lukasevangelium ist sie das nicht, obwohl der zweifache Hinweis darauf, daß Maria immer neu über die Ereignisse nachdachte (Lk 2,19.51), wenigstens auf die Anfänge einer solchen Jüngerschaft hinweisen könnte. In der Apostelgeschichte (1,14) ist sie mit den Jüngern zusammen, die den Heiligen Geist empfangen. Im Johannesevangelium wird sie der Sorge der hier vom geliebten Jünger vertretenen Jünger anvertraut. Ich bin mir hier nicht so sicher, wie es die Autoren des MNT sind, daß sie dadurch als der ideale Jünger dargestellt wird, *aber sicherlich geht die Stelle dahin, daß die Jünger die Stellung Jesu gegenüber seiner vereinsamten, verwitweten Mutter einnehmen.* So werden die Jünger allerdings in einem anderen Sinn seine »Brüder«.

IX. Maria als die Sündenlose

Dies führt uns zu der Frage nach einem biblischen Fundament für die Sündenlosigkeit Marias. Das Dogma von der unbefleckten Empfängnis wurde *ohne jedes solche biblische Fundament* verkündet und liegt also außerhalb der Thematik dieses Aufsatzes. Dasselbe könnte man über den Glauben an ihre Sündenlosigkeit sagen. Es ist wahr, daß sie nicht als eine Sünderin beschrieben wird, aber sie erscheint auch nicht als ein Beispiel der Tugend. Wir wissen einfach nicht genügend über sie, *um etwas mehr annehmen zu können, als daß sie eine normale gute Frau war*, die an allen Fehlern und Schwächen unserer gefallenen menschlichen Existenz teilhatte. Wie Wordsworth von ihr sagte, könnte es sein, daß auch sie »von der einsamen Großtuerei unserer befleckten Natur« mitbetroffen ist. Dagegen läßt die Erhabenheit Marias nach dem traditionellen Glauben noch nicht einmal Platz für das oben erwähnte Wachstum Marias im Glauben, das doch auf eine vorherige Unvollkommenheit zu weisen scheint.

X. Die wirkliche Maria und die Maria der Phantasie

Die wirkliche oder historische Maria entzieht sich uns, wenn auch zum Teil aus anderen Gründen, wenigstens so sehr wie der wirkliche oder der historische Jesus. Was über sie historisch tatsächlich feststeht, ist so wenig, daß jeder Historiker sich bei jeder anderen Persönlichkeit in ein verlegenes Schweigen hüllen würde. Wir wissen über Maria genauso wenig, wie wir etwa über die Mutter von Abraham Lincoln wissen, wobei diesem die Bemerkung zugeschrieben wird, daß er alles, was er hatte, seiner engelhaften Mutter verdanke.

Noch nicht einmal soviel hat Jesus uns als Information über seine Mutter hinterlassen, was allerdings auch dazu führte, daß der Phantasie der christlichen Frömmigkeit keine Grenzen gesetzt waren.

Das Marienbild der christlichen Legende, Kunst, Poesie, Musik und Hymnik und sogar der Theologie ist ein Produkt der Phantasie. Ich bin nicht sicher, daß wir sagen dürfen, Maria, wie sie uns der herkömmliche christliche Glaube vorstellt, sei genauso wichtig wie das, was unser Wissen über die historische Maria uns nahelegt. *Der Glaube an die Maria der traditionellen christlichen Frömmigkeit ist ein Glaube an etwas, was nicht wahr ist.* Natürlich hat der Symbolismus der Kunst seinen Wert. Jahrelang schickte ich meinen Freunden Weihnachtskarten, weil sie meine Gefühle bezüglich des Weihnachtsfestes besser zum Ausdruck brachten, als ich das in Worten tun konnte. Das Symbol setzt einen Glauben an irgendeine Wirklichkeit voraus, die durch dieses Symbol symbolisiert wird. Welche Wirklichkeit aber bringen die Kunst, die Hymnen und Legenden der traditionellen marianischen Frömmigkeit zum Ausdruck?

Es kann kein Zweifel daran bestehen, daß erdichtete Gestalten, *die bestimmte symbolische Werte zum Ausdruck bringen, oft auf tiefe Weise Träger hoher Bedeutung sein können.* Man braucht hier nur an einige Figuren in den Werken von Homer, Shakespeare oder Dickens zu denken, und denjenigen, die eine andere Muttersprache als Englisch haben, werden hier andere Namen einfallen. Die Bedeutung solcher Gestalten hängt von den Einsichten, der Vorstellungskraft und der literarischen Begabung ihrer Autoren ab.

Dagegen hängt die Bedeutung historischer Gestalten und Ereignisse überhaupt nicht ab von solchen Faktoren, sondern *von der historischen Wirklichkeit* dieser Gestalten. So würde ich niemals behaupten, daß die Bedeutung Jesu von den Einsichten, der Vorstellungskraft und der literarischen Begabung der Evangelisten abhängig ist, und ich glaube auch nicht, daß meine Kollegen das tun würden. Das literarische und künstlerische Genie eines Homer — welche Persönlichkeit (bzw. Persönlichkeiten) sich auch unter diesem Namen verstecken mag (mögen) —, eines Shakespeare und eines Dickens fehlte den Evangelisten Matthäus, Markus, Lukas und Johannes fast völlig. *Als literarische Gestalt in ihren Schriften ist Maria sehr undeutlich gezeichnet, in der traditionellen Frömmig-*

keit dagegen hat Maria eine sehr plastische Gestalt, die den Zeiten, die sie geschaffen haben — und das waren vor allem das zehnte bis siebzehnte Jahrhundert —, und ihren Bedürfnissen entgegenkam.

Man könnte sich noch ein bißchen weiter trauen, um zu behaupten, daß es sich dabei um die Bedürfnisse der herrschenden Gruppen in der Christenheit handelte, die auch die Mäzene der Kunst und der Literatur in diesen Jahrhunderten waren. Dabei entsprach das einfache Leben einer Hausfrau in einem palästinensischen Dorf des ersten Jahrhunderts offensichtlich keinem der Bedürfnisse dieser Frömmigkeit, denn die Gedichte und Hymnen, die Kunst und die Legenden reden von etwas ganz anderem. Vom Leben einer Hausfrau damals und dort wußten jene Gruppen nichts, und hätten sie etwas davon gewußt, dann hätte Maria für sie nicht mehr bedeutet als die Mägde in ihren Küchen oder die Bauersfrauen auf ihren Feldern. Sie hätten keine Bilder einer solchen einfachen Frau aus dem gewöhnlichen Volk an ihre Wände gehängt oder Lieder gesungen, um ihre Schönheit und Tugend zu preisen. Sondern um Maria verehren zu können, mußten sie sie zuerst zu einer der ihrigen machen: d. h. sie mußten zuerst das, was sie tatsächlich war, zerstören. Wir sollten nicht vergessen, daß das der konkrete Hintergrund ist, vor dem Maria nach den Normen dieser Gruppen als die ideale Frau dargestellt wurde: als die schöne, die sündenlose, als diejenige, die das Unmögliche, die Erfüllung und Verbindung von Jungfräulichkeit und Mutterschaft erreicht hat, als die vornehme, edle Frau, als »Unsere Liebe Frau«.

XI. Die Zukunft der Mariologie

Man fragt sich, weshalb es gerade *seit dem Zweiten Vatikanischen Konzil um die Mariologie und die marianische Frömmigkeit still geworden ist.* Der letzte große Höhepunkt der Mariologie war die Verkündigung des Dogmas von der Aufnahme Marias in den Himmel durch Pius XII. im Jahr 1950. In dem Symposium über die Mariologie, das dieses Buch darstellt, wäre die Frage, weshalb auf jene Springflut der Mariologie eine so lange andauernde Ebbe folgte, ein interessantes theologisches Thema der Diskussion gewesen. Dennoch fällt es nicht außerhalb meines Themas, einige wenige Spekulationen über die zukünftige Entwicklung der Mariologie zu wagen. Diese Überlegungen sind sehr stark von der heutigen Stille um die Mariologie geprägt.

Wir haben darauf hingewiesen, daß die schmale Grundlage gesicherter historischer Erkenntnisse über die wirkliche Maria die Entwicklung der Mariologie und einer marianischen Frömmigkeit überhaupt nicht behindert hat: Was die Christen als historische Gegebenheit nicht vorfanden, haben sie erdacht. Unter diesen Voraussetzungen hatten die historische und biblische Kritik für die Mariologie zweifelsohne verheerende Folgen. Ich frage mich aber, ob der Zusammenbruch der Mariologie nur auf den von den Hämmern der Kritik ausgelösten Ikonoklasmus zurückzuführen ist.

Bei der Beantwortung dieser Frage sollte man sich daran erinnern, daß das Marienbild der traditionellen Frömmigkeit den Erfordernissen und Nöten der Jahrhunderte entgegenkam, die sich dieses Bild erdacht hatten oder in denen es seinen großen Einfluß ausübte. Hier kann man sich fragen, ob Maria noch den Bedürfnissen heutiger Frömmigkeit entgegenkommen wird bzw. ob man das überhaupt noch hoffen kann, ob es der schönen, sündenlosen, edlen Frau, der die unmögliche Synthese bleibender Jungfräulichkeit und Mutterschaft gelang, nicht so ergehen wird, wie es der Heiligen Philomena, dem Heiligen Christophorus oder dem Heiligen Valentin erging. *Wenn die Marienfrömmigkeit neu aufleben soll, muß sie neue Gestalt annehmen.* Wenn ich sagen könnte, wie diese neue Gestalt aussehen sollte, könnte ich mein Leben und meinen Dienst als Theologe nicht besser abschließen. Insoweit ich die heutige feministische Bewegung verstehe, gibt es in ihr keinen Platz für eine Marienfrömmigkeit im traditionellen Sinne. *Wenn allerdings eine neue Mariologie entstehen soll, dann kann sie nur von Frauen formuliert werden.* Es gibt sicher genügend hervorragende feministische Theologinnen, die uns sagen könnten, wie eine neue Marienverehrung aussehen sollte, wenn sie das nur wollten. Wenn sie das aber nicht wollen, dann wäre es töricht, zu denken, daß ein männlicher Theologe diese Arbeit an ihrer Stelle tun könnte.

Es wäre zwar, so meine ich, falsch zu denken, daß Jesus aufgrund seines Geschlechtes mehr zu uns Männern gehöre und daher von Natur aus von uns besser verstanden werden könne. Genauso falsch ist es wegen der gleichen Gründe zu meinen, daß Maria aufgrund ihres Geschlechtes mehr den Frauen zugehöre. Deshalb hätte ich gern die Hoffnung geteilt, die Paulus — was die Geschichte des Christentums angeht, bisher leider vergeblich — zum Ausdruck brachte, daß es in Christus nicht zähle, ob man Mann oder Frau ist, sondern daß alle in ihm »einer« werden (Gal 3,28). Da ich aber damit rechnen muß, das Ende meiner Tage zu erleben, ohne zu sehen, wie die Hoffnung des Paulus in Erfüllung geht, fordert es die Ehrfurcht gegenüber der Wirklichkeit, so wie sie ist, daß wir Maria für einige Zeit in den Händen unserer Schwestern lassen. Ich weiß nicht, ob sie dort besser aufgehoben sein wird, als sie das in den Händen der Männer war, aber die Frauen nehmen das offensichtlich an, und deshalb sollten die Männer, die für die Gipsfigur des Marienbildes der traditionellen Frömmigkeit verantwortlich sind, nicht zögern, ihnen den Weg freizumachen.

Ursprünglich wollte ich diesen Aufsatz anders abschließen, als ich es nun tun werde. Jetzt will ich nur darauf hinweisen, daß die römisch-katholische Theologie dringendst eine Art Bluttransfusion braucht, um heute wenigstens ihr Überleben zu sichern und dann in einiger Zeit wieder zu Kräften zu kommen. Als ich diese Überlegungen über die Mariologie anstellte, wurde mir wieder bewußt, daß wir es niemals nötig hatten, weit in die Zukunft zu schauen. Heute sind wir so weit, daß wir der Hälfte der Kirche helfen können, die sich so viele Jahrhunderte lang theologisch nicht artikulieren konnte. Ich empfehle meinen Kollegen das zu tun, was ich, so meine ich, immer versucht habe: die Arbeit meiner theologischen Kollegen nicht nach solchen Nebensächlichkeiten wie ihrem Glaubensbekenntnis, ihrer Konfessionszugehörigkeit, ihrem kirchlichen Rang und ihrer Weihe, ihren akademischen Graden und Ehrentiteln und ihrem universitären Status, ihrer Nationalität und Sprache, ihrem Alter oder Geschlecht zu beurteilen, sondern ihre Arbeit einfach an der Überzeugungskraft ihrer Argumente zu messen.

Anmerkungen

1. Raymond E. Brown/Karl P. Donfried/Joseph A. Fitzmyer/John Reumann, Mary in the New Testament (Philadelphia/New York 1978). Deutsche Ausgabe: Maria im Neuen Testament. Eine ökumenische Untersuchung (Stuttgart 1981). Auf dieses Werk wird weiter in diesem Aufsatz mit dem Kürzel MNT verwiesen.
2. Raymond E. Brown, The Birth of the Messiah (Garden City N. Y. 1977); Joseph A. Fitzmyer, The Virginal Conception of Jesus in the New Testament: To Advance the Gospel (New York 1981) 41–78.

3. Fitzmyer nennt R. Pesch, J. Michl und O. Knoch: a. a. O. 45.66.
4. Siehe die entsprechenden Stichworte in den gängigen Lexika: W. Bauer, Griechisch-deutsches Wörterbuch zu den Schriften des NT und der übrigen urchristlichen Literatur (Berlin ⁵1958); F. Brown/S. R. Driver/C. A. Briggs, A Hebrew and English Lexicon of the Old Testament (Oxford, rev. ed. 1957); L. Köhler/W. Baumgartner, Lexicon in Veteris Testamenti libros (Leiden ³1967 ff.).
5. Die genaue Quelle dieses Zitats, das ich vor 35 Jahren kennenlernte, kann ich nicht angeben. Wohl aber fand ich in einem neueren Werk folgenden mariologischen Satz aus *In 3. Sent. 3,1* von Duns Scotus: »Mit Wahrscheinlichkeit kann man alles, was die größte Vollkommenheit besitzt, Maria zuschreiben, vorausgesetzt, daß es nicht der Autorität der Kirche oder der Schrift widerspricht«: New Catholic Encyclopedia Bd. 4, Spalte 1105.

Schalom Ben-Chorin

Die Mutter Jesu in jüdischer Sicht

Ich sehe dich in tausend Bildern,
Maria, lieblich ausgedrückt,
Doch keins von allen kann dich schildern,
Wie meine Seele dich erblickt.

So schreibt Novalis (1772—1801) in seinem berühmten Mariengedicht.

In vielerlei Gestalt wurde Maria dargestellt, nicht aber in ihrer *ursprünglichen Erscheinung, als junge orientalische jüdische Mutter,* die sie wirklich gewesen ist. So sieht sie der jüdische Autor in Jerusalem und versucht, diese Schau dem christlichen Leser zu vermitteln.

I. Maria als jüdische Frau

Die schlichten Konturen der Mutter Mirjam sollen aber dem Gläubigen nicht das strahlende Bild der Himmelskönigin verdunkeln, sondern die reale Existenz der Erdentage Mariens aus der spirituellen Überrundung wieder in das Bewußtsein heben.

»Maria aber bewahrte alle diese Worte (oder Dinge, wenn wir hier ins Hebräische rückübersetzen) in ihrem Herzen.« Genauer müßte man sagen: sie bewog oder bewegte sie in ihrem Herzen (Lk 2,19.51).

Diese Notiz kennzeichnet Situation und Wesen der Maria. Stellen wir uns dieses etwa sechzehnjährige orientalische, jüdische Mädchen vor, das offenbar irgendwelchen Erschütterungen ausgesetzt ist, die das Fassungsvermögen einer noch halb kindhaften Mutter übersteigen. Wir dürfen hier nichts idealisieren. Eine so *junge Mutter* ist nichts Außergewöhnliches für damalige jüdische Verhältnisse und ist heute noch, bis vor ganz kurzem, in orientalisch-jüdischen Kreisen eine Selbstverständlichkeit gewesen. Erst gesetzliche Bestimmungen im modernen Staat Israel haben das Heiratsalter auf achtzehn Jahre heraufgesetzt, was in Kreisen der jemenitischen Juden oft auf keinerlei Verständnis stößt.

Wir müssen uns, wie immer die Vorgänge waren, die junge Mirjam ganz passiv vorstellen. Der mütterliche Instinkt ist in ihr geweckt, sie sorgt für den Säugling, nimmt zu den Ereignissen nicht Stellung, sondern bewahrt und erwägt in ihrem Herzen das Außergewöhnliche, falls davon überhaupt die Rede sein kann.

Wir müssen uns also Maria emsig im Hause beschäftigt vorstellen. Eine große Familie, ein geringes Einkommen. Wir wissen aus den Schlußversen der Sprüche im Alten Testament, daß das *Idealbild der hebräischen Frau* nicht nur ihre Sorge für Haus und Familie umfaßt; auch ihr Beitrag zum Unterhalt wird hervorgehoben: »Hemden stellt sie her und verkauft sie, und Gürtel übergibt sie den Händlern« (Spr 31,24).

Mit anderen Worten, die tüchtige Frau, die in diesem alphabetischen Gedicht gerühmt wird, das bis heute als Frauenlob vom jüdischen Familienvater am Freitagabend, zum Eingang des Schabbath, am Familientisch rezitiert wird, stellt Güter her, vor allem am Webstuhl, und verkauft die Produkte dieser Heimindustrie.

Sie ist dafür aber auch Gegenstand uneingeschränkter Anerkennung: »Ihre Söhne treten auf und preisen sie glücklich, ihr Gatte (erhebt sich) und rühmt sie: viele Töchter haben sich tüchtig erwiesen; du aber übertriffst sie alle!« (Spr 31,28—29).

Von diesem Lob allerdings erfahren wir im Leben der Maria nichts, sie ist Mater dolorosa, die *schmerzensreiche Mutter*. Ihr erstgeborener Sohn rühmt sie keineswegs, sondern fährt sie hart an: »Weib, was habe ich mit dir zu schaffen?« Auch von einem Lob durch Joseph hören wir nichts, sondern nur von dem Verdacht des Joseph gegen Maria.

Das *religiöse Leben einer jüdischen Frau* in dieser Zeit müssen wir uns wohl *stark introvertiert* vorstellen. Nach außen hin tritt es viel weniger in Erscheinung als das religiöse Leben der Männer. Zwar ist auch die Frau auf die Gebote verpflichtet, aber andererseits ist sie von allen Geboten dispensiert, die an bestimmte Stunden gebunden sind. Der Grund hierfür liegt in den Mutterpflichten. Die Mutter, die ihre Kinder sehr lange stillt, konnte die vorgeschriebenen Gebetszeiten nicht immer einhalten, so daß hier eine Dispens notwendig war. Natürlich war die Frau von der umfassendsten aller Pflichten dispensiert, dem Studium der Thora.

II. Die Familie

Wir müssen uns die Familie der Maria als eine einfache, offenbar *unbemittelte Handwerkerfamilie* vorstellen, aber wir dürfen sie uns nicht zu primitiv denken. Das Neue Testament kennt zwei Lehrbriefe von Jakobus und Judas, die den Brüdern Jesu zugeschrieben werden (Jakobus galt ja auch als das Haupt der späteren Urgemeinde). Aus diesen Briefen geht der *hohe Bildungsstand* der beiden Brüder hervor. Selbst wenn wir, unter den Gesichtspunkten kritischer Forschung, nicht ohne weiteres eine volle Autorschaft der Brüder Jesu im Jakobusbrief und im Judasbrief annehmen können, so will doch die Tradition sagen, daß diese Brüder in der Lage waren, Episteln dieser Art zu verfassen. Da man der evangelischen Berichterstattung in bezug auf die Angehörigen Jesu keine idealisierende Tendenz vorwerfen kann, muß man diese Tradition berücksichtigen.

Aus dem *Unverständnis der Brüder und der Mutter* wird kein Hehl gemacht. Die relativ späte Bekehrung der Mutter und der Brüder zur Anerkennung Jesu ist offenbar. Wenn also trotz aller dieser realistischen Darstellungen eine derartige Episteltradition sich halten konnte, müssen wir annehmen, daß die spät bekehrten Brüder den Eindruck von gebildeten Männern machten. Wenn das natürlich auch nur auf Jakobus und Judas anzuwenden ist, so liegt der Schluß doch nahe, daß Joseph und Maria ihren Kindern, natürlich vor allem den Söhnen, eine höhere Bildung angedeihen ließen.

Nun muß man, damals wie heute, sicher zwischen einer Frau in der Großstadt, hier Jerusalem, und in einem kleinen Landstädtchen wie Nazareth unterscheiden. Im Umkreis der Schriftgelehrten, im Schatten des Tempels, wurden auch Frauen von den Lehrgesprächen der Weisen mit erfaßt. In der Provinz mag das anders gewesen sein, aber aus den spärlichen Angaben über das Leben der Maria entnehmen wir, daß sie in einem ständigen *Kontakt mit Jerusalem* stand. Familienbande verknüpften sie mit levitischen Kreisen einerseits und mit der alten Dynastie des Hauses David andererseits, wenn wir den Angaben der Evangelien folgen dürfen.

Diese vornehme Herkunft einer später verarmten Familie mag doch ein höheres Bildungsniveau garantiert haben. Die Erscheinung ist häufig: auch pauperisierte aristokratische Kreise wahren einen gewissen Standard, der ihrer aktuellen sozialen Situation nicht mehr entspricht.

So ergibt sich das Bild einer Familie von verarmten Landadeligen, die in ihrer Umgebung *Ansprüche einer höheren Geistigkeit* pflegen, welche sonst am Ort wenig zu Hause ist. Ohne diese Atmosphäre zu überschätzen, bildet sie doch die Lebensluft Jesu in seinen ersten Jahren. Wir wissen aus dem Neuen Testament *nichts über einen Lehrer Jesu*, nur eine talmudische Tradition erwähnt einen solchen, was aber, wie ich bereits in meinem Buch »Bruder Jesus« darlegte, keine historisch-biographische Bedeutung hat.

Es ist sehr naheliegend, anzunehmen, daß Joseph selbst seinen Sohn unterrichtet hat, vorher aber wohl Maria, denn bis zum fünften Lebensjahre etwa waren die Kinder der Obhut der Mutter unterstellt. Eine Mutter, die selbst über gewisse elementare Kenntnisse verfügte, wird es nicht unterlassen haben, sie ihrem Kind zu vermitteln.

Ohne eine solche Vorbereitung des Kindes Jeschua wäre die ... Episode des zwölfjährigen Jesus im Tempel von Jerusalem (Luk 2,41– 50) völlig unverständlich. Gewiß will diese Erzählung Jesus als eine Art Wunderkind darstellen, aber auch bei einem Wunderkind ist ein gewisses Maß an Ausbildung Voraussetzung.

Bei Analyse der Gleichnisse Jesu hat man den Eindruck, daß die *Vaterliebe* für ihn *entscheidend* ist, während die Mutterliebe überhaupt keine Rolle spielt. Diese Vaterliebe stellt freilich eine Übertragung auf den himmlischen Vater, auf Gott, dar. Hier eröffnen sich für die Interpretation zwei Möglichkeiten: Jesus kann aus frühen Kindheitserlebnissen heraus die ihm zuteil gewordene Vaterliebe des Joseph transzendieren. Die andere Möglichkeit aber, zu der ich neige, ist die Idealisierung einer nur gewünschten Vaterliebe, die dem Kinde Jesus nie zuteil geworden ist. Er stellt sie, diese Wunschvorstellung, der leidvollen Erfahrung gegenüber, die er mit der verständnislosen Mutter gemacht haben muß.

III. Familienkonflikt

Wenn es einen Zug im Charakter Jesu gibt, der völlig eindeutig hervortritt, dann ist es diese *antifamiliäre Haltung,* die nur die Wahlverwandtschaft gelten läßt, nicht aber die Sippe.

Das allein muß auf Mutter und Geschwister schockierend gewirkt haben, und sie stimmten wohl jenen fremden Kritikern Jesu bei, die sagten: »Er hat einen unreinen Geist« (Mk 3,30).

Diese Feststellung steht unmittelbar vor der hier berichteten Episode Mk 3,31–35, dem *mißlungenen Versuch, Jesus zurückzuholen.*

Mutter und Brüder stehen draußen, vor dem Hause (dem Hause Jesu?). Es ist nicht klar, ob sie nicht eintreten wollen oder nicht eintreten können, weil das Haus von Anhängern und Neugierigen belagert wird.

Ein Bote, vielleicht ein Kind, das leichter durch die Menge schlüpfen kann, dringt bis zu Jesus vor, um ihm die Ankunft der Mutter und der Geschwister zu melden. Die Mutter wird ausdrücklich an erster Stelle genannt. Das hat seinen guten Grund, geht auf das Gebot des Zehnwortes zurück: »Ehre Vater und Mutter«. Es gibt ein im Judentum sehr ernst genommenes Gebot der Elternehrung, nicht aber der Geschwisterehrung. Gesetz und Brauch forderten, daß Jesus sofort aufstand, um seiner Mutter entgegenzugehen. Deshalb wird die Mutter hier ausdrücklich an erster Stelle eigens genannt.

Er aber verleugnet sie. Er tut das in einer für den jüdischen Dialog typischen Weise, indem er mit einer Frage antwortet: »Wer ist meine Mutter? ... und wer sind meine Brüder?« (Die Schwestern erwähnt er hier nicht einmal).

In jeder Gesellschaft wäre eine solche Haltung ein Ärgernis, aber in der jüdischen Gesellschaft gilt dies in erhöhtem Maße. Der starke *Familiensinn* der Juden ist sprichwörtlich und wird durch die wohl älteste Schicht des Rituals besonders gefestigt. Der Hausvater hat innerhalb der Familie quasipriesterliche Funktionen. Der häusliche Kult (in Ergänzung, nicht im Gegensatz) neben dem Tempelkult wird vom Hausvater zelebriert. Vater und Mutter segnen die Kinder. Es ist die Pflicht des Vaters, die er nicht einfach an einen Lehrer delegieren kann, das Erbgut der Tradition an den Sohn weiterzugeben: »Du sollst es deinem Sohn einschärfen« (5 Mose 6,7). »Du sollst es deinem Sohn an jedem Tage ansagen …« (2 Mose 13,8). So wird die Familie zugleich auch eine Sakralgemeinschaft, die sich etwa um das Passahlamm versammelt, um es als kultisches Familienmahl zu verzehren. *Vater, Mutter und Kinder bilden nicht nur eine natürliche, sondern auch eine kultisch-sakrale Einheit, sie sind Urzelle der Berith, des Bundes,* der ja mit dem Sippenvater Abraham, der Familie Abrahams, geschlossen wurde. Man muß diesen überhöhten Charakter der Familie verstehen, um das Ausmaß der *Absage Jesu* an diese göttlich gesetzte Einheit in ihrer Tragik zu erfassen …

Man muß diese entscheidende Szene in Verbindung bringen mit dem echt orientalischen Lobpreis einer ergriffenen Hörerin und der kalten Absage Jesu: »Es geschah aber, als er so sprach, da erhob eine Frau aus dem Volk die Stimme und sagte zu ihm: Selig der Leib, der dich getragen, und die Brüste, an denen du gesogen hast! – Er aber sprach: Viel mehr selig sind die, die das Wort Gottes hören und befolgen« (Luk 11,27–28).

Wir dürfen diese Stelle ruhig hierhersetzen, sie gehört in unseren Problemzusammenhang. Selbst die Bewunderer, vor allem natürlich Frauen, sehen in dem großen Rabbi, dem sie bedingungslos anhängen, den Sohn einer gesegneten Mutter. Kann eine Frau in Israel eine höhere Funktion haben, als die Mutter eines solchen Sohnes zu sein, der gewaltig lehrt, dem Macht über die Dämonen geworden ist, der die Kranken heilt und sogar Tote erweckt? Jede Frau in Israel träumte wohl in Zeiten der Bedrängnis davon, Mutter des verheißenen Retters zu werden. Ist dieser Mutter nicht, wenigstens zum Teil, diese Verheißung Erfüllung geworden?

Mit der Solidarität des Weibes preist die Hörerin nicht Jesus selbst, sondern seine Mutter, den Mutterleib, der dieses Kind getragen, die Mutterbrust, die dieses Kind gestillt hat.

Jesus aber ist nicht gewillt, etwas von der Offenbarung, die in seinem

Auftreten und seiner Person sich dem Volke enthüllt, auf die Mutter zu übertragen.* Er hat keine Gemeinschaft mit ihr. Sie hat ihn offenbar nie verstanden, hielt ihn für geistesgestört, bekannte sich zu spät zu ihm. Er läßt keine familiäre Intimität aufkommen. Er weist den Lobpreis seiner Mutter hart zurück. *Nur die sind selig, die Gottes Wort hören und befolgen, und dazu gehören offenbar in dieser Stunde und in dieser Situation weder die Mutter noch die Brüder.*

IV. Mutter und Sohn

Anders (als die übrige Familie) verhält sich die Mutter. Auch sie glaubt nicht an den Sohn. Aber was heißt das? Eine Mutter, noch dazu eine jüdische Mutter, auch wenn sie in ihrem Oberbewußtsein, das von der Umwelt so stark beeinflußt wird, nicht an ihren Sohn glaubt, in einer tieferen, unbewußten Schicht glaubt sie dennoch an ihn. Verstand und Herz, noch dazu das Herz einer Mutter, stimmen nicht überein. Dieser Sohn muß ihr viele Schmerzen bereitet haben. Er hat den Rahmen des ortsüblichen Familienlebens gesprengt. Er zieht im Land umher und stiftet Unruhe. Er tut Dinge, die gefährlich sind: Gefahr droht von den jüdischen Instanzen und den verhaßten römischen Behörden. *Er bringt die ganze Familie in Gefahr.*
Muß er ihr nicht manchmal wie jener *mißratene Sohn* erschienen sein, von dem im Gesetz geschrieben steht, daß er nicht auf die Stimme von Vater und Mutter hört, widerspenstig ist und noch dazu ein Schlemmer und Säufer? Das Gesetz schreibt vor, diesen störrischen Sohn den Stadtältesten zur Verurteilung und Steinigung vorzuführen, um so das Böse aus Israel auszurotten (5 Mose 21,18–21).
Die talmudische Tradition hat an diesen »Ben Sorer u More« so unmögliche Bedingungen geknüpft, ihn so monströs aufgebläht, daß dieses harte Gesetz nie praktiziert werden konnte. Aber wahrscheinlich hätte es dessen gar nicht bedurft, denn das Gesetz schreibt im Deuteronomium wörtlich vor, daß Vater und Mutter den Sohn dem

---

* Schon bei dem ersten Wunder Jesu auf der Hochzeit zu Kana zeigt sich das gespannte Verhältnis Jesu zu seiner Mutter, die ihn bittet, dem Weinmangel abzuhelfen, worauf er sie unwillig anfährt: »Weib, was habe ich mit dir zu schaffen?« (Joh 2,4)

Gericht übergeben sollen. Wo wäre die Mutter, die sich dazu bereit-
fände? Auch wer Vater und Mutter verflucht, ist nach dem Gesetz des
Todes. Aber auch dieses Gesetz blieb mehr toter als tötender Buchstabe.
*Von dem wenigen, was wir über das Verhältnis von Maria zu ihrem
erwachsenen Sohn Jesus wissen, wird nur das spannungsreiche Verhältnis klar.*

V. Unter dem Kreuz

Und nun kommt es zu jener seltsamen *Adoptionsszene,* in welcher der
sterbende Sohn seine Mutter vom Kreuz herab noch einmal so
befremdlich als »Weib« anredet, sich von ihr lossagt und (auf den Jünger
blickend) sagt: »Da ist dein Sohn«. Dann richtet er das Wort an diesen
Jünger: »Da ist deine Mutter.«
Die Szene wäre verständlicher, wenn Maria ohne Kinder zurückgeblie-
ben wäre, als einsame Witwe. Das ist aber durchaus nicht der Fall. Sie hat
Söhne und Töchter. Hier zeigt es sich nun zur Evidenz, daß das *Band Jesu
mit seinen Brüdern und Schwestern völlig zerrissen* war. Er will die
Mutter, so fern sie ihm steht, die ihn aber doch in der Stunde des
Martyriums nicht verlassen hat, nicht in der Gesellschaft und Obhut
dieser Brüder und Schwestern wissen. Deshalb empfiehlt er sie der
Obhut des Jüngers, deshalb will er hier ein neues Mutter-Sohn-
Verhältnis stiften.
Auch in dieser Stunde wählt er noch einmal die Anrede »Weib«, die er
auch an die letzte der Marien unterm Kreuz einmal gerichtet hat, an
Maria Magdalena. Die merkwürdige Adoptionsszene ist zugleich
Lösung von der Mutter, aber doch ist diese Lösung anders als die von den
feindlichen Geschwistern, die einfach übergangen werden.
Der Text vermerkt nur noch, daß der Jünger, offenbar Johannes, von
dieser Stunde an die Mutter seines Meisters zu sich genommen hat. Er
sagt nichts über die Haltung der Maria aus, die — wiederum ganz
orientalische Frau — völlig passiv bleibt.

VI. Mythos und Realität

Die Gestalt Mariens ist von sieben Schleiern umhüllt, gewebt aus
Tradition, Dogma, Liturgie, Legende, Kunst, Dichtung und Musik.

Je schöner und bedeutender diese Schleier sind, desto verhüllender wirken sie.

Die entschleierte Mirjam (Maria) zeigt sich mir als eine schlichte, junge orientalische Jüdin, aber dieses Bild wird immer wieder neu vom Mythos verdunkelt.

So wurde in neuester Zeit die Reihe der Orte von Marienerscheinungen Lourdes und Fatima durch ein kleines Dorf in Jugoslawien ergänzt. Die Zeitschrift »Newsweek« berichtete im Juli 1987 von permanenten Marienerscheinungen, seit sechs Jahren, in diesem Dorf Mediogorje. Täglich erscheint die Madonna dort abends sechs Uhr einigen jungen Leuten, heute Anfang der zwanzig, im Hause des katholischen Ortspfarrers. Die erste Erscheinung ereignete sich auf einem Berg in der Umgebung des Dorfes. Niemand außer den Jugendlichen selbst kann die Jungfrau erblicken oder hören, aber die Begnadeten reagieren durch prophetische Zungenrede auf die Erscheinung, welche die letzte auf Erden sein soll.

Maria ruft die Menschen zur Umkehr auf, um eine Weltkatastrophe zu vermeiden.

Der örtliche Bischof lehnt die Erscheinungen als Illusion oder Schwindel ab, der Vatikan empfiehlt (zum zweiten Mal) eine Untersuchungskommission, aber Zehntausende aus dem In- und Ausland strömen zu dem neuen Wallfahrtsort, an dem auch schon Wunderheilungen zu verzeichnen sind.

Die kommunistisch-atheistische Regierung ermutigt den Wallfahrtsverkehr, der Devisen einbringt.

Auch in Deutschland und in der Heimat der Mutter Mirjam, in Israel, wurden 1983 Marienerscheinungen gemeldet.

Wir haben uns die Frage vorzulegen, was zu dieser immer noch lebendigen Mythisierung Mariens beiträgt?

Das weibliche Ideal (des Mannes) ist ein doppeltes: die Jungfrau und die Mutter. Dieses Doppelideal kann nicht verwirklicht werden. Die Jungfrau kann keine Mutter sein, und die Mutter ist nicht mehr Jungfrau. Was aber in der Realität unvereinbar ist, verschmilzt im Mythos zu *einer* Gestalt, der jungfräulichen Mutter − Maria.

Wenn eine katholische Theologin, wie Frau Prof. Uta Ranke-Heinemann, die Jungfräulichkeit Mariens, selbst *nach* der Geburt ihres erstgeborenen Sohnes Jesus, in Frage zu stellen wagt, wird ihr die Missio Canonica entzogen, d. h. der Mythos wird disziplinarisch durchgesetzt. Es ist zu beachten, daß die Tradition der jungfräulichen

Mutter auf einem Übersetzungsfehler beruht: »Siehe, die Jungfrau wird schwanger werden und einen Sohn gebären« (Jes 7,14). Diese Stelle wird im NT Mat 1,23 wörtlich angeführt. Im hebräischen Text steht hier aber nicht Jungfrau (Bethula), sondern junge Frau (Alma). Daß Alma keine Jungfrau bedeutet, ergibt sich klar aus Sprüche 30,19. Hier werden vier Dinge genannt, die keine Spur hinterlassen:

Der Weg des Adlers am Himmel
Der Weg der Schlange über dem Felsen
Der Weg des Schiffes auf hoher See
Der Weg des Mannes in der jungen Frau (Alma).

Sehr drastisch fährt unser Text in Vers 20 anschließend fort:

So benimmt sich die ehebrecherische Frau:
Sie ißt, wischt sich den Mund
und sagt: Ich habe nichts Böses getan.

Im griechischen Jesajatext der Septuaginta, der alexandrinisch-jüdischen Bibelübersetzung aus dem zweiten vorchristlichen Jahrhundert, wird Alma allerdings mit Parthenos (unter griechischem Einfluß) übersetzt, was dem Begriff der Jungfrau entspricht.
Das Neue Testament zitiert das Alte Testament nach dem griechischen Text, da die Evangelien griechisch verfaßt sind.
Es ist also ein Übersetzungsfehler, der, dem Wunschdenken Vorschub leistend, zum Mythos der jungfräulichen Mutter entscheidend beitrug.
Philologisch-exegetische Überlegungen dieser Art verlieren aber ihre Bedeutung angesichts einer Volksfrömmigkeit, die sich in mythischer Realität manifestiert.
Während im Katholizismus die Marienverehrung immer neue Blüten treibt, findet sich bei einem Schweizer reformierten Pfarrer-Dichter Kurt Marti in seinem Hochgesang auf Maria »und maria sang ihrem ungeborenen sohn« in der fünften Strophe der Versuch, das Bild der Mutter Mirjam zu restaurieren:

später viel später
blickte maria
ratlos von den altären
auf die sie

gestellt worden war
und sie glaubte
an eine verwechslung
als sie
– die vielfache mutter –
zur jungfrau
hochgelobt wurde
und sie bangte
um ihren verstand
als immer mehr leute
auf die knie fielen
vor ihr
und angst zerpreßte ihr herz
je inniger sie
– eine machtlose frau –
angefleht wurde
um hilfe um wunder
am tiefsten
verstörte sie aber
der blasphemische kniefall
von potentaten und schergen
gegen die sie doch einst
gesungen hatte voll hoffnung

Ist es nicht ein modernes Marienwunder, daß ein christlicher Theo-
loge, in unserer Zeit, nun seinerseits jene menschliche Reduktion
Mariens vorgenommen hat, die ein Anliegen dieses Aufsatzes bildet?
Was Marti aber nicht sah und wohl kaum sehen konnte, ist die
jüdische Gestalt der Mutter Mirjam, die ich zu rekonstruieren ver-
suchte.
Beiden aber, dem jüdischen Autor in Jerusalem und dem christlichen
Dichter in Bern, wurden durch Wolken von Weihrauch die Züge
Mariens wieder sichtbar.

Elisabeth Moltmann-Wendel

Maria oder Magdalena — Mutterschaft oder Freundschaft?

I. Zwei biblische Frauentraditionen

Bei aufmerksamer Bibellektüre wird immer wieder auffallen, wie stark die kirchliche Tradition *Maria, die Mutter Jesu*, in den Vordergrund und die erste Verkündigerin der Auferstehungsbotschaft, *Maria Magdalena*, in den Hintergrund gedrängt hat. Die Maria-Tradition speist sich vor allem aus dem Lukasevangelium. Die Magdalenentradition ist dagegen in allen vier Evangelien zu finden und ist die am besten bezeugte und übereinstimmend gewertete Frauentradition.

1. Maria Magdalena als Erstzeugin der Auferstehung

Maria Magdalena ist Zeugin der ersten Stunde der Auferstehungsbotschaft. Die einzelnen Evangelien variieren nur die *Umstände:* Bei Markus ist Maria Magdalena begleitet von Maria, der Mutter des Jakobus, und Salome, bei Matthäus von der »anderen Maria«, bei Lukas ebenfalls von einer Maria, dazu von Johanna und anderen Frauen. Bei Johannes und im späteren Markusschluß ist sie allein. Unterschiedlich ist auch die Art ihres *Auftrags:* Während sie bei Lukas und im späten Markusschluß nur das Erlebte den Jüngern mitteilt, bekommt sie bei Markus und Matthäus mit den anderen Frauen vom Engel den Auftrag zur Verkündigung an die Jünger, bei Johannes sogar vom auferstandenen Jesus selbst.

Dies sind nicht Zufälle, sondern *Akzente*, die die einzelnen Evangelisten in die Frauengeschichte setzen: So ist bei *Lukas*, der keinen speziellen Auftrag erzählt, bereits die Jüngergruppe als elitäre zölibatäre Gemeinschaft gesehen, der die Frauengruppe dient[1] und in der auch Maria Magdalenas Funktion relativiert ist. Auch ihre Anwesenheit beim Kreuz, die die drei anderen Evangelisten berichten, und die am Grab, von der Markus und Matthäus berichten, wird nicht ausdrücklich erwähnt. Ihre Berufungsgeschichte als Heilung von einer dämonischen Krankheit hat er in den Zusammenhang mit anderen Frauenberufungen gestellt und ihre Singularität aufgehoben.

Trotz dieser Differenzen ist das Magdalenenbild ein einheitliches geschlossenes Frauenbild, das nun in auffallendem Gegensatz zu dem unterschiedlichen, konfliktreichen Bild steht, das die vier Evangelien von der durch kirchliche Tradition favorisierten *Mutter Jesu* bieten.

2. Die Mutter Jesu als Gegenbild

Markus stellt den wohl auf historischen Fakten beruhenden *Mutter-Sohn-Konflikt* noch in aller Schärfe heraus; *Matthäus* mildert ihn, indem er den Verdacht der Familie, Jesus sei verrückt (Mk 3,20.21), fortläßt[2]. *Lukas* schwächt das harte Wort Jesu, daß nur der zur eschatologischen Familie gehört, wer den Willen Gottes tut, sogar noch dahin ab, daß er in den von ihm in sein Evangelium hineingenommenen Geburts- und Kindheitsgeschichten Maria als die *gehorsame Magd*, die diese Anforderungen erfüllt (1,38), darstellt.

Dieses Bild von der gläubigen, gehorsamen Maria wird dann allerdings im Johannesevangelium nicht durchgehalten: *Johannes* stellt sie zwar — im Gegensatz zu den übrigen Überlieferungen, die nur die Frauengruppe um Maria Magdalena kannten — unter das Kreuz, um sie zur Mutter des Lieblingsjüngers zu machen, der das Idealbild eines gläubigen Christen verkörpert. Aber »wegen ihres *unvollkommenen Glaubens* in Kana« kann sie nicht mit der lukanischen Maria verglichen werden.

Wir haben es also mit einem *zwiespältigen neutestamentlichen Maria-Bild* zu tun, wobei die beiden Hauptmotive der späteren Mariologie, Jungfrauengeburt und Präsenz unter dem Kreuz, die durch die künstlerischen Darstellungen von Geburtszenen und Pietà tief in die Frömmigkeit eingedrungen sind, deutlich späteren Ursprungs sind. Die positive Aufwertung Marias bei Lukas und Johannes hat allerdings Maria Magdalena nicht verdrängen können. Mit ihr bleibt das Zentrum christlichen Glaubens, die Auferstehung, verbunden.

3. Die Zurückdrängung der Freundschaftstradition

Aber schon bei Lukas ist die Tendenz zu beobachten, *Maria Magdalenas Singularität zugunsten der Frauengruppe zu reduzieren.* Zu der ursprünglichen, vor allem bei Markus enthaltenen Frauentradition, daß die Frauen im Gegensatz zu den ins Gelingen verliebten Jüngern die eigentlichen Nachfolgerinnen Jesu sind, weil sie das Messiasgeheimnis wissen, weil sie Jesus dienen, wie er gekommen ist, zu dienen und sein Leben zu geben, ist eine zweite getreten, die *neben Gehorsam und Mütterlichkeit der Frau auch noch die männliche Jüngergruppe favorisiert.*

Geprägt von der großkirchlichen Theologie und zu wenig informiert über die häretischen Theologien, vor allem auch nicht über deren Frauenbilder, haben wir den Blick für die schon im Neuen Testament vorhandenen unterschiedlichen Frauentraditionen verloren. Ich möchte sie im folgenden *die Tradition der Freundschaft* und *die der Mutterschaft* nennen. Die erste hat ihre Wirkungsgeschichte vor allem in den protestierenden christlichen Traditionen gehabt. Die zweite ist vornehmlich in der Großkirche gepflegt worden. Auch wenn der Begriff der »*Freundin*« *Jesu* nur selten vorkommt — Mittelalter und 19. Jahrhundert, beide Epochen waren vor allem kreativ für die Vorstellung von Freundschaft: Gottesfreunde, romantische Freundschaft[3] —, so ist die Tatsache doch durch alle Jahrhunderte evident geblieben: Jesus pflegte einen vertrauten, freundschaftlichen Umgang mit Frauen. Die beiden unterschiedlichen Beziehungen prägten sowohl die Frauenvorstellungen als auch das Jesusbild.

II. Deformationen

In den ersten Jahrhunderten kirchlichen Lebens konnten beide Traditionen noch ungehindert gleichberechtigt nebeneinander existieren. Maria war eine Heilige unter anderen. Aber sobald mit dem Konzil von Ephesus sich die Kirche für Maria als *theotókos* entschieden hatte, als sie ein Bild der Volksfrömmigkeit aufgriff und alle Frauenvorstellungen dort hineinpreßte, gerieten die Freundschaftstraditionen immer mehr ins Abseits. Die Freundinnen gerieten nicht ins Glaubensbekenntnis, Maria Magdalena blieb illegitim. Sie verloren sich wie die »Drei Marien« in Lokalkulten oder büßten ihren biblischen

Hintergrund ein und reihten sich in das anwachsende Heer der Märtyrer und Heiligen ein. Vor allem aber ist ein Prozeß der *Veränderung der ursprünglichen Gestalten zu Bedarfs- und Angstbildern der männlichen Gesellschaft* zu beobachten.

Das fatalste und für das christliche Frauenbild bis in die Gegenwart modellhafte Beispiel ist *Maria Magdalena:* Ihre Geschichte (Lk 8) verband sich mit der Geschichte der großen Sünderin (Lk 7). Deren Salbtopf ließ sie dazu noch mit Maria von Bethanien, die Jesus salbte (Joh 12), identisch werden, und in den westlichen Kirchen entstand aus drei unabhängigen Frauengestalten ein *Monster und Muster von Sünde und Gnade.* Eine Entwicklung, die — wie Karl Künstle sagt — vor allem auf Augustin zurückgeht: »Da sie (Maria Magdalena) einst wie er in den Banden der Sinnlichkeit lag« und sie ihm ein Trost geworden war[4].

Paralleles geschah mit *Martha,* die dem Johannesevangelium nach die Glaubensstarke (Bultmann) ist, die die Auferweckung des Lazarus veranlaßt und deren Christusbekenntnis eine ähnliche Bedeutung wie das Petrusbekenntnis für manche Gemeinden gehabt haben muß. Sie wurde zur *aktiven, aber wenig wertvollen Hausfrau.* Mit ihrer Schwester Maria (Magdalena) wurde sie dann noch *typisiert:* eine zur *vita activa,* eine zur *vita passiva,* zur Judenkirche und zur Heidenkirche usw. Die Frauengestalten wurden ihrer Originalität beraubt und deformiert und prägten in dieser Form Kunst- und Kulturgeschichte. Diese »Antithese Maria — Martha« ist »unbestrittener Besitz des mittelalterlichen geistlichen Schrifttums«[5]. Wir finden sie schon bei Origenes, später bei Augustin, Gregor dem Großen, Cassian, den Mönchsvätern Norbert von Xanten und Bernhard von Clairvaux, u. a.

In der theologischen Hauptkultur des Mittelalters haben die biblischen Frauen ihre ursprüngliche Bedeutung verloren, sind übermalt, deformiert oder typisiert worden. Dies ist zu vergleichen mit dem Prozeß der *Patriarchalisierung* der Göttinnen, den die heutige Matriarchatsforschung beim langdauernden Übergang vom Matriarchat zum Patriarchat beobachtet. Frauengestalten büßten ihre ursprüngliche Unabhängigkeit ein, ein Aspekt wurde isoliert, und sie verloren ihre Universalität[6]. So wie Artemis von der vorolympischen dreifaltigen Göttin zur Jungfrau, Aphrodite zur Hure und Athene zur Hausmutter des Zeus gemacht wurden, so gerieten auch die biblischen Frauen in das uralte patriarchale Schema von Männerphantasien. Ihre

54

eigentliche geschichtliche Rolle in der Jesusgeschichte erstickte in den Frauenstereotypen, in die man sie hineinzwang. Davon blieb auch die Mutter Jesu nicht verschont, auch wenn sich bei ihr noch andere Möglichkeiten ergaben, Unterströmungen der Volksfrömmigkeit zu integrieren.

Dies änderte sich auch mit der wieder aufs Evangelium ausgerichteten *Reformation* nicht. Luther folgte nicht dem aufgeklärten Faber Stapulensis, der die drei Personen Maria Magdalena, Maria von Bethanien und die große Sünderin wieder auseinanderdividierte und auf den fatalen Irrtum hingewiesen hatte. Für ihn blieb Maria Magdalena die Sünderin, wie auch entsprechend Calvins Moralvorstellungen die Frauen in der Nachfolge Jesu »übelbeleumdet« gewesen waren. Martha war die, deren Werk »zunichte« gemacht werden sollte. *Die Frauen wurden Modelle für eine neue Theologie der Rechtfertigung, Bilder von Sünde und Gnade, ohne daß ihre Geschichte, ihre Beziehung zu Jesus und die Funktion bei der Auferstehung entdeckt wurde.* Die Änderung des römischen Breviers 1970 setzte wenigstens der fatalen Magdalenentradition ein offizielles Ende[7].

III. Freundschaft

Wir sind gewohnt, in den Begriffen und Vorstellungen der großkirchlichen Literatur zu denken und zu arbeiten, und haben zudem — ohne es zu wissen — viele patriarchalische Frauenvorstellungen verinnerlicht. Die *Tradition der Freundschaft*, der spontanen, freien menschlichen Beziehung, die auf keine Ordnungsvorstellungen festgelegt ist, wurde darüber *verdrängt, verfälscht und vergessen*. Sie zieht sich aber trotz alledem wie ein roter Faden durch die gesamte christliche Geschichte, die Sektengeschichte, die Aufbruchgeschichte, die Frauengeschichte. Sie wurde überall da virulent, wo Frauen aus den gewohnten Ordnungen ausbrachen oder ausbrechen mußten und wo neue soziale Möglichkeiten sich ihnen erschlossen.

1. Die Magdalenentradition

Ich beschränke mich im folgenden auf die *Magdalenentradition*, obwohl z. B. gerade die unbekannt gebliebene Martha-Subkultur die Unterseite der Geschichte in anderer Weise klassisch beleuchtet[8].

In den *frühen Gemeinden*, in denen noch vielerorts *Frauenämter* bekannt waren, wurde Maria Magdalena stärker als Maria, die Mutter Jesu, als *Vertraute Jesu* verehrt, die er mehr als alle Jünger geliebt hatte. Unbelastet von Verrat, anders als Petrus, vertritt sie eine Unmittelbarkeit zu Jesus und der Botschaft, die aller Konkurrenz enthoben ist. Sie ist Offenbarungsträgerin und kann auch im Philippusevangelium zur Weisheit werden, »der Frau, die das All kennt«. Das gleiche ist in der *Katharischen Bewegung* im 12. Jahrhundert in Frankreich zu beobachten: Maria Magdalena wird zum Vorbild von Standhaftigkeit, während die Mutter Jesu merklich zurücktritt. Wie Gottfried Koch bemerkt, »hat die Marienverehrung kaum etwas mit der Anerkennung einer gleichberechtigten Rolle der Frau in der Kirche zu tun«[9]. In der mit der katharischen Bewegung verbundenen Frauenbewegung belebt sich Maria Magdalenas neutestamentliches Bild wieder. In der mittelalterlichen Legendensammlung des Jakobus de Voragine wird erzählt, daß Jesus »sie ganz in seiner Minne entzündet habe« und daß das Volk von der »Süßigkeit ihrer Rede« und »der Schönheit ihres Angesichts« entzückt gewesen sei.

In den darauffolgenden Jahrhunderten lebt dieses Magdalenenbild in der *Kunst* weiter. Maria Magdalena ist die schöne Predigerin, die auf mittelalterlichen Kanzeln steht, in einem Glasfenster von Chalons-sur-Marne sogar tauft und auf einem Lübecker Altarflügel ihren Bruder Lazarus zum Bischof macht[10]. Wir wissen zwar von einzelnen Aussagen von Kirchenvätern, daß sie aller patriarchalischen Veränderung ihrer Gestalt zum Trotz sie als »*Apostel aller Apostel*« bezeichnet haben. Aber die Breite dieser Subkultur wird erst an dem reichen, bisher theologisch nicht ernstgenommenen Bildmaterial deutlich.

2. Neuzeitliche Spuren der Magdalenentradition

Während die Reformatoren und damit die protestantischen Großkirchen an dieser Tradition uninteressiert waren und ihre weiblichen Leitbilder — entsprechend ihrem Frauenideal — die biblischen Hausmütter wie Sara und Rebekka waren, lebt diese Magdalenentradition in den protestantischen Bewegungen der folgenden Jahrhunderte wieder auf. *Für unabhängiger werdende Frauen wird Maria Magdalena das Leitbild*, das ihnen durch selbständige Bibellektüre unverfälscht zugänglich wird, während Maria nur in Einzelfällen wieder aufgewertet wird.

Katharina Zell, die Frau des Straßburger Reformators, hält ihrem Mann bei seinem Tod einen öffentlichen Nachruf, und entschuldigt sich ob dieses »Skandals«, daß sie dies wie Maria Magdalena getan habe, allerdings mit dem für ihre theologische Tradition bezeichnenden Zusatz, »mit keinem Gedanken ein Apostel zu sein ...«[11]. Aber die Quäkerin *Margaret Fell* orientiert sich im darauffolgenden Jahrhundert 1676 für das *Recht der Frauen, in der Kirche zu reden,* schon an den vergessenen Frauengestalten der »Drei Marien«, Johanna und Magdalena: »Sie trugen die Botschaft weiter ... wie sollten die Jünger es gewußt haben, die doch gar nicht dabei waren ...«[12]. Die schwarze Methodistin Javena Lee leitete von dieser zentralen Auferstehungsbotschaft des Christentums, die einer Frau übertragen war, das *Recht der Frauenpredigt* ab[13].

In den sich wandelnden Kirchen und Gesellschaften des 19. Jahrhunderts wurden die mit Jesus durchhaltenden Frauen Paradigma für die eigenen sozialen Kämpfe. Frauen überwanden an Hand des Leitbildes der Frauen um Maria Magdalena ihre weibliche Rollenfixierung und entdeckten neu *die urchristliche Frauenaufgabe, die Auferstehung und Veränderung der Welt zu bezeugen.* Frauen aller sozialen Aufbrüche fanden hier eine Identifikation und bewahrten diese spezielle Tradition.

Aber auch männliche Theologen der protestantischen Kirchen wie der Quäker *John Rogers,* der Maria Magdalena den »ersten Prediger der Auferstehung« nannte, unterstützen die sich in den freien protestantischen Kirchen anbahnende Veränderung der Frauenaufgaben. In Abwehr der katholischen Mariologie und zugunsten einer neuen protestantischen Typologie veränderte *George Fox* sogar die seit Irenäus gängige Typologie Eva-Maria zur Typologie: Eva-Magdalena: »Eine Frau übertrat als erste, und so verkündigt auch eine Frau als erste die Auferstehung vom Tod, vom Grab.«[14] Hatte schon Luther meist Maria Magdalena als Urbild größerer Sünde und damit größerer Gnade der Mutter Jesu übergeordnet, so versuchte man sich jetzt grundsätzlich von der Mutter-Kirche und ihren Bildern zu lösen.

3. Die aktuelle Virulenz der Magdalenengestalt

In der *Ordinationsdebatte* der protestantischen Großkirchen im 20. Jahrhundert spielte die Apostelin Maria Magdalena jedoch keine offizielle Rolle. Lediglich Außenseiterinnen wie Elisabeth Malo bedienten sich ihrer[15]. In der vatikanischen Deklaration von 1975 wurde ihre Rolle wieder darauf heruntergespielt, daß die Frauen die Apostel nur darauf vorbereiten sollten, die offiziellen Zeugen der Auferstehung zu werden. Die Freundschaftstradition hat bis heute keine theologische Legitimation.

Katholische Theologinnen haben inzwischen die Eindimensionalität der Mutter-Tradition gesehen, wenn sie wie Elisabeth Gössmann sehen, daß es »der Auftrag Maria Magdalenas« war, »Zeugnis zu geben von dem die Zeit umwandelnden Christusglauben.« Oder wenn Elisabeth Schüssler ihre Bedeutung darin erkennt, der Frau zu helfen, »den Sinn ihrer Jüngerschaft und der gesamten Jüngerschaft der Kirche zu erkennen«[16]. Für Rosemary Ruether schließlich ist durch das Symbol der Mutter Maria »die Freundin und Jüngerin« überschattet worden, die die erste war, »die den Auferstehungsglauben angenommen hat, auf den die Kirche gegründet ist«[17].

Neben ihrem Anspruch auf das weibliche Apostolat erhebt die Freundschaftstradition *theologische und ethische Ansprüche.* Sie brach und wird auch stets mit den distanzierenden Herrenvorstellungen von Jesus brechen und die Gegenseitigkeit und Partnerschaft von Gott und Mensch betonen. Dies geschah z. B. in den gnostischen Phantasien von einer Ehe zwischen Maria Magdalena und Jesus, in der Groopie-Vorstellung der Rock-Oper Jesus-Christ-Superstar, und dies wiederholt sich in der Forderung Heinrich Bölls nach der Zärtlichkeit Maria Magdalenas für die Kirche. Dies sind heute lebenswichtige Wünsche, die mit der im Mutterkult domestizierten Sexualität der seit fast zweitausend Jahren sexualängstlichen Kirchen nicht mehr abgedeckt werden können. Freundschaft als »der konkrete Begriff der Freiheit«, wie es Hegel verstand[18], enthält die Hoffnung auf neu entstehende menschliche Beziehungen, wie sie in der vergessenen Frauenfreundschafts-Tradition des Neuen Testaments und ihrer verdrängten Geschichte der Subkultur schon beispielhaft enthalten sind.

Freundschaft war das konstituierende Merkmal der eschatologischen Jüngergemeinschaft. Mit dem Rückgang der eschatologischen Naherwartung war die Aufnahme archaischer Ursprungsmythen verbunden. Hier hat die Mariologie der Kirche ihren Ursprung. Die alte Erdmutter Maria, die früher religiöse, später kirchliche und heute tiefenpsychologische Bedürfnisse abdeckt, kann nicht das leisten, was in Maria Magdalenas Person im Neuen Testament und in den protestierenden Traditionen immer wieder durchbricht: daß die Verheißung des Lebens an eine Freundin Jesu ausgeliefert war, und daß diese Gottesfreundschaft das Modell des Glaubens und einer messianischen Gemeinschaft von Frauen und Männern ist.

Anmerkungen

1. Elisabeth Schüssler-Fiorenza, The Twelve. Women Priests (New York 1977) 119.
2. Dazu und zum folgenden: Maria im Neuen Testament. Eine ökumenische Untersuchung (Stuttgart 1981).
3. Z. B. Jacobus de Voragine, Die legenda aurea (Heidelberg 1979) 472 ... er nahm sie zu seiner sonderlichen Freundin ...; Meister Eckehart, Deutsche Predigten und Traktate (München 1977) 285: ... die liebe Martha und mit ihr alle Gottesfreunde ...
4. Karl Künstle, Ikonografie der christlichen Kunst (Freiburg 1926) 427; Hans Hansel, Die Maria-Magdalena-Legende (Bottrop 1937).
5. Matthias Bernards, Speculum virginum (Köln 1955) 194 f.
6. Heide Göttner-Abendroth, Die Göttin und ihr Heros (München 1980) 32.
7. Elisabeth Moltmann, Ein eigener Mensch werden, Gütersloh 1980.
8. Ebd.
9. Gottfried Koch, Frauenfrage und Ketzertum im Mittelalter (Berlin 1962) 100.
10. E. und J. Moltmann, Humanity in God (New York 1983).
11. Rosemary Radford Ruether (Hg.), Religion and Sexism (New York 1974) 307.
12. Joyce L. Irwin, Womanhood in Radical Protestantism 1525–1675 (New York 1979) 179 ff.
13. Rosemary Radford Ruether (Hg.), Women and Religion in America (San Francisco 1981) 214.
14. H. Barbour (Hg.), Early Quaker Writings 1650–1700 (Grand Rapids 1973) 505: »So when Christ was risen, the woman that was first in the transgression, the woman went first to declare the Resurrection out of death, out of the grave.«
15. Elisabeth Moltmann (Hg.), Frau und Religion, Gotteserfahrungen im Patriarchat (Fischer-Taschenbuch, Frankfurt 1983) 87 ff.
16. Elisabeth Schüssler, Der vergessene Partner (Düsseldorf 1964) 126 f.
17. Rosemary Radford Ruether, Maria-Kirche in weiblicher Gestalt (München 1980) 91.
18. Jürgen Moltmann, Kirche in der Kraft des Geistes (München 1975) 134 f.

Die Protestanten und Maria

I. Voraussetzungen

Zum Verständnis der Reformation ist auch beim Thema Maria ein Blick auf die spätmittelalterliche Situation unerläßlich; hier zeigt sich diese sogar in besonders exemplarischer Weise.

Dogmatisch ist in der Kirche des Mittelalters sehr wenig festgelegt, nur die Grundtatsachen der *Jungfrauengeburt* (Credo: »Natus ex Maria virgine«, »geboren aus der Jungfrau Maria«) und der *Gottesmutterschaft* (Ephesus 431: »Theotokos«, ergänzt, abgesichert und eingeschränkt durch Chalkedon 451: »ex Maria Virgine... secundum humanitatem«, »aus Maria der Jungfrau... nach seiner Menschheit«) sind unbestritten. Es gab jedoch noch keine »Mariendogmen«.

Das bedeutet *theologisch* eine erhebliche Freiheit und Vielfalt. Das nicht ungefährliche Axiom »De Maria nunqum satis« (von Maria kann nicht genug ausgesagt werden) reizt jedoch Scharfsinn und denkerische Phantasie. Vor allem die Frage der Mitwirkung Marias im Heilswerk wird erörtert. Seit dem 13. Jh. kommt es zu theologischen Wucherungen; etwa Bernhardin von Siena (1380–1444) ist von bedenklichen theologischen Verirrungen nicht freizusprechen.

Die Hochscholastik behandelt das Thema der Freiheit Mariens von der Erbsünde. Es kommt zum jahrhundertelangen Streit zwischen Dominikanern und Franziskanern um die *Unbefleckte Empfängnis* Mariens. Die Streitfrage wird jedoch im Mittelalter nicht mehr sachlich entschieden, sondern der Disput über dieses Thema wird durch Sixtus IV. 1482–83 verboten. Das hieß letztlich, daß die Lehre von der Unbefleckten Empfängnis Mariens (vor allem durch Duns Scotus ausgebaut) gegen die heftigen Angriffe von Dominikanern geschützt wird. Gleichzeitig wird das Fest gutgeheißen, aber nicht für die Kirche verbindlich gemacht.

Große Freiheit herrscht auf dem Gebiet der *praktischen Devotion*. In Marienfesten mit Hymnen und Gebeten nimmt Maria einen bedeutenden Platz ein, Marienlegenden werden tradiert, Marienbilder und -gnadenorte verehrt, Maria wird ein zentraler Gegenstand der christlichen Kunst. Dennoch muß beachtet werden, daß spätmittelalterliche Marienfrömmigkeit trotz der Tendenz zur Verselbständigung auch im 16. Jh. noch eingebettet bleibt in den weiteren Bereich der Heiligenverehrung. Im Blick auf das späte Mittelalter kann auch ein katholischer Autor von »Tiefstand« sprechen und sagen: »Eine Läuterung war notwendig« (R. Laurentin).

II. Zur Geschichte

1. Martin Luther und die Reformation

a) Auch die Aussagen *Martin Luthers* (1483–1546) über Maria sind von seiner zentralen theologischen und christologischen Erkenntnis her zu sehen, wie sie in seinem Verständnis der Rechtfertigung zusammengefaßt ist. Den Ausgangspunkt beschreibt Luther öfter, es ist die spätmittelalterliche Vorstellung vom Jüngsten Gericht. Darin fungierte Maria als eine Mittlerin der armen Sünder auch gegenüber ihrem Sohn, denn »wir hielten Christus für unseren zornigen Richter und Maria für unseren Gnadenstuhl, dahin all unser Trost und Zuflucht stand«. Das aber heißt für Luther, Christus sein Amt nehmen und es Maria geben (WA 30 II, 299: 1530). Mit der Erkenntnis Christi als des gnädigen Bruders *pro nobis* fällt die Bedeutung *Marias* als wichtigster Helferin in Gericht und Not dahin; *sie verliert* ihre unmittelbar *soteriologische Funktion*, bleibt freilich wichtige Gestalt der Heilsgeschichte. Von daher erklärt sich Luthers theologisches, polemisches und »reformatorisches« Interesse am Thema.

Luthers *theologische Sicht Marias* ist streng theozentrisch und christozentrisch. Sie bestätigt sich ihm in der Rückwendung auf die dogmatischen Fundamente der Alten Kirche und füllt sich ihm mit biblischem Gehalt. Vor allem die Jungfrauengeburt des Credo steht für Luther fest. Daneben wird selbstverständlich die »Theotokos« des Konzils von Ephesus 431 festgehalten. Zum Streitthema der Theologie über die Unbefleckte Empfängnis äußert sich Luther nicht eindeutig.

Dagegen weiß Luther *als Exeget* Wichtiges über Maria zu sagen, vor allem in seiner Auslegung des Magnificat von 1521 (WA 7, 544 bis 604). Es geht nicht darum, Maria zu »erhöhen«; gerade ihre Niedrigkeit wird betont, um die Größe der erbarmenden Tat Gottes zu preisen. Aus Gnaden ist sie Gottesmutter geworden, nicht aus Verdienst! In diesem Sinne kann man wohl von einem »Marienlob« Luthers sprechen: »*creatura* Maria non potest satis laudari« (»Das Geschöpf Maria kann nicht genug gelobt werden«: WA TR 1, 219 Nr. 494). »Die arme Magd« ist Vorbild der Demut u. ä. m., man darf sie aber nicht zur »Königin des Himmels« machen, denn das heißt, Christus Unehre antun, indem man einer Kreatur zulegt, was allein Gott gebührt (WA 10 III, 322: 1522).

Maria ist bei Luther und den Reformatoren kein theologisches Kontroversthema von Bedeutung. Luthers *Polemik* betrifft im wesentlichen die Praxis, die *falsche Verehrung Marias*. Dort, wo Christus im Vollzug der Frömmigkeit verdrängt und ihm sein »Amt« genommen wird, da liegt für Luther jener »abusus« (Mißbrauch) vor, dessentwegen er den »Mariendienst« sogar »ausgerottet« wissen wollte (WA 11, 61: 1522). Besonders häufig begegnen wir der Ablehnung des »Salve Regina«, wo Maria »regina misericordiae« (Königin der Barmherzigkeit) und »vita, dulcedo et spes nostra« (unser Leben, unsere Wonne und unsere Hoffnung) genannt wird. Auch das »Regina coeli« wird verworfen.

Luthers *reformatorisches Interesse* besteht deshalb in einer Reinigung des Gottesdienstes und des Kirchenjahres von mißbräuchlichen Festen und Formen, d. h. in einer christologischen Ausrichtung. So bleiben auch Marienfeste bestehen (Mariae Verkündigung, 25. März; Mariae Heimsuchung, 2. Juli; Mariae Reinigung, 2. Februar), soweit sie in der Schrift begründet sind. Die Reformatoren legen freilich Wert darauf, die Beziehung dieser Feste zu Christus selbst herauszustellen, ja, diese direkt als *Christus-Feste* zu feiern. Trotzdem wurden diese Tage benutzt, auch auf Maria und ihre Bedeutung für die evangelischen Christen einzugehen. Maria behielt an diesen Festen ihren Platz.

b) Von den übrigen Reformatoren steht *Huldreich Zwingli* (1484 bis 1531) als Altersgenosse Luther nahe. Er ist hier weniger polemisch und verleugnet nicht seine stärkere humanistische Prägung und spiritualisierende Tendenz. Das altchristliche Dogma wird aufgenommen und verteidigt. Maria ist *Werkzeug* der Heilsgeschichte und *Vorbild* christlichen Lebens, *Zeichen* und *Zeugin*, die auf das Wunder und Geheimnis des Christus verweist. Auch für Zwingli ist Marienlehre ein Stück Christuslehre: »All ihre Ehre ist ihr Sohn« (Z I, 426), sie kann nicht ertragen, »daß man ihr die Ehre zulegt, die ihres Sohnes ist« (Z II, 195). Auch Zwingli behält bis zuletzt Marienfeste bei, aber die religiöse Verehrung Marias wird entschieden bekämpft, ihre Anbetung, auch ihre Anrufung, strikt abgelehnt. Wahre Marienverehrung heißt, sich den Armen zuwenden.

c) Von den jüngeren Reformatoren zeigt *Philipp Melanchthon* (1497−1560) weniger Prägung durch mittelalterliche Frömmigkeit und stärkere humanistische Züge. In der Sache folgt er Martin Luther, doch ist seine allgemeine Haltung nüchterner; trotzdem findet auch er warme Worte über Maria als »dignissima amplissimis honoribus« (»sie ist alles höchsten Lobes wert«: Apologie der CA XXI). Ihre sündlose Empfängnis ist freilich, von den Mönchen ausgedacht, »ein mutwillig Ding gewesen« (CR 25, 898). Maria steht jedoch in der Traditionskette der Heiligen als Vorbild; sie ist *Typus der Kirche*: »Maria semper repraesentat Ecclesiam« (»Maria steht immer für die Kirche«: CR 14, 152).

d) *Johannes Calvin* (1509−1564) gehört deutlich zur zweiten Generation von Reformatoren. Trotz prinzipiellen Festhaltens an den alten Konzilsbeschlüssen äußert er Bedenken gegen den Titel »Mutter Gottes«. Maria ist in Erbsünde verstrickt. Christus allein fällt nicht unter das Gericht. Maria ist bei den Papisten zum »Idol« geworden, deshalb lehnt Calvin ihre Anrufung, Hoffnung auf ihre Fürsprache und Fürbitte als »verdammte Lästerung« energisch ab; in Genf wurden auch alle Marien-, Apostel- und Heiligenfeste unterdrückt, denn Gott allein schulden die Christen kultische Verehrung. Das hindert Calvin nicht, die »sancta virgo« (heilige Jungfrau) als Lehrmeisterin und Vorbild in Gehorsam, Glauben, Gotteslob und Schriftkenntnis zu preisen.

2. *Protestantische Orthodoxie, Pietismus, Aufklärung*

Auch für die Entwicklung in der Folgezeit ist der römisch-katholische Hintergrund im Auge zu behalten, vor allem die Tatsache, daß die offiziellen Lehrdokumente der Kirche sich in bezug auf Maria großer Zurückhaltung befleißigen (Tridentinum, Catechismus Romanus). Auch erfolgt die »tatsächliche Konzentration der Heiligenverehrung auf Maria« (K. Rahner), also das Einmünden privater Devotion in den Marianismus, erst im Verlauf der Gegenreformation. Ebenfalls entsteht eine eigene wissenschaftliche »Mariologie« erst in den letzten Jahrzehnten des 16. Jahrhunderts (Canisius 1577, Suarez 1590). In der Praxis wie in der Theorie sind Spanien und der Jesuitenorden führend.

a) Die *protestantische Orthodoxie* ist primär an der theologischen Lehre interessiert. Sie geht dabei sowohl in der positiven dogmatischen Lehrentfaltung wie in der polemischen Lehrabgrenzung von den amtlich formulierten Texten auf beiden Seiten aus. Das führt dazu, daß das Thema Maria nur *beiläufig* berührt wird und auch in den großen Kontroversschriften der Zeit keinen eigenen Abschnitt bekommt. Etwa Martin Chemnitz (Examen Concilii Tridentini, 1563–1573) oder Johann Gerhard (Confessio Catholica, 1634–1637) verhandeln Maria unter verschiedenen Stichworten, vor allem bei der Behandlung der Erbsünde und der Heiligenverehrung. Wirkliche Kenntnis der praktischen und theologischen Weiterentwicklung auf römisch-katholischer Seite begegnet selten, etwa bei Joh. Conrad Dannhauer, der die Jesuiten als führend in der marianischen Spiritualität erkennt und befürchtet: »Es gehet alles auf die Mariosophiam hinaus.«

In der Darstellung der eigenen Lehre läßt das Interesse an der Gestalt Mariens im Vergleich zur Reformation spürbar nach. Maria erhält bei den protestantischen Dogmatikern des 17. und 18. Jahrhunderts immer weniger Raum; insofern kann man eine absteigende Linie feststellen von Johann Gerhard über Quenstedt (1685), Hollatz (1707) und Buddeus (1723) bis hin zu Baier (1759). Monographische Darstellungen zum Thema sind selten.

b) *Der Pietismus* ist in vieler Hinsicht der protestantischen Orthodoxie nahe; Philipp Jakob Spener (1635–1705) etwa ist ein bedeutender Kontroverstheologe. Doch obwohl die Pietisten stärkeres Interesse für die *praxis pietatis* (Frömmigkeitspraxis) und reichere Kenntnis vom Leben der anderen Konfessionen haben, tritt in pietistischen Kontroversschriften das Thema Maria nirgends stärker hervor (Paul Anton 1732, Johann Jakob Rambach 1738). Auch in den Gesprächen des Grafen Zinzendorf (1700–1760) mit dem Pariser Erzbischof Kardinal Noailles geht es um die Soteriologie und Ekklesiologie, aber nicht um mariologische Fragen, obwohl Zinzendorf Sinn und Blick für das »weibliche« Moment in der Religion gehabt hat.

c) In der theologischen *Aufklärung* tritt das Thema weiter zurück. In Siegmund Jacob Baumgartens »Geschichte der Religionspartheyen« (1766) beansprucht Maria drei von 1300 Seiten. Joh. Salomo Semler lehnt jegliche Marienverehrung strikt ab und rechnet sie zum Aberglauben der römischen Kirche. Es herrscht das Ideal des Natürlichen = Vernünftigen. Dem Ermatten des religiösen Impulses steht jedoch ein wachsendes Interesse an ethischen und sozialethischen Fragen gegenüber. Die Situation auf katholischer Seite entspricht dem in vieler Hinsicht und offenbart so einen durchgehenden Trend der europäischen Geistesgeschichte.

Auch auf katholischer Seite ist im Blick auf die Marienfrömmigkeit die Zeit von 1750–1850 eine *»sterile Epoche«* (Laurentin), womit zugleich das starke Fortwirken rationalistischen Denkens bis weit ins 19. Jahrhundert hinein angezeigt ist. Die Folgen für die kirchliche Praxis sind allerwärts spürbar. In der zweiten Hälfte des 18. Jahrhunderts werden auf evangelischer Seite die Marienfeste, die bis dahin noch als ganztägige Feiertage gehalten wurden, langsam zurückgedrängt, zunächst als halbe Feiertage festgesetzt, um dann gänzlich zu verschwinden. Freilich hat die Aufklärung auch eine andere Seite. Bei Johann Gottfried Herder, dem vielseitigen Anreger, zeichnet sich bereits der Rückschlag ab. Von ihm ist aus dem Jahre 1773 eine Marienpredigt erhalten, die weithin reformatorischen Gehalt hat und im Sinne Luthers »die Magd« betont. Aber gerade darin war Maria groß, »und als solche läßt sie uns ehren«.

3. Vom neunzehnten Jahrhundert zur Gegenwart

Der Durchbruch zu einem neuen Verständnis ereignete sich nicht auf theologischer Seite, sondern im künstlerisch-literarischen Bereich: in der *Romantik*, einem der größten geistesgeschichtlichen Umbrüche der Neuzeit. Emphatisch dichtet Novalis »Wer einmal, Mutter, dich erblickt, wird vom Verderben nie bestrickt«, und viele Dichter reden wie er. Allerdings stellt sich hier mit Nachdruck die Frage nach der »Säkularisierung« biblischer und christlicher Gehalte. Geht es wirklich um »Maria« oder um »die Frau«, um »das Ewig-Weibliche«? In Schleiermachers »Weihnachtsfeier« (1806) kann bezeichnenderweise »jede Mutter eine Maria« genannt werden.

Diese Linie rein menschlich-religiöser Wertung *Marias als eines mütterlichen Symbols* setzt sich außerhalb der evangelischen Kirche fort. Der große Kritiker des Christentums, Ludwig Feuerbach, kann in seinem »Wesen des Christentums« (1841) schreiben: »Der Vater ist nur da eine Wahrheit, wo die Mutter eine Wahrheit ist«, und dem Protestantismus vorwerfen, daß er die Mutter Gottes auf die Seite gesetzt hat, was den anthropologischen Gegebenheiten widerspricht und sich rächen muß. Auch Paul de Lagarde, der scharfe Kritiker des »jüdischen« Paulinismus, wirft dem Protestantismus ausschließlich männliche Prägung vor und plädiert für die Notwendigkeit des Madonnenkultes in einer »deutschen Frömmigkeit«.

a) Protestantische Reaktion auf das Dogma der »Immaculata Conceptio«

Innerhalb der evangelischen Christenheit geschieht die teils »fromme«, teils »kirchliche« Wiedergewinnung eines Marienbildes in *Erweckungsbewegung* und lutherischem *Konfessionalismus*, hier vor allem bei Löhe und Vilmar. Doch bekommt das Thema einen neuen Stellenwert und neue Nahrung erst in der Mitte des Jahrhunderts mit der *Dogmatisierung der Unbefleckten Empfängnis Marias 1854* durch Pius IX. Seit der Zeit finden sich scharfe Ablehnung und freundliche Zustimmung nebeneinander.

Weitgehendes *Verständnis* für das neue Dogma bringt etwa der preußische konservative Theologe E. W. Hengstenberg auf. Er verteidigt 1855 die Lehre und findet, daß sie »zur Vergottung der Maria keinen Ansatz« aufweist. Einige Jahre später bemüht sich der evangelische Pfarrer W. O. Dietlein um eine verständnisvolle Würdigung des Dogmas, das er nicht als Ausdruck einer extremen Position ansieht, sondern vielmehr als »eine sorgfältige Läuterung der bis dahin herrenlos dem überspannenden Mißverständnisse preisgegebenen Vorstellung«. Schon der Titel seines Büchleins »Evangelisches Ave Maria« (1863) gibt zu erkennen, daß er die »trostlos verneinende Stellung« zu Maria auf evangelischer Seite korrigieren will.

Doch sind diese Impulse kaum wirksam geworden, die Linie einer klaren *Ablehnung* der römisch-katholischen Entwicklung war stärker. Die 1854 neu gegründete Protestantische Kirchenzeitung z. B. widerspricht solchen »orthodoxen« Äußerungen auf evangelischer Seite heftig. Zu ihren Gründern gehörte *Karl (von) Hase*, der in seinem erfolgreichen »Handbuch der Protestantischen Polemik« (1862) als einer der ersten ein eigenes Kapitel über Maria bringt. Seine durch Gelehrsamkeit und liberale Offenheit gekennzeichnete überlegene protestantische Ablehnung des Madonnenkults dürfte für das evangelische Bildungsbürgertum der Zeit bis zum Ersten Weltkrieg typisch und prägend gewesen sein.

Die inhaltlich bedeutendste Gegenstimme gegen das Dogma stammt indessen von einem »orthodoxen« Lutheraner; es ist das eindrucksvolle Buch von *Eduard Preuß*, »Die römische Lehre von der Unbefleckten Empfängnis aus den Quellen dargestellt und aus Gottes Wort widerlegt« (1865). Nach einer Schilderung der Geschichte des Dogmas wird dieses von einer lebendigen biblischen und reformatorischen Position her (im Sinne des von ihm neu herausgegebenen »Examen« des Martin Chemnitz) evangelisch »geprüft«. Der Verfasser will nachweisen, »wie unapostolisch, wie modern dies System ist, das sich für apostolisch und alt gibt«, und kommt zu dem Ergebnis, daß im neueren Katholizismus »das alte Christentum aus den Angeln gehoben, eine neue Religion an seine Stelle getreten« ist. Eine solche engagierte reformatorische Haltung fand freilich im 19. Jahrhundert keine Nachfolge; selbst der Verfasser ist ihr nicht treu geblieben. Es finden sich jedoch auch in der Folgezeit im Protestantismus diese beiden Pole: warmes Verständnis und deutliche Abwehr der Mariologie.

Nennenswerte Stimmen zum Thema kommen immer wieder aus dem Kreis von *Befürwortern einer evangelischen Marienlehre*. Vor dem Ersten Weltkrieg ist hier vor allem der norddeutsche neuorthodoxe Theologe Emil Wacker zu nennen mit seinem Buch »Maria die Mutter des Herrn oder Natur und Gnade« (1891), nach dem Krieg ist es Friedrich Heiler und der Kreis um die »Hochkirche«, der das Thema in zahlreichen Beiträgen erörtert. Hier und in der Michaelsbruderschaft, etwa bei Karl Bernhard Ritter, stehen liturgische und ökumenische Anliegen im Hintergrund. Als Exeget meldet sich mit seinen »Marienreden« (1927) Adolf Schlatter zu Wort, der Tübinger Neutestamentler und Kritiker der lutherischen Rechtfertigungslehre. Nach dem Zweiten Weltkrieg werden die Fragen wieder aufgegriffen. Die Spannweite evangelischer Äußerungen reicht jetzt von Friedrich Heiler und Wilhelm Stählin bis hin zu Hans Asmussen (Maria, die Mutter Gottes, 1950) und Richard Baumann.

b) Protestantische Reaktion auf das Assumptio-Dogma
Einen Einschnitt bedeutet die *Verkündigung des Dogmas von der Leiblichen Aufnahme Mariens in den Himmel* durch Papst Pius XII. 1950. Diese Dogmatisierung ruft energische *Gegenstimmen* in der

ganzen Ökumene hervor. Friedrich Heiler sammelt und vertieft sie in seiner Zeitschrift »Oekumenische Einheit«. Die gewichtigste evangelische Stimme aus Deutschland ist das »*Evangelische Gutachten*«, das die Heidelberger Theologische Fakultät unter der Federführung von Edmund Schlink erstellt und das die grundsätzlichen Bedenken reformatorischer Theologie formuliert.

Das neue Dogma hat erhebliche Auswirkungen auch auf das Gespräch zwischen den Konfessionen, das erst unter Johannes XXIII. wieder intensiver in Gang kommt. Allerdings tritt die marianische Frage, auch durch die zurückhaltende Behandlung dieses Themas seitens des Zweiten Vatikanischen Konzils, deutlich zurück zugunsten anderer Komplexe (Amt, Herrenmahl usw.). Doch deutet alles darauf hin, daß das Thema »Maria« seit einigen Jahren stärker in den Vordergrund rückt. Nicht nur mehren sich die Stimmen und Anfragen auf katholischer Seite; eine völlig *neue Situation* scheint sich auf evangelischer Seite zu ergeben durch Impulse von seiten einer »feministisch« interessierten bzw. bestimmten Theologie. Ansätze zu einer theologisch-kirchlichen Aufarbeitung des Themas bieten eine Gemeinschaftsstudie amerikanischer evangelischer und katholischer Exegeten und ein Papier des Catholica-Arbeitskreises der Vereinigten Evangelisch-Lutherischen Kirche Deutschlands (VELKD) »Maria. Evangelische Fragen und Gesichtspunkte. Eine Einladung zum Gespräch.« (1982) Dieses Papier, das mancherlei (auch römisch-katholische) Reaktionen hervorrief, hat sich freilich inzwischen gewandelt zu einer »Handreichung für die Gemeinde« (1988). Das Gewicht der Fragen ist weithin noch nicht zureichend erkannt, der Ansatz zu einer evangelischen Antwort noch sehr vorläufig.

III. Gegenwärtige Fragen und Möglichkeiten

1. *Neue Impulse*

Nach einer »Pause« von mehreren Jahrzehnten kommt also das Marienthema, wenn nicht alles täuscht, in ganz neuer Weise auf die evangelische Theologie zu. Impulse kommen von verschiedenen Seiten.

a) Einmal kommen sie von seiten eines *katholischen Ökumenismus*. Hatte schon Albert Brandenburg von »Luthers Marientheologie«

gesprochen und Martin Luther gleichsam als »Mariologen« entdeckt, so zog vor einiger Zeit Gerhard Voß daraus die ökumenischen Konsequenzen mit der Feststellung, daß Maria in Theologie und Frömmigkeit der evangelischen Christenheit faktisch eine geringere Rolle spielt, als das vom reformatorischen Ansatz her möglich, wenn nicht sogar angezeigt wäre. Kürzlich hat der Bischof von Osnabrück mehrfach den Vorschlag gemacht, Maria zur »Patronin der Ökumene« zu machen.

b) Zu diesen Anstößen kommen neuerdings Impulse seitens einer *feministischen Theologie*. Ausgehend von den Vereinigten Staaten hat sie längst Europa erreicht und ist in sämtlichen großen Konfessionen, wenn auch in verschiedener Spielart, zu finden. Das heißt, daß auf evangelischer Seite selbst »Maria« in neuer Weise in den Blick gekommen ist innerhalb des großen Fragenbündels nach der Rolle der Frau in der Religion (Maria als Symbol des Mütterlichen in Gott usw.).

c) Die alten Fragen von seiten *liturgisch interessierter*, »*hochkirchlicher*« oder gar »*katholisierender*« evangelischer Theologen werden gegenwärtig nicht mit Nachdruck gestellt, doch bestehen sie weiter als weithin unerledigte Anfragen, die gegenwärtig ein neues Gewicht bekommen, vor allem durch die Spiritualität *evangelischer Kommunitäten*, in deren Frömmigkeitsleben Maria eine nicht geringe Rolle spielt (Darmstädter Marienschwestern, Taizé u. a. m.).

Es sieht alles danach aus, als sei die evangelische Seite herausgefordert, sich intensiver mit diesen Anfragen zu befassen und genauer darauf zu antworten als bisher. Auch die *evangelische Theologie* wird sich in der nächsten Zukunft nicht mehr in der gewohnten Weise vom Thema »Maria« dispensieren können. Es ist vielleicht für die Zukunft eine »ökumenische Mariologie« vonnöten, soll das gegenseitige Verstehen der getrennten Christen zunehmen. Der evangelische Beitrag zu einer solchen ökumenischen Marienlehre kann nicht enthusiastische Zustimmung oder mystische Vertiefung der katholischen Mariologie sein.

2. Kriterien für eine evangelische Marienlehre

Eine evangelische »*Mariologie*« *kann es* als eigenen Topos im strengen Sinne *nicht geben*, weil Maria keine Würde aus sich selbst hat und nur von ihrem Sohn her recht gesehen werden kann. Evangelische Marienlehre muß deshalb zuerst *christologisch* gegründet und ausgerichtet sein. Weder kann das maximalistisch-katholische Programm

»De Maria nunquam satis« (Von Maria kann niemals genug ausgesagt werden) Ausgangspunkt oder Leitbild sein, noch ein maximalistisch-feministisches Programm, das »die Frau« in den Mittelpunkt der Religion stellt.

Evangelische Theologie muß hier ihren Weg finden *zwischen Feminismus und Katholizismus*, ihr Ausgangspunkt muß die Heilige Schrift sein, will sie denn evangelische Theologie bleiben. Es wäre also nicht evangelisch und erbrächte keinen ökumenischen Gewinn, wäre der evangelische Beitrag nicht *biblisch*. *Hier* liegen wirkliche Versäumnisse vor auf evangelischer Seite, und die wirkliche exegetische Bearbeitung des Themas steht erst am Beginn.

Maria kann und muß vom evangelischen Ausgangspunkt her einen *Platz in Predigt und Verkündigung* haben. Die Magnificat-Auslegung Luthers kann hier als großartiges Vorbild dienen. Das heißt: Die Gestalt Marias ist uns Anlaß, die Großtaten Gottes zu rühmen. Von evangelischem Verständnis her darf schließlich das Thema »Maria« nicht einem fromm-meditativen Weiterdenken oder einer unkontrollierten Mythenbildung überlassen werden, es darf der *kritischen Kontrolle der Theologie* nicht entzogen werden, sonst läßt man eine Mariologie als »Wucherung« zu, »d. h. eine krankhafte Bildung des theologischen Denkens. Wucherungen müssen abgeschnitten werden« (Karl Barth).

Die Theologie übernimmt damit eine wichtige Funktion der Reinigung und Bewahrung vor Wildwuchs. »*Maria« muß davor bewahrt bleiben, Produkt unserer frommen Phantasie zu werden*. Das religiöse »Bedürfnis« kann im christlichen Glauben nicht letztes Kriterium sein. Auf der Suche nach einem biblisch besser begründeten Marienbild »müßte die evangelische Theologie in der Lage sein, einen nicht nur für die römisch-katholische Kirche, sondern für alle christlichen Konfessionen wertvollen Beitrag im ökumenischen Gespräch zu leisten« (W. Völker). Wichtigste Frucht eines evangelischen Beitrags könnte es dann wohl sein, daß hinter dem wuchernden Gestrüpp einer mythisch ausufernden »Mariologie« das wirkliche Bild der Mutter unseres Herrn in neuer Herbheit, Schlichtheit und Schönheit zum Vorschein käme.

Die wichtigste Literatur

I. Wolfgang Beinert/Heinrich Petri (Hg.), Handbuch der Marienkunde (Regensburg 1984); Walter Delius, Geschichte der Marienverehrung (München/Basel 1963); Hilda Graef, Maria. Eine Geschichte der Lehre und Verehrung (Freiburg 1964); René Laurentin, Kurzer Traktat der marianischen Theologie (Regensburg 1959. Orig. frz.: Court Traité de Théologie Mariale, Paris 1953).

II. Hans Düfel, Luthers Stellung zur Marienverehrung (Göttingen 1968); Albert Ebneter, Martin Luthers Marienbild: Orientierung 20 (1956) 77 ff., 85 ff.; Peter Meinhold, Die Marienverehrung im Verständnis der Reformatoren des 16. Jahrhunderts: Saeculum 32 (1981) 43−58; Reintraut Schimmelpfennig, Die Geschichte der Marienverehrung im deutschen Protestantismus (Paderborn 1952); Walter Tappolet, Das Marienlob der Reformatoren (Tübingen 1962). WA = Weimarer Ausgabe der Werke Luthers Weimar 1883 ff.; Z = Zwinglis Sämtliche Werke, Berlin 1905 ff.; CR = Corpus Reformatorum.
III. Stephen Benko, Protestanten, Katholiken und Maria (Hamburg 1972); Albert Brandenburg, Maria in der evangelischen Theologie der Gegenwart (Paderborn 1965); Hans Häselbarth, Maria in der Frömmigkeit der evangelischen Kirche: UNA SANCTA 36 (1981) 317−323; Friedrich Heiler (Hg.), Evangelische Marienverehrung: Eine heilige Kirche 1955/56, Heft I; Helmut Lamparter, Die Magd des Herrn (Metzingen 1948, ²1979); Maria im Neuen Testament. Gemeinschaftsstudie protestantischer und katholischer Theologen, gefördert vom United States Lutheran-Roman Catholic Dialogue (Stuttgart 1981); Walter Schöpsdau (Hg.), Mariologie und Feminismus (Bensheimer Hefte 64, Göttingen 1985); Giovanni Miegge, Die Jungfrau Maria (Göttingen 1962. Orig. ital.: La Vergine Maria. Saggio di Storia del Dogma, Torre Pellice 1950, ²1959); Hans-Joachim Mund (Hg.), Maria in der Lehre von der Kirche (Paderborn 1979); Rosemary Radford Ruether, Maria − Kirche in weiblicher Gestalt (Kaiser Traktate, 48. München 1980); Klaus Riesenhuber, Maria im theologischen Verständnis von Karl Barth und Karl Rahner (Quaestiones Disputatae, 60. Freiburg 1973); Max Thurian/Roger Schutz, Maria, die Mutter des Herrn (Mainz 1980); Lukas Vischer, Maria − Typus der Kirche und Typus der Menschheit: Ökumenische Skizzen (Frankfurt 1972) 115 ff.; Werner Völker, Mariendogma und Marienverehrung im Dialog der Kirchen seit 1950: Ökumen. Rundschau 30 (1981) 1−19; Mehrere Beiträge im Materialdienst des Konfessionskundlichen Instituts Bensheim, zuletzt 30, 1979, 65−69 (Horst Beintker); 32, 1981, 50−55 (Albert Mauder); 33, 1982, 84−89 (Heiner Grote); 34, 1983, 43−48 (Gottfried Maron); 37, 1987, 44 ff. (Heiner Grote) und in der Zeitschrift UNA SANCTA Gottfried Mason, Zum Gespräch mit Rom (Bensheimer Hefte 69, Göttingen 1988).

Kari Elisabeth Børresen

Maria in der katholischen Theologie*

Ein derartig weitgestecktes Thema läßt sich in einem so kurzen Beitrag wohl kaum erschöpfend behandeln[1]. Ich schlage daher vor, die Lehre von Maria unter dem *begrenzten Gesichtspunkt des Ineinanderwirkens von Theologie und Anthropologie zu bedenken.*

Das Reden über Gott und dessen Beziehung zur Menschheit wird durch die geschichtlich gelagerte menschliche Erfahrung bestimmt. Infolgedessen erfährt jede Theologie den Einfluß gesellschaftlich-kultureller Gegebenheiten, wird jeder Begriff vom Göttlichen ins Wort gebracht vermittels auf diese veränderliche menschliche Erfahrung gegründeter Metaphern. Umgekehrt hat die Darstellung des göttlichen Wesens ihre Wirkung auf die Definition des nach dem Bilde Gottes geschaffenen Menschen und also auch auf die theologische Anthrophologie.

Dieses Ineinanderwirken findet sich in der gesamten christlichen Lehre, besonders deutlich aber in der Erörterung der Maria betreffenden Fragen. Im Verlauf der Kirchengeschichte kam die Lehre über Maria in *drei verschiedenen Richtungen* zur Ausprägung: in der *Christologie*, in der *Ekklesiologie* und in der *Mariologie*; sie bilden den Plan für den Aufbau unserer Untersuchung.

I. Christologie: Maria, Gebärerin des Sohnes Gottes

1. Entwicklung der Lehre

Die großen ökumenischen Konzilien sprechen von Maria in einem ausschließlich christologischen Umfeld. Das *Konzil von Nikaia* (325) erwähnt sie in seiner Glaubensdarlegung nicht. Maria erscheint erst im Glaubensdokument des *Konzils von Konstantinopel* (381). Diese beiden

---

* Aus dem Französischen übersetzt von Arthur Himmelreich und Dr. Ursula Eichelberg.

Glaubensbekenntnisse haben den Arianismus im Blick, der lehrte, der Sohn sei ein Geschöpf des Vaters und nicht präexistent. Es ging also darum, die Wesensgleichheit des Sohnes mit dem Vater durch die ewige Geburt herauszustellen[2].

Das *Konzil von Ephesos* (431) lenkt im Kampf gegen Nestorios, den Patriarchen von Konstantinopel, die Aufmerksamkeit auf die zeitliche Geburt. Nestorios wollte die Verschiedenheit der göttlichen und der menschlichen Natur im menschgewordenen Gottessohn unter allen Umständen gewahrt wissen; er bevorzugte daher für Maria die Bezeichnung *christotókos*, wörtlich: Christusgebärerin. Kyrillos, der Patriarch von Alexandrien, benützt gegen Nestorios die Bezeichnung *theotókos*, Gottesgebärerin. Seine Absicht ist die klare Aussage von der *Einheit* des Sohnes, präexistent durch seine ewige Geburt aus dem Vater und seinem *Menschsein* nach aus Maria *menschlich* geboren[3]. Kyrillos bestimmt den Begriff im Kanon I so: Die Jungfrau ist *theotókos*, denn sie hat dem Fleische nach das fleischgewordene Wort Gottes geboren[4].

Es muß daher unbedingt festgehalten werden, daß in dieser Polemik die Begriffe *christókos* und *theotókos* eine physische und konkrete Bedeutung besitzen; sie bezeichnen das Gebären und nicht die Mutterschaft im allgemeinen. Das Wort *Mutter (méter, mater)* wird nicht verwendet. Es handelt sich für Kyrillos darum, die *göttliche* Eigenschaft des nach *Menschenweise* durch Maria zur Welt gebrachten Kindes zu unterstreichen[5].

Die Glaubensdefinition des *Konzils von Chalkedon* (451) erklärt den Begriff der beiden Geburten genauer, indem sie die *doppelte* Wesensgleichheit des Sohnes ins Wort bringt: die mit dem Vater durch seine Gottheit, die mit uns (beziehungsweise mit Maria) durch seine Menschheit. Die Betonung der Einzigkeit des Sohnes wird zu einer klassischen Aussage: Der eine und selbe Christus, der einzige Sohn, ist in zwei Naturen, die unvermischt und ungetrennt in einer einzigen Person wesen *(prósopon — hypóstasis, persona — subsistentia)*[6].

Die großen Scholastiker wie Albert der Große, Bonaventura und Thomas von Aquin, bestimmen den Begriff *theotókos*, lateinisch *Dei genitrix*, in dieser Sicht der Einzigkeit der *Person*. So umgreift die ewige Geburt göttliche Vaterschaft und dementsprechend göttliche Sohnschaft. Dagegen gehört zur zeitlichen Geburt zwar eine wirkliche Mutterschaft Marias, *nicht* jedoch eine dementsprechende Sohnschaft Christi. Obwohl er seiner Menschheit nach Maria wesensgleich ist, schließt doch das Fehlen einer menschlichen *Person* im Sohn Gottes die Existenz einer *neuen* Sohnschaft in Hinsicht auf Maria aus[7]. Wenn Johannes Duns Skotus *zwei* wirkliche Sohnschaften behauptet, handelt es sich um eine unterschiedliche Begrifflichkeit: Die Sohnschaft betrifft nicht mehr die göttliche *Person*, sondern eine der beiden Naturen. Marias Mutterschaft ist wirklich eine solche im Sinne einer normalen *physiologischen* Funktion wie bei allen anderen menschlichen Müttern. Daraus folgt: Christus ist wirklich der Sohn Marias. Diese Deutung wird im ausgehenden 16. Jahrhundert durch Francisco de Suárez wiederaufgenommen.

Die Begrifflichkeit ist von Bedeutung, wenn man über Maria spricht. Für die griechische Tradition bleibt das Wort *theotókos* eine der hauptsächlichsten Bezeichnungen. In der lateinischen Überlieferung vollzieht sich dann ein bedeutsames Abgleiten von der Bezeichnung *Dei genitrix* – Gottesgebärerin – zum Ausdruck *mater Dei* – Gottesmutter. Dieser letztgenannte Begriff findet sich in der Liturgie vom 6. und in der Theologie vom 7. Jahrhundert an (Ildefons von Toledo). Doch bleibt der Begriff *Dei genitrix* vorherrschend. Und auch als die Bezeichnung *mater Dei* von zum Beispiel den Scholastikern angewandt wird, scheinen beide Benennungen synonym zu sein.

Es ist bemerkenswert, daß die Konzilsdokumente einzig und allein Bezeichnungen physiologischen Gehalts verwenden wie *theotókos, Dei genitrix*, genauer *Deipara (parere* = gebären), oder auch noch *mater Christi*, Mutter Christi. Die Bezeichnung *mater Dei* taucht erst im *Zweiten Vatikanischen Konzil* auf, und zwar in der Dogmatischen Konstitution über die Kirche *Lumen gentium* (LG) vom Jahre 1964 als Synonym zu *genitrix Dei Filii* – Maria ist jene, die den Sohn Gottes gebiert (LG 53)[8].

2. Ein androzentrisches Verständnis und seine Folgen

Die klassische Christologie kommt entsprechend den anthropologischen Vorstellungen ihrer Epoche ins Wort. Zur Beschreibung der Funktion Marias in der Menschwerdung Christi nimmt man ein *androzentrisches Verständnis vom Wesen der Frau*, eine androzentrische »Gynäkologie«, wie ich es nenne, zu Hilfe. Die Vaterrolle gilt als aktiv; im Falle Christi wird sie vom Heiligen Geist wahrgenommen, während die Mutterrolle passiv bleibt. In diesem Umfeld bezeichnen die Begriffe *theotókos* und *Dei genitrix* Maria als Gefäß im Augenblick der Empfängnis, als Schwangere, die einen Fötus nährt, und schließlich als Gebärende, da sie ein nunmehr lebensfähiges Kind zur Welt bringt. Das gleiche gilt für den synonymen Gebrauch der Bezeichnung *mater Dei*, die ebenfalls eine Mutterschaft androzentrischen Typs voraussetzt, in der die Vaterschaft die beherrschende Rolle einnimmt.

Das Schema »aktiv—passiv« bleibt auch dann weiterhin im Umlauf, als der Begriff von der »göttlichen« Mutterschaft vom 17. Jahrhundert an (Pierre de Bérulle) in die Aussagen über Maria einfließt. Die Mutterschaft wird als »göttlich« erachtet nicht wegen des Gebärens, sondern wegen des sie beherrschenden Prinzips, der göttlichen Vaterschaft der ewigen Geburt, und auch aufgrund ihres Ergebnisses, wenn man so sagen darf, des menschgewordenen Sohnes Gottes nämlich. Maria bleibt die *menschliche* Mutter eines göttlichen Kindes.

Nach der Entdeckung der Eizelle bei den Säugetieren durch Karl Ernst Ritter von Baer (1827) schwindet das androzentrische Verständnis der Frau als Voraussetzung der Christologie. Ich stelle folgende These auf: Wenn Vater und Mutter gleichwertige Funktionen innehaben, so zieht die Verwendung des Begriffs *mater Dei* und noch mehr der Begriff von der »göttlichen« Mutterschaft eine Verstärkung der Rolle Marias nach sich, die mit der Theozentrik der großen ökumenischen Konzilien nicht vereinbar ist.

Tatsächlich erfordert der Begriff *theotókos* die Absage an die antike Sentenz: *partus sequitur ventrem* (der Rechtsstatus des Kindes ist der der Mutter), da ja hier zur Aussage gelangt, daß die Gottheit des Vaters dem menschgewordenen Sohn ebenfalls zukommt. Andererseits schließt der Begriff von der »göttlichen« Mutterschaft die umgekehrte Formel mit ein: *venter sequitur partum* (der Würdestatus der Mutter ist der des Kindes), in dem Maße nämlich, wie die Gottheit Christi auf Maria zurückwirkt. Die »göttliche« Mutterschaft, die seit dem ausgehenden 19. Jahrhundert (Matthias Joseph Scheeben) zu einem Grundbegriff der Mariologie geworden ist, verwandelt sich in das, was ich »Heilsgynäkologie« nenne, und führt schließlich zu den Titeln der Mittlerin und Miterlöserin.

II. Ekklesiologie: Maria ist die neue Eva

Das Thema von der neuen Eva erscheint vom 2. Jahrhundert an im Gefolge der Parallele Adam—Christus: »Adam aber ist die Gestalt *(týpos)*, die auf den Kommenden hinweist« (Röm 5,14). Bei Justinos (Dialog mit dem Juden Tryphon, 100) und Eirenaios (Adversus haereses III, 22,4; V, 19,1) *wird der Ungehorsam Evas beim Sündenfall* (Gen 3,6) *durch den Gehorsam Marias bei der Empfängnis des Sohnes* (Lk 1,38) *wettgemacht*. Bei Tertullian (De anima 43, 10) ist die Bildung Evas aus der Seite des schlafenden Adam (Gen 2,21 f.), der sie dann Mutter der Lebenden nennt (Gen 3,20), eine Vorandeutung der Bildung der Kirche aus der geöffneten Seite des sterbenden Christus (Joh 19,34). Es handelt sich demnach um zwei unterschiedliche Parallelen: *Eva–Maria* und *Eva–Kirche*.

Vom 4. Jahrhundert an verschmelzen die beiden Interpretationen der neuen Eva aufgrund der Annäherung Marias und der Kirche. Bei Ambrosius (De institutione virginis XIV, 88 f.; in Lucam II, 7; 56 f.) sind *Maria und die Kirche gleicherweise Jungfrau und Mutter*. Augustinus übernimmt (De sancta virginitate 2–6) diesen Vergleich; er betrachtet den Glauben Marias im Blick auf die geistliche Fruchtbarkeit der Mutter Kirche *(mater ecclesia)*, der jungfräulichen Braut Christi. Als Glied der Kirche wirkt Maria bei dieser Fruchtbarkeit jenem Geiste nach mit, der die Glieder gebiert, deren Haupt Christus durch Maria geboren wurde. In einem anderen Text (Sermo Denis XXV, 7) vergleicht Augustinus die beiden Mütter, wobei er betont, daß die Kirche Maria gegenüber Vorrang hat. Sie ist Glied der Kirche, freilich ihr vornehmstes[9].

Die Typologie vom neuen Adam und der neuen Eva erstreckt sich auf die gesamte Menschheitsgeschichte. Bei der Erschaffung bedeutet das erste Menschenpaar im voraus Christus und die Kirche (Eph 5,31 f.). Die Mittlerrolle Evas beim Sündenfall Adams bildet das Gegenstück zur Mittlerschaft Marias in ihrer Aufnahmebereitschaft für die Menschwerdung des Sohnes Gottes. Christus ist Mensch geworden im beispielgebenden und bestimmenden männlichen Geschlecht, dem Geschlecht Adams, während Maria das nachfolgende und abgeleitete weibliche Geschlecht darstellt, das Geschlecht Evas. Als Erlöser ist Christus der neue Adam. Als neue Eva ist die Kirche seine Braut und Helferin im Heilswerk. *Diese Typologie überträgt demnach das androzentrische Schema der Schöpfung auf die Ebene der Erlösung.* Sie setzt die der Vaterherrschaft eigentümliche Unterscheidung der Rollen von Mann und Frau voraus. Die Funktion des menschlichen Partners im typologischen Paar, handle es sich nun um Maria oder um die Kirche, ist dienend mütterlich, das heißt, im eigentlichen Sinn weiblich. Die Funktion des göttlichen Partners Christus gilt aufgrund seiner Erhabenheit als spezifisch männlich.

Im androzentrischen Umfeld der Kirchenväter gewährleistet diese Gegenwart der beiden durch Adam und Eva vorbedeuteten Partner die Totalität des Männer *und* Frauen umfassenden Heils. Augustinus drückt es klar aus (De diversis quaestionibus 83, 11): »Die Befreiung des Menschen mußte sich in beiden Geschlechtern erweisen. Da es sich nun ziemte, das männliche Menschsein als das geehrteste Geschlecht in der Menschwerdung aufzunehmen, mußte die Befreiung des weiblichen Geschlechts dadurch in Erscheinung treten, daß dieser Mann *(vir)* aus der Frau *(femina)* geboren wurde.«[10]

Die Brautsymbolik vom neuen Adam und der neuen Eva wie übrigens auch ihre biblische Grundlage (Hos 2,18.21 f.; 2 Kor 11,2; Eph 5,31 f.) *setzt die Vereinigung von zwei ungleichen Partnern voraus*, wie es der patriarchalischen Ehe entspricht. Das bedeutet, daß die Unterordnung der Ehefrau als Analogie für die Abhängigkeit der Menschheit Gott gegenüber dient. Im Kontext der Vaterherrschaft ist eine solche androzentrische Übereinstimmung von biblischer Gegebenheit und deren Auslegung normal und folglich gerechtfertigt. In dem Maße aber, wie der Androzentrismus in der gegenwärtigen Zivilisation zusammenbricht, verschwindet auch diese gesellschaftlich-kulturelle Grundlage, und die Symbolik verliert ihre Bedeutungskraft. Meine These lautet nun so: *Das Thema von der neuen Eva ist als geschichtsgebundene und menschliche Wortgestalt fortan überholt.* Seine anachronistische Verwendung ist sogar schädlich, und dies in dem Maße, wie sie dazu dient, die kirchliche Androzentrik am Leben zu erhalten.

III. Mariologie: Unbefleckte Empfängnis und leibliche Aufnahme in den Himmel

Sowohl in der Christologie als auch in der Ekklesiologie ist von Maria nur bedingt und mittelbar die Rede; beide Fachgebiete behalten die ihnen eigenen Perspektiven. Mit den *dogmatischen Definitionen von 1854 und 1950* wird das Wort über Maria zur Mariologie, das heißt, es betrifft jetzt Maria selbst unmittelbar. Beide Dogmen gründen gänzlich auf mutmaßlichen anthropologischen Theorien.

Voraussetzung für den Begriff der Unbefleckten Empfängnis ist die Lehre des Augustinus von der durch väterliche Zeugung übertragenen *Erbsünde*. Folglich geschieht eine Ansteckung des Fötus, die *infectio carnis*, die die vernünftige Seele im Augenblick ihrer Eingießung erfaßt. Aufgrund der Rolle des Heiligen Geistes in der Menschwerdung bleibt Christus von dieser Übertragung frei. Nach der androzentrischen Biologie pflanzt sich die Erbsünde ausschließlich durch den in der Zeugung des Kindes allein aktiven Vater fort; die Existenzweise Marias hat daher keine christologischen Folgen.

Vom 8. Jahrhundert an (Johannes von Damaskus) wird es als angemessen erachtet, daß Maria wegen ihrer Mutterschaft von der erbsündlichen Befleckung gereinigt wurde. Die großen Scholastiker sind der Auffassung, Maria habe sich durch ihre menschlich normale Empfängnis die *infectio carnis* zugezogen, sei aber anschließend durch einen wiedergutmachenden Eingriff geheiligt worden. Dieser habe sich in zwei Schritten vollzogen: zuerst im Mutterleib − ein Zeitpunkt der Heiligung, den Albert der Große und Bonaventura gleich nach der Beseelung ansetzen, während Thomas von Aquin den Augenblick nicht festlegt. Es habe sich um eine Befreiung jeder aktuellen Sünde, selbst der läßlichen, gehandelt. Man darf nicht vergessen, daß nach diesen Kirchenlehrern auch Jeremias und Johannes der Täufer *in utero* geheiligt, dabei aber nur von der Todsünde befreit wurden (mit Hinweis auf Jer 1,5 und Lk 1,15). In einem zweiten Schritt habe *Maria im Augenblick der Empfängnis Christi eine Heiligung erfahren* (Lk 1,35), und diesmal sei in ihr die Erbsünde vollständig getilgt worden.

Die Idee einer der *infectio carnis* zuvorkommenden Intervention entsteht in Verbindung mit der liturgischen Feier der Empfängnis Mariä, wie sie vom 11. Jahrhundert an in England üblich wird und sich dann im 12. Jahrhundert in Europa ausbreitet. Diese Heiligung *in utero* findet ihre Grundlage in mehreren Varianten der übernommenen *embryologischen Theorien*. Eadmer setzt zwischen Empfängnis und Beseelung eine gewisse Zeitspanne voraus und plädiert daher für eine Heiligung, die der Übertragung der Erbsünde im Augenblick der Empfängnis Marias vorausgeht[11]. Nikolaus von St. Alban meint, dieser Eingriff habe im Augenblick der Eingießung der vernünftigen Seele Marias durch Reinigung des bereits angesteckten Fötus stattgefunden. Johannes Duns Skotus hält Empfängnis und Beseelung für gleichzeitig; er kombiniert also die beiden Standpunkte und schlägt als wahrscheinlichste These die einer vorausbewahrenden, im Augenblick der Empfängnis Marias geschehenen Intervention vor.

Vom Jahre 1439 an wurde dieses Privileg Marias durch das *Konzil von Basel* anerkannt; da aber dieses Konzil mit Eugen IV. in Streit lag, galt es nicht als rechtskräftig. Nichtsdestoweniger ist die Stellung bedeutsam, daß zwischen der Aussage von Basel und der Bulle *Ineffabilis Deus* vom 8. Dezember 1854 eine Ähnlichkeit besteht. Beide Texte sprechen von einer besonderen Gnade *(gratia singularis)*, durch die Maria von der Erbsünde ausgenommen *(immunis)* gewesen sei; diese Gnade habe die doch natürlicherweise zu geschehen Übertragung verhindert. Die Betonung der *conceptio* in der Bulle von 1854 offenbart den Einfluß der Theorie des Bischofs von Hippo, die, wie wir gesehen haben, die traditionelle Verbindung von Zeugung und Beflekkung voraussetzt[12].

2. Die leibliche Aufnahme in den Himmel

Voraussetzung der leiblichen Aufnahme ist die *Idee von der Unsterblichkeit der vernünftigen Seele*. Diese Idee ist platonischen Ursprungs und wurden von den Kirchenvätern wieder aufgenommen: Wenn der Tod nur den Leib erfaßt, ist die Auferstehung eine solche des *Fleisches*.

Das liturgische Fest der Dormitio Mariae wird in der römischen Kirche gegen Ende des 7. Jahrhunderts eingeführt. Die großen Scholastiker haben im Gegensatz zu dem, was sich in der theologischen Streitfrage um die Heiligung Marias zugetragen hatte, ihre leibliche Aufnahme bloß als eine fromme Meinung angesehen. Es ist wichtig zu bemerken, daß dieses Privileg in gleicher Weise (mit Bezug auf Joh 21,22 f.) dem Evangelisten Johannes zugeschrieben wurde. Bei Maria handelt es sich um einen Angemessenheitsgrund: *Die Annahme von der Zersetzung ihres im Augenblick des Todes von der Seele getrennten Leibes muß zurückgewiesen werden.* Die Heiligung, die wieder in Ordnung bringt oder darin bewahrt und die im Blick auf die zukünftige Rolle Marias in der Menschwerdung verliehen wurde, macht den Zersetzungsprozeß im Grab undenkbar. Der materielle Zerfall des Leibes Marias wird also durch die unmittelbar nach dem Tod wiederhergestellte Einheit mit der unsterblichen Seele verhindert. Die leibliche Aufnahme in den Himmel garantiert die Gegenwart Marias nach Seele *und* Leib in der Herrlichkeit.

Die Scholastiker streiten sich lediglich über den himmlischen Ort, *an dem sich Maria* nach der Aufnahme ihres auferstandenen Leibes befindet. Albert der Große sieht diesen Ort im Himmel der Geschöpfe, zusammen mit den höheren Engeln. Thomas von Aquin meint, daß Maria über den Engeln thront, aber nicht auf der gleichen himmlischen Stufe wie Gott. Bonaventura behauptet, Maria habe ihren Platz im Himmel der Dreifaltigkeit inne.

Diese traditionellen anthropologischen Voraussetzungen finden sich in der Apostolischen Konstitution *Munificentissimus Deus* vom 1. November 1950 wieder. Die Dualität von unsterblicher Seele und sterblichem Leib erfordert ein besonderes Eingreifen, um das Fleisch Marias vor der Fäulnis im Grabe zu bewahren und ihrer abgeschiedenen Seele das Warten auf die Wiedervereinigung mit dem auferweckten Leib zu ersparen. Die Apostolische Konstitution scheint demnach mit den Scholastikern den Tod Marias vorauszusetzen. Doch liegt hier ein Problem. Der Tod ist ja die eigentliche Strafe für jene Erbsünde, von der Maria nach dem Dogma von 1854 eben bewahrt blieb. Darum behaupten manche Theologen, in guter »maximalistischer« Logik, daß *Maria nicht der allgemeinen Sterblichkeit unterworfen gewesen sei*[13]. Die Frage bleibt offen. Man muß zugeben, daß in dieser Hinsicht die Formulierung von 1950 mit ihrem Ausdruck *devicta morte* (nach dem Sieg über den Tod) ziemlich unscharf ist. Der Text macht die Weise der Aufnahme nicht deutlich, auch nicht ihre Beziehung zu einem eventuellen Tod Marias. Das Privileg hält sich vielmehr klar in der Sicht des Dogmas von 1854 als eine Folge der Unbefleckten Empfängnis[14].

Die beiden dogmatischen Definitionen sind hinsichtlich ihrer Motivation in gleicher Weise mariozentrisch. Sie sind die Frucht der »maximalistischen« Marienbewegung des 19. und 20. Jahrhunderts. Auch bringen sie aufgrund der traditionellen Parallele Maria–Kirche einen kirchlichen Triumphalismus zum Ausdruck. Trotzdem läßt sich das Dogma von 1950 in eine christologische Perspektive einbringen. Es handelt sich nämlich um eine die umfassende Fülle *vorausnehmende Auferstehung*. Und die exemplarische Ursache dieser eschatologischen Fülle ist ja doch die Auferstehung Christi. Dagegen wird im Dogma von 1854 Maria eine *Ausnahmestellung in der Erlösungsökonomie zugedacht*.

Die beiden dogmatischen Formulierungen gründen ebenfalls auf fortan hinfälligen anthropologischen Voraussetzungen. Ich vertrete die These, daß diese Formulierungen ihren Sinn verlieren und buchstäblich unverständlich werden, sobald ihre Aprioris nicht mehr festgehalten werden. *Wenn diese mariozentrischen Aussagen nicht mehr durch die augustinische Lehre von der durch väterliche Zeugung übertragenen Erbsünde oder die klassische Lehre von der abgeschiedenen unsterblichen vernünftigen Seele in ihrer Erwartung des auferstandenen Leibes gestützt sind, bleiben sie im leeren Raum bloßer Vermutungen hängen[15].*

IV. Rückkehr zur Ekklesiologie: Lumen gentium

Das Zweite Vatikanische Konzil beschloß durch das Votum vom 29. Oktober 1963 (1114 Stimmen gegen 1074), seine Lehre von Maria in die Dogmatische Konstitution über die Kirche einzufügen. Dieses Ereignis bedeutet das *Ende der eigentlichen Mariologie durch die Rückkehr zur ekklesiologischen Sicht.*

Das letzte Kapitel von LG betrachtet Maria, die *Deipara* (LG, Caput VIII, Überschrift), im Geheimnis Christi und der Kirche. Die Sicht ist klar christozentrisch. Und die Maria zugeschriebenen Funktionen sind *kirchentypisch;* sie übernehmen den patristischen Vergleich zwischen Maria und der Kirche (LG 53–61). Dies kontrastiert mit den Definitionen von 1854 und 1950, in denen die Privilegien Marias aufgrund der Parallele Christus–Maria christotypisch sind: übernatürliche Empfängnis – unbefleckte Empfängnis, Himmelfahrt – leibliche Aufnahme. Der Konzilstext bemüht sich, Maria im Rahmen der Heiligen Schrift zu sehen, und beweist eine bemerkenswerte Nüchternheit, vor allem im Vergleich zu der »maximalistischen« Strömung der zeitgenössischen mariologischen Literatur. Zwar werden die Aussagen von 1854 und 1950 übernommen, aber auf eine summarische und sehr zurückhaltende Weise (LG 53, 59, 62, 68). *Maria ist die typische Gestalt der irdischen Kirche* und zugleich *das hervorragendste Glied der endzeitlichen Kirche* (LG 63, 68).

Und doch enthält das Dokument wegen seiner Eigenschaft eines (schließlich mit 1996 Stimmen gegen 23 angenommenen) Kompro-

misses einige *Inkohärenzen christotypischer Art.* Gelegentlich der
Betrachtung Marias als der neuen Eva werden zwar die patristischen
Auslegungen von Lk 1,38 angeführt, aber der Konzilstext steigert
deren Sinn durch Verwendung von Ausdrücken wie *consentiens* und
cooperans (zustimmend und mitwirkend, LG 56; vgl. 58 mit Hinweis
auf Joh 19,25). Bei den Kirchenvätern ging es um Gehorsam und
Glauben (LH 63)[16]. Andere Stellen im Konzilstext lassen das »maxi-
malistische Heimweh« nach der Mittlerin und Miterlöserin durchfüh-
len. Maria wird »großmütige Gefährtin« (LG 61: *generosa socia*),
mitleidend *(compatiens)* und so beim Heilswerk des sterbenden Christus mitwirkend *(cooperata est)* genannt (LG 61). Sie wird mit einem
neuerlichen Hinweis auf Lk 1,38 als *mediatrix*, Mittlerin (LG 62)
betrachtet, eine Überlegung, die zum christologischen Begriff vom
einzigen Mittler (LG 60) in Kontrast steht.
Vierzehn Jahre nach der Definition der leiblichen Aufnahme Marias
in den Himmel *hat also das Zweite Vatikanische Konzil die »minima-
listische« Strömung ermutigt*, und dies in den Grenzen des Möglichen, eine Haltung, die der Rückkehr zu den patristischen Quellen zu
verdanken ist, einer der katholischen Theologie des 20. Jahrhunderts
eigentümlichen Tendenz. Durch seinen Rückgriff auf die ekklesiologische Sicht bedeutet *Lumen gentium* einen Fortschritt. Freilich werden
die Überlieferungsquellen weiterhin im Sinne der androzentrischen
Vorstellungen der Kirchenväter benützt. Die neue Eva bleibt die
Projektion einer patriarchalischen Auffassung: das Weibliche ist in
seiner Unterordnung unter das Männliche, hier unter Christus, das
Abbild der Menschheit.

V. Maria nach dem Zweiten Vatikanum

1. *Maria, Mutter der Kirche*

Paul VI. hat am 21. November 1964 in seiner Ansprache anläßlich
der Veröffentlichung von *Lumen gentium* Maria *mater ecclesiae*
(Mutter der Kirche) genannt. Dieser Titel war auf dem Konzil von
den polnischen Bischöfen vorgetragen und von Johannes XXIII.
gewünscht worden; die das Kapitel über Maria vorbereitende Lehr-
kommission hat ihn aber abgelehnt. Tatsächlich entfernt er sich von
dem patristischen Thema der *ecclesia mater* (Mutter, Kirche); er weist

Maria einen Vorrang vor der Kirche zu. Demnach hat Paul VI. gegen die in *Lumen gentium* zum Ausdruck gebrachte Auffassung von der Kirche als Urbild gehandelt. Ursprünglich wurde der Titel der Mutter der Kirche dem Heiligen Geist zugesprochen und nur selten auf Maria angewendet, dies bei lateinischen Autoren vom 12. Jahrhundert an. Der Titel *mater ecclesiae* für Maria kommt in den päpstlichen Dokumenten nach dem Zweiten Vatikanischen Konzil oft zur Anwendung und bestärkt damit die »maximalistisch« gebliebenen Theologen. Der Titel ist christotypisch, da er die Mitwirkung Marias am Erlösungswerk einschließt.

2. Maria, Gestalt und Befreiung

Die in Südamerika ins Leben gerufene Befreiungstheologie ist als neue christologische Inkulturation formuliert und ohne Zweifel dem sozio-politischen Umfeld angepaßt. Im Gegensatz zur traditionellen Dogmatik wird hier die Perfektion der erlösten Menschheit auch in *dieser Welt* zum Maßstab erhoben und nicht mehr dem eschatologischen Heilsplan vorbehalten. Diese Theologie stellt die vollkommene Befreiung vor, insofern, als die Hierarchie der Geschlechter in normativem Sinne aufgehoben und nicht wie bisher als göttliche Schöpfungsordnung angesehen wurde. Da Maria im Kontext des *Magnifikat* (Lk 1,46–55) als diejenige angesehen wird, welche die Befreiung der Armen und Unterdrückten proklamiert, erhebt der südamerikanische *Marianismus* sie zur Fürsprecherin einer neuen Ordnung. Meines Erachtens ist eine derartige Interpretation der Maria als Gestalt der durch Christus befreiten Menschheit nicht dazu in der Lage, Frauen als Geschöpfe zu befreien. *Demgegenüber muß das Gespräch über die Befreiung christozentrisch bleiben, wenn Christus der alleinige Befreier ist und nicht Maria.*

3. Maria, Vorbild der Feministischen Theologie

Es ist verständlich, daß die katholischen Feministinnen das einzige in der traditionellen Lehre gegebene weibliche Vorbild hochschätzen (oft mit tieferer Sichtweise als ihre nichtkatholischen Schwestern). Unglücklicherweise erscheint mir die Rolle der Maria in der Feministischen Theologie völlig widersprüchlich, *weil diese Gestalt in einer androzentrischen Typologie verankert ist.* Dieses Denkmodell ist insofern schädlich, als es die maskuline Vorherrschaft in Gesellschaft und Kirche verfestigt. Durch männliche Theologen auf den Begriff gebracht, entwirft die biblische und dogmatisch tradierte Maria ein feministisches Ideal, das sich eigentlich patriarchisch charakterisiert.

Es ist bemerkenswert, daß die wenigen in der christlichen Tradition bedeutenden Frauen überwiegend christozentrisch sind; Julian von Norwich liefert dafür ein wichtiges Beispiel. Brigitta von Schwedens christotypischer, quasi matriarchalischer Mariozentrismus stellt dagegen die Ausnahme dar. *Die Aufwertung Marias wird nicht nur verdächtig, sondern absurd,* wenn man ignoriert oder vergißt, daß die Gestalt Marias die Unterordnung der Eva im Sinne der Schöpfungsordnung und Soteriologie symbolisiert.

Schließlich bleibt die Verbindung von Weiblichkeit und Unterordnung sowohl in der Ekklesiologie als auch in der Mariologie fundamental. Ebenso bleibt die Unvereinbarkeit zwischen dem Göttlichen und dem Weiblichen etwas Grundsätzliches in der Rede von Gott und der Christologie. Wenn Maria an die Grenzen des Menschlichen emporgehoben wird, bleibt ihr Partner stets göttlich. Aufgrund dieser Asymmetrie ist die »neue Eva« als Gegenstand der feministisch-theologischen Diskussion für die Befreiung der Frauen unbrauchbar. Außerdem erscheint diese Symbolik gefährlich, weil sie die Frauen daran hindert, das entscheidende, durch den Christianismus gestellte Problem in Angriff zu nehmen: *Wie kann man die androzentrische Interpretation von Schrift und Tradition überwinden?*

Im Bereich der kirchlichen Lehre bleibt Maria ein Mensch; ihre Privilegien entstammen der Erlösung durch Christus. Im Bereich der religiösen Folklore aber nimmt Maria teilweise die durch das Verschwinden der ehemaligen Gottesmütter leergelassene Stelle ein. Dieser Aspekt der Volksreligion ist sehr wichtig. Eine Auffassung, die Maria als weibliche Dimension Gottes ansieht, nährt sich von dieser Folklore, entfernt sich damit aber auch von der gesunden Lehre[17]. Ich halte dieses Verständnis für Maria im vollen Sinne für abwegig und um so gefährlicher, als es dazu dient, gewisse Feministinnen zu beschwichtigen. Umgekehrt kann dieses Motiv jedoch dazu dienen, die Notwendigkeit weiblicher Metaphern im Sprechen von Gott aufzuzeigen. Wenn Mann *und* Frau nach seinem Bild geschaffen sind, *muß Gott auch weibliche Züge tragen, das heißt, man muß* in der Theologie als menschlicher Aussageform *sowohl männliche als auch weibliche Aussagen über Gott machen*[18]. Im Gegensatz dazu ist jede Vergöttlichung Marias ein häretisches Unternehmen.

VI. Ökumenische Perspektive: Zurück zur Christologie

Trotz der hier hervorgehobenen, offensichtlich »maximalistischen« nachkonziliaren Tendenzen erwarte ich von der weiteren Entwicklung eine Rückkehr zur Christologie, und dies in Weiterführung der durch *Lumen gentium* eingeleiteten Rückkehr zur Ekklesiologie. Die katholische Theologie erlebt ja zur Zeit eine kraftvolle Neuorientierung an den biblischen Quellen nach der durch die im ausgehenden 19. Jahrhundert begonnenen scholastischen und dann patristischen Erneuerung.

Das Hauptproblem des katholischen Verständnisses von Maria ist das *Auseinanderklaffen von biblischem Befund und dessen lehrhafter Auslegung.* Im Verlauf der Geschichte zur Theologie hat das Konvenienzprinzip dazu herhalten müssen, immer mehr marianische Vorrechte zusammenzuhäufen. Die Distanz zwischen einer Maria der Heiligen Schrift und einer Maria der kirchlichen Lehre kann durch eine christozentrische Betrachtung aufgehoben werden, nach der sich die Bezeugung des Göttlichen im Menschlichen durch Christus allein verwirklicht. *Maria wird so aller christotypischen Attribute entkleidet.*

Die *androzentrischen Voraussetzungen* der großen ökonomischen Konzilien sind unbrauchbar geworden, um unseren Glauben an die Dreifaltigkeit und an die Menschwerdung des Sohnes Gottes ins Wort zu bringen. Sobald die Vorherrschaft des Göttlichen nicht mehr in männlichen Metaphern zur Sprache kommt und die Abhängigkeit des Menschlichen nicht mehr durch die weibliche Unterordnung ihren bildlichen Ausdruck erfährt, werden die ekklesiotypischen Merkmale ihrerseits verschwinden. So wird das geschichtlich gegebene männliche Geschlecht Jesu seine androzentrische Bedeutung, die es in der Typologie der Kirchenväter besaß, verlieren. Die Gestalt Marias wird nicht mehr eine patriarchalische Konstruktion sein — Jungfrau, Braut und Mutter als Gehilfin für den Mann.

Der Zusammenbruch der Vaterherrschaft bedeutet für die grundlegende Androzentrik der katholischen Lehre eine Herausforderung; wir brauchen eine *neue* Theologie. Indessen — was Maria betrifft —

ist diese als Theozentrik getarnte Androzentrik in ökumenischer Hinsicht auch ein *Vorteil*. Aufgrund der Unterordnung des Weiblichen in der Heilsökonomie ist die Stellung Marias nämlich gar nicht so erhaben, wie es nach den Aussagen, selbst den »maximalistischen«, der Fall zu sein scheint. Wenn die androzentrischen Aprioris einmal nicht mehr da sind, wird es auch nicht mehr möglich sein, die traditionellen Begriffe für Maria oder die Kirche zu verwenden. *Theotókos* oder *ecclesia mater* werden in dem Maße ihre Verwendbarkeit einbüßen, wie sie ihre Eigenschaft als Ausdruck weiblicher Abhängigkeit verlieren. Wollte man sie in einem postpatriarchalischen Kontext verwenden, würde man damit das Menschliche in einer Weise überhöhen, die mit der göttlichen Oberherrschaft unvereinbar wäre.

Wichtig für den ökumenischen Dialog ist die Tatsache der katholischen »Varianten« hinsichtlich Maria[19]. Ich entstamme einem atypischen Katholizismus, denn er hat in Skandinavien seinen Sitz und ist eine Minderheit. In diesem Katholizismus spricht man wenig oder gar nicht von Maria. Ich bin darum keineswegs repräsentativ für eine in den »katholischen« Ländern traditionelle Haltung. Einer Maria, wie sie in Süditalien oder Polen verehrt wird, fühle ich mich fremd. Mir scheint, die *unterschiedlichen Auffassungen über Maria kommen mehr vom gesellschaftlich-kulturellen Umfeld her als vom Bekenntnis selbst*. In dieser Sicht lassen sich das Zusammentreffen von Mariozentrik und wirtschaftlicher Schwäche des Gemeinwesens, von Marienverehrung und *Machismo* geradezu mit Händen greifen. Ein wichtiges Thema der Forschung wäre daher das, was ich »Gesellschaftsmariologie« nenne; sie würde ganz gewiß die konfessionellen Grenzen überschreiten.

Anmerkungen

1. Vgl. die erschöpfenden und zugleich nüchternen Untersuchungen von Raymond E. Brown (Maria in der Schrift) und René Laurentin (Maria in der christlichen Lehre).
2. Conciliorum oecumenicorum decreta = COD (Bologna 1972), 5, 24.
3. Briefwechsel zwischen Kyrillos und Nestorios: a. a. O. 44, 47, 58.
4. A. a. O., 59.
5. Was die Mariologie im ägyptischen Milieu zur Zeit des Kyrillos angeht, vgl. Apophthegmata Patrum. Maria wird hier nur *einmal* angeführt, und

zwar als *theotókos*: Patrologia graeco-latina 65, 358 (Nr. 144). Vgl. Bonifaz Miller, Weisung der Väter (Freiburg i. Br. 1965) 239.

6. COD 86.
7. Zu den verschiedenen Aspekten der Maria betreffenden scholastischen Debatten vgl. meine Anthropologie médiévale et théologie mariale (Oslo 1971).
8. Vgl. LG 27, 61, 63, 69: *Deipara*; 66, 67: *Dei genitrix*; 66, 69: *mater Dei*.
9. »Sancta Maria, beata Maria, sed melior est ecclesia quam virgo Maria. Quare? Quia Maria portio est ecclesiae, sanctum membrum, excellens membrum, supereminens membrum, sed tamen totius corporis membrum.« Miscellanea Agostiniana I (Rom 1930) 163.
10. Corpus Christianorum 44 A (Turnholti 1975) 18.
11. Das Konvenienzprinzip wird auf den göttlichen Willen übertragen: »Potuit plane. Si igitur voluit, fecit.« H. Thurston, Th. Slater: Tractatus de conceptione sanctae Mariae (Freiburg i. Br. 1904) 11.
12. Enchiridion Symbolorum (Freiburg i. Br. 1965) 561 ff.
13. Vgl. Martin Jugie, La mort et l'assomption de la sainte Vierge: Studi e Testi 114 (Città del Vaticano 1944) 569—582. Pius XII. soll diese Meinung geteilt haben.
14. Enchiridion Symbolorum 781 f.
15. Vgl. a. a. O. Anm. 7, 116—119.
16. Die Auslegung von Lk 1,38 im Sinn aktiver Zustimmung stammt aus dem beginnenden 18. Jahrhundert (Louis-Marie Grignion de Montfort).
17. Vgl. Leonardo Boff, Il volto materno di Dio. Brescia 1981, Andrew Greeley, The Mary Myth: On the Feminity of God (new York 1977). Deutsch 1979. Dieses Ableiten von »Mutter Gottes« (französ. »mère de Dieu«) zu »Gottmutter« (französ. »Dieu Mère«) findet sich bemerkenswerterweise auch bei Ludwig Feuerbach, Das Wesen des Christentums, 1841 (Leipzig 1923) 95—104.
18. Vgl. meine Beiträge, Christ notre mère. La théologie de Julienne de Norwich: Mitteilungen und Forschungsbeiträge der Cusanus-Gesellschaft 13 (Mainz 1978) 320—329; L'usage patristique de métaphores féminines dans le discours sur Dieu: Revue théologique de Louvain 13 (Löwen 1982) 205—220; God's Image, Man's Image? Female Metaphore describing God in the Christian Tradition: Temenos 19 (Helsinki 1983). Zu den päpstlichen Bemühungen in dieser Richtung vgl. Johannes Paul I.: Ansprache zum »Angelus« am 10. September 1978 (Jesaia 49,15): Hg. P. Beretta, Lo spazio di un sorriso (Rom 1978) 70. Johannes Paul II., Dives in misericordia, 30. November 1980, Anm. 52 (Jesaia 49,15); 61 (Lk 1,72): Acta Apostolicae Sedis 72 (Rom 1980) 1190, 1193.
19. Vgl. Jacques-Bénigne Bossuet, Histoire des variations des Eglises protestantes (1688).

Nikos Nissiotis

Maria in der orthodoxen Theologie der Ostkirche[*]

Es gibt keine christliche Theologie, die nicht beständig auf die Person der Jungfrau Maria und ihre Rolle in der Heilsgeschichte Bezug zu nehmen hätte. Aufgrund dieses biblisch und ekklesiologisch begründeten Sachverhaltes entwickelten sich in der christlichen Theologie verschiedene Strömungen. Von einer maximalistischen Einstellung, die im Blick auf die große Bedeutung Marias für das kirchliche Leben und die Volksfrömmigkeit ein eigenes Lehrstück, die »Mariologie«, schuf, bis hin zu dem anderen Extrem des völligen Schweigens verrät die heutige Theologie eine seltsame Haltung, die sich als Ergebnis einer jahrhundertelangen polemischen Auseinandersetzung zwischen dem römischen Katholizismus und der Reformation erklären läßt.

Die ostkirchliche orthodoxe Schultheologie kommt nicht genügend auf dieses Thema zu sprechen. Während man Maria stets als Zentrum der kirchlichen Liturgie und Frömmigkeit sowie der persönlichen und gemeinschaftlichen Spiritualität ansah, nimmt die systematische Reflexion nur selten und gelegentlich auf die Person der Gottesmutter Bezug. Dies geht hauptsächlich darauf zurück, daß die Mariologie auf eine andere Ebene gestellt wird als die übrigen Themen der Theologie, nämlich auf eine mehr existentielle Erfahrungs- und Berufungsebene. Wenn im Leben der Kirche infolge der Struktur des täglichen Betens in einer verherrlichenden Verehrung und Bilderwelt alles von Maria spricht und auf sie hinweist, dann wird eine Schultheologie überflüssig oder fühlt sich zu schwach, um sich mit einem solch überragenden Geschehen zu befassen, an dem der Gläubige existentiell unmittelbar teilhat.

Überdies ist kritisch zu bemerken, daß die systematische Theologie sich gar nicht mit diesem ins Leben eingreifenden Thema zu befassen

[*] Aus dem Englischen übersetzt von Dr. August Berz.

vermag, da sie als Schuldisziplin einseitig ausgerichtet ist und allzu sehr rationale Erklärungen und Präzisierungen des Glaubensmysteriums vornimmt. Ohne die spärliche Bezugnahme der orthodoxen Schultheologie auf Maria gänzlich rechtfertigen zu wollen, sollten wir diese ihre Haltung doch auch als Zeichen frommer Ehrfurcht vor dem zentralen Herd der persönlichen Erbauung und des tiefen liturgischen Erlebens ansehen.

Diese beschränkte Bezugnahme der Orthodoxen auf Maria macht sich jedoch eher ungerechtfertiger Vernachlässigung schuldig, wenn das Interesse an der Mariologie in der heutigen theologischen Forschung geweckt wird — zumal im Dienst der kirchlichen ökumenischen Zusammenarbeit in Theologie und Anthropologie und des heutigen Zeugnisses der Kirche in der modernen Gesellschaft. Dies war für mich der Hauptgrund, die Einladung zur Teilnahme an diesem Symposium anzunehmen. Und dies stellt auch eine verspätete bescheidene Selbstkorrektur dar, habe ich mich doch bisher über dieses wesentliche Thema einer christlichen Theologie ausgeschwiegen und es bewußt hingenommen, daß man in ökumenischen Kreisen auf die Mariologie nicht zu sprechen kam, weil ich allzu sehr darauf bedacht war, ja nicht ein weiteres trennendes Problem zu schaffen und Kollegen und Brüder anderer christlichen Traditionen nicht vor den Kopf zu stoßen.

Wir müssen als orthodoxe Christen eingestehen, daß wir es versäumt haben, eines der gültigsten, repräsentativsten Kennzeichen der alten östlichen Tradition im Dienst der Einheit und Spiritualität und zum Aufbau einer echt ökumenischen Gemeinschaft in Freude, Anbetung und Danksagung zu verwenden und so in Demut und Reue, welche die Früchte einer folgerichtigen Bezugnahme auf die Mariologie entsprechend unserer Tradition sein sollten, einzusehen, von welcher Bedeutung sie ist für die Zurückweisung von Macht und verkalkten autoritären Kirchenstrukturen. Eine ökumenisch ausgerichtete Theologie, die nicht auf die Mariologie zu sprechen kommt, ist eine verkümmerte theologische Reflexion, die anthropozentrisch und individualistisch ist. Deswegen ist sie nicht imstande, auf der Grundlage eines vollen ekklesiologischen Denkansatzes Herz und Verstand auf der Suche nach der Einheit in Christus durch den einen Geist dynamisch zu durchdringen. Die Bezugnahme auf Maria läßt die Theologie das biblische und kerygmatische Zeugnis der Kirche ernsthaft in Erwägung ziehen, wonach das göttliche und das menschliche Element einander in voller Wechselseitigkeit und ungebrochener Zusammengehörigkeit durchdringen.

I. Theotókos und Panhagía

Die alte Streitfrage über die zutreffenden Titel der Jungfrau Maria erweist sich für die heutige theologisch-ökumenische Debatte von besonderer Bedeutung. Um Maria den richtigen Platz in der göttlichen Heilsordnung und in der kirchlichen Gemeinschaft zu sichern, bedienen sich die orthodoxen Christen zumeist, ja fast ausschließlich der beiden Titel »Theotókos« (Gottesmutter) und »Panhagía« (Allheilige).

Beide Ausdrücke weisen auf die Grundwahrheit hin, daß man nur dann über Maria nachdenken, sprechen und schreiben, nur dann innerhalb der kirchlichen Gemeinschaft über sie meditieren, sie verehren und mit Maria beten kann, wenn man sie stets in unzertrennlicher Einheit mit dem Christusereignis im Heiligen Geist und mit der Kirche als der Gemeinschaft der Heiligen und des geheiligten Gottesvolkes denkt. Die Herrlichkeit Marias ist ein Widerschein des Inkarnationsgeschehens, worin sie nicht lediglich als Instrument tätig ist, um dem Logos Gottes Fleisch, einen Körper zu geben, sondern als in das Geschehen voll einbezogene besondere, auserwählte Person, die mitbeteiligt ist am Werk, die Hypostase des Logos als einzigartige, persönliche Offenbarung Gottes in der Geschichte Mensch werden zu lassen.

Der Titel »Panhagía« (Allheilige) besagt andererseits ihre Solidarität mit der geheiligten Menschheit, d. h. mit allen Gliedern des Leibes Christi, wenn diese in ihr nicht nur ihre sinnbildliche Vertreterin erkennen, sondern an der Heiligkeit teilhaben, die vom Geist geschenkt wird, der in der Theotókos den Logos Gottes inkarniert.

Die Bezeichnungen »Theotókos« und »Panhagía« lassen es also nicht zu, Maria leichthin vom Gottesvolk zu trennen und sie allein als die gekrönte Madonna in die Sphäre der himmlischen Herrlichkeit emporzuheben. Sie lassen es nicht zu, ihre zentrale Stellung in der Christologie und der Ekklesiologie irgendwie zu verkürzen, aber auch nicht ihre Solidarität mit der Kirche in deren Streben, durch die vom Geist gewirkte Gnade allein in Christus geheiligt und wieder ins volle Menschsein versetzt zu werden. Infolgedessen wird in der orthodoxen

Hymnendichtung und Ikonenwelt Maria stets mit Christus zusammen gepriesen bzw. inmitten der Gemeinde dargestellt als Repräsentation der Liturgie- und Gebetsgemeinde. Sie ist stets die Muttergottes in Gemeinschaft mit dem menschgewordenen Logos, und die Bitten der versammelten Gemeinde richten sich an sie als deren repräsentative Person im Streben nach persönlicher Teilhabe an der Heiligkeit, die der Geist in der Kirche wirkt.

1. Mariologie in Christologie

Die Rede über Maria (Mariologie) sollte deshalb nicht zu einem besonderen Kapitel der systematischen Theologie werden. Der Begriff »Theotókos« gab nach der Niederlage des Nestorianismus zu verstehen, daß Maria mit dem Christenereignis in der Inkarnation des Logos untrennbar verbunden ist, da sie diesem nicht nur einen Menschenleib, sondern eine volle Hypostase gab, indem sie die beiden Naturen in voller Wechselseitigkeit und gegenseitiger Durchdringung in sich vereinte. Das frühe griechische patristische Denken wies den Ausdruck »Christotókos« zurück, nicht weil er die Person Marias nicht beeinträchtigt hätte, sondern weil er das volle, echte Verständnis der Inkarnation nicht zuließ, daß nämlich die beiden Naturen in Christus schon gleich von Anfang an unvermischt und unverwischt miteinander verbunden sind.

Da die beiden Naturen in der Inkarnation miteinander zur Einheit verbunden worden sind, bringt Maria in der Zeit Gott zur Welt. Durch die Geburt Christi kam der göttliche Logos als ganzer zur vollen Vereinigung mit dem Menschsein als ganzem. Natürlich hat bei diesem Mysterium die überragende Macht Gottes den Vorrang, doch Maria macht dieses Mysterium möglich und wird zur Gottesmutter, da sie dieses einmalige und einzigartige paradoxe Ereignis Wirklichkeit werden läßt, daß »Gott im Fleisch« erscheint (1 Tim 3,16), und so die Vereinigung der beiden Naturen in einer Person, an der beide in gleicher Weise teilhaben, sicherstellt.

Darum setzten der sektiererischen Christologie, die sich aus der Trennung der beiden Naturen ergibt und annimmt, daß Christus bloß als Mensch aus Maria geboren sei, die Väter das Voneinander-Durchdrungensein der beiden Naturen entgegen und behaupteten: »Da Gott von Maria zur Welt gebracht wurde, ist sie Theotókos, indem sie gleichzeitig Gott und den Menschen geboren hat.«[1]

Daß die frühchristliche Theologie darauf beharrte, einzig den Ausdruck »Theotókos« zu verwenden, ist eine Stütze und Auswirkung des
richtigen Verständnisses der Christologie, will sagen der Vereinigung
der göttlichen und der menschlichen Natur in einer Person. Entweder
bejaht man im Glauben, daß dieses Mysterium sich schon gleich von
Anfang an ereignet hat, oder man gerät in Gefahr, allerlei Irrwege
einzuschlagen: Dyophysitismus (man trennt die beiden Naturen),
Monophysitismus (man nimmt bei der Geburt Christi nur eine Natur
an) oder Doketismus (die Idee eines bloß äußeren Anscheins), statt an
das wirkliche Geschehensein des Ereignisses zu glauben. Diesem
Insistieren liegt die feste, selbstverständliche Glaubensüberzeugung
über die Menschwerdung des Logos zugrunde, daß man von einer
Natur (Phýsis) nicht außerhalb einer konkreten Person (Hypostase)
sprechen kann, ohne daß man in eine Abstraktion fällt oder eine der
beiden Naturen (bei »Christotókos« die göttliche Natur) leugnet und
so das volle Verständnis der Inkarnation zerstört. Die Theotókos steht
in der richtigen Christologie da als Beweis und Behüterin der Realität
und des Vollsinns der gott-menschlichen hypostatischen Union in der
Gestalt eines Menschen, der in der Menschheit empfangen worden ist
in voller Wechselseitigkeit, Zusammengehörigkeit und Vereinigung
mit Gott schon gleich von Anfang an.
Indem das Dritte Ökumenische Konzil von Ephesus (431) sich dieses
Ausdrucks bediente, versetzte es die Mariologie für immer in die
Christologie, da es ihn als einen in der östlichen patristischen Tradition vorliegenden christologischen Begriff verwendete[2]. In der richtigen Christologie sagen wir aus, was in der Inkarnation des Logos
geschah, daß nämlich »der, der von Anfang an der ewige Logos und
Sohn Gottes war, aus der Jungfrau, der Theotókos Maria, Fleisch
annahm und auch voller Mensch wurde«[3]. »Wenn also jemand die
Heilige Maria nicht als Theotókos annimmt und anerkennt, dann fehlt
ihm der Sinn für das Göttliche« (in der Inkarnation)[4].
Maria ist die Mutter des Logos nicht nur werkzeuglich, so daß sie bloß
der Menschengestalt des Logos Fleisch gegeben hätte. Gott nimmt
nicht Fleisch an, um Mensch zu werden, sondern er tut dies als der
göttliche Logos in voller Vereinigung mit der menschlichen Natur in
einer Hypostase, die von Gott dem Geist in Maria, d. h. der Theotókos, gewirkt wird. Falls man diese Vereinigung bei der Geburt Christi
außerhalb der *synápheia* (Verbindung) der beiden Naturen in Maria
sieht, verdoppelt man die Personen (zu einer göttlichen und einer

menschlichen Person), indem man sie voneinander trennt, Natur und Person unterschiedslos gleichsetzt und weder die göttliche noch die menschliche Natur in einer einzigen Person geeint sein läßt. Als die Theotókos ist Maria auf eine von der menschlichen Seite her eigenartige, persönliche Weise die deutliche Verwirklichung des Mysteriums der Inkarnation in voller Wechselseitigkeit und gegenseitiger Durchdrungenheit der beiden Naturen in *einer* Hypostasis-Person ohne Trennung, Verquickung, Veränderung oder Verwischung.

Wenn die Menschennatur nicht außerhalb einer Hypostasis-Person gedacht werden und bestehen kann, muß selbstverständlich der Logos in der Menschennatur voll und ganz geboren sein und muß die Person, die ihm die menschliche Natur gibt, dies voll und ganz als eine menschliche Person vollbringen und dabei gleichzeitig und untrennbar davon die göttliche Natur des Logos in sich enthalten, d. h. durch diese Geburt zur Theotókos werden. Einzelne orthodoxe Theologen gehen in ihrer christologischen Interpretation der Theotókos so weit, daß sie sogar die These vertreten: »Die Inkarnation besteht nicht nur in der Vereinigung der zwei Naturen in einer Hypostase, sondern auch in der Vereinigung der beiden Hypostasen in einer Natur, denn Christus hat seine Menschennatur nicht vom Himmel mitgebracht und nicht aus Erde neu geschaffen, sondern er hat sie dem Fleisch und dem Blut der reinen Jungfrau Maria entnommen.«[5]

2. Mariologie im Verein mit Pneumatologie

Ebenso wichtig ist es, die Mariologie nicht unabhängig vom Wirken des Heiligen Geistes zu denken, sondern in der christologischen Linie, die mit der Inkarnation gegeben ist. Die Inkarnation geht ja nicht einzig zwischen dem Logos und Maria vor sich, sondern ist vom Heiligen Geist gewirkt, wie die Bibel vermerkt (Lk 1,31 ff.; Mk 1,18–25) und das Credo bekennt (»empfangen durch den Heiligen Geist, geboren von der Jungfrau Maria«). Auf diese Weise nehmen wir an, daß die ganze Gottheit am Geschehen der Inkarnation des Logos beteiligt ist, der von Ewigkeit her aus dem Vater geboren ist und zugesandt wird, um in Gestalt eines Sklaven der »Menschensohn« zu werden. Gleichzeitig wird das Ganze von der dritten göttlichen Hypostase in der Zeit verwirklicht, in die er gleichfalls vom Vater gesandt wird.

Mit der Mariologie ergreifen wir also die volle Gottheit, die in persönlicher Gemeinschaft handelt, erschafft und die ganze Schöpfung wiederherstellt und erfüllt, indem sie in und durch Maria in der Menschheit die Heilstat wirkt. Nach der Verkündigung vollzieht das Wirken des Geistes durch seine Energie die Inkarnation wie dann später auch die Auferstehung Christi, d. h. er bewirkt den geheimnisvollen Eintritt Gottes in die Geschichte und den Austritt aus ihr sowie alle entscheidenden Momente des Lebens Christi in der Zeit. Damit läßt der Geist die Inkarnation und Präsenz des Logos nicht auf eine Ich-Du-Beziehung mit Maria allein beschränkt bleiben, sondern läßt auf der einen Seite die ganze Gottheit an der Inkarnation beteiligt sein und auf der anderen Seite die göttliche Heilsordnung auf alle Menschen auf Erden und alle Zeiten übergreifen. In der Verkündigung zeichnet sich im voraus Pfingsten ab, und sie verbindet die ganze Schöpfung Gottes des Vaters, der sie von Anfang an durch sein Wirken im Heiligen Geist kraft des inkarnierten Logos erhebt. Als die Theotókos ist Maria die personifizierte Menschheit in voller Gemeinschaft mit dem dreieinen Gott.

Ohne die beständige Bezugnahme auf das Wirken des Heiligen Geistes verliert die Rede von Maria ihr Hauptzentrum, das sie auf die persönliche und auch gemeinschaftliche und kosmische Dimension des Mysteriums der Inkarnation bezieht. Maria ist an dem Mysterium individuell, als Theotókos, beteiligt dank ihrer äußersten Willfährigkeit und Demut gegenüber dem Willen Gottes, den der Geist zum Ausdruck bringt. Sie ist die »Magd« Gottes, die arme, schlichte Kreatur, doch sie vollbringt, was in den Augen der Menschen unmöglich ist, und wird zur Erfüllung der Prophetie des Alten Testaments und zur einzigartigen auserwählten Person in der Geschichte kraft des Wirkens des Heiligen Geistes (»Der Heilige Geist wird über dich kommen, und die Kraft des Höchsten wird dich überschatten« Lk 1,35). Sie wird auf besondere Weise zur Pneumatophóre, zur Geistträgerin, bevor sie zur Christophóre oder, besser gesagt, zur Theotókos wird, zur Christusträgerin, so daß in der Inkarnation der menschliche Beitrag durch das besondere Handeln Gottes im Geist ermöglicht und für die ganze Menschheit vollzogen wird.

Die Mariologie im Verein mit der Pneumatologie weist darauf hin, daß Maria das gewaltige Ereignis der Geburt Christi nie allein vollbringt, sondern Gott ist mit ihr in seiner vollen Gemeinschaft und persönlichen Beziehung zur Menschheit und befähigt sie, dem Logos das Menschsein und Menschengestalt zu geben. Durch sein Wirken personifiziert, verwirklicht der Geist die Präsenz des ewigen Logos in der Zeit und universalisiert sie auch in der Zeit durch eine konkrete menschliche Person zu einem besonderen Zeitpunkt. Bei der Verkündigung tritt in Maria das persönliche Band zwischen Gott und der Menschheit zutage, und danach wird die im kirchlichen, universalen, kosmischen und ewigen Christus geschenkte Gnade verkörpert und in der Zeit vergegenwärtigt. Der Geist macht die Mutterschaft der Theotókos zur Mutterschaft der Ekklesía für alle Menschen. Die Beziehung zwischem dem Logos und Maria wird zur Gemeinschaft zwischen Gott und der Menschheit in der Kirche.

3. Mariologie für die Ekklesiologie

Daraus erhellt, daß alle mariologischen Aussagen unmittelbar beitragen zu einem tieferen Verständnis der Kirche als des Leibes Christi, der Gemeinschaft der Heiligen und des auserwählten Gottesvolkes. Maria verhilft uns zum Verständnis und Zugang in die Wiedervereinigung der ganzen Menschheit zu *einer* allmenschlichen Familie durch ein spezifisches Wirken des Heiligen Geistes. Die persönliche Auserwählung wird durch das gemeinschaftliche Ereignis erfüllt. Zwischen der Verkündigung und Pfingsten besteht ein untrennbar organischer Zusammenhang.

Aus diesem Grund wird die Theotókos als die Erfüllung der alttestamentlichen Prophetie und als die Mutter des neuen Gottesvolkes im Neuen Bund angesehen. Sie ist die typologische Gestalt der »Tochter Zion«: »Sagt der Tochter Zion: Sieh her, jetzt kommt deine Rettung ... Dann nennt man sie ›Das heilige Volk‹, ›Die Erlösten des Herrn‹« (Jes 62,11–12). »Juble, Tochter Zion! Jauchze, Israel! ... Der König Israels, der Herr, ist in deiner Mitte ... ein Held, der Rettung bringt ... In jener Zeit bringe ich euch heim, in jener Zeit führe ich euch wieder zusammen« (Zef 3,16–17.20).

Israel wird stets mit einer Frau identifiziert, die in Demut und Gehorsam das Heil im neuen Bund erwartet. Es liegt ein direkter Zusammenhang vor zwischen der Erwartung der »Tochter Zion« und der Ekklesía, die versammelt worden ist durch die Erfüllung dessen, was Gott im Alten und im Neuen Testament verheißen hat. Es besteht eine unmittelbare Entsprechung zwischen den Klageliedern Jeremias (2,1–13) und Lukas (1,68–72) sowie mit dem Magnificat (Lk 1,47–56). Als die »Jungfrau« erwartet die »Tochter Zion« ihre

Erlösung (Klgl 2,13) und liegt in Geburtswehen (vgl. Mich 4,10). Und »wie der junge Mann sich mit der Jungfrau vermählt, so vermählt sich mit dir dein Erbauer. Wie der Bräutigam sich freut über die Braut, so freut sich dein Gott über dich« (Jes 62,5).

Eine typologische Exegese der vielen alttestamentlichen Texte über die »Tochter Zion« ließ die frühen Kirchenväter im Osten und Westen Maria als den »Typos«, das Urbild der Kirche ansehen. So sagt z. B. Ambrosius von Maria: »virgo quia est ecclesiae typus«[6], und er bezeichnet sie gleichzeitig als »die Mutter des lebendigen Volkes«[7]. Die Funktion der Kirche als der Mutter im Glauben der Glieder des Leibes Christi zeigt, wie zentral Maria als die Theotókos für die Ekklesiologie ist. Als die »Gottesmutter« ist sie die erste in dieser Gliedschaft und wird sie zur Mutter der vielen kraft ihrer grundlegenden Rolle bei der Inkarnation des Logos. Gleichzeitig ist sie das Urbild der Vollendung als die Verkörperung des geretteten Gottesvolkes am Ende der Zeiten, indem sie das Ereignis der letzten Tage repräsentiert: daß nämlich Gott in seinem Volk zugegen ist, so wie das durch das Geisteswirken in Maria im Immanuel, dem »Gott mit uns«[8], urbildlich der Fall war.

Die Theotókos ist in diesem Sinn durch den Geist geheiligt und stellt als Typos urbildlich die Heiligkeit der Kirche dar. Sie hat an der Erbsünde Anteil, ist aber gereinigt durch den Geist, so wie die Kirche heilig ist, obwohl sie aus Sündern besteht. Für Clemens von Alexandrien verkörpert Maria die Heiligkeit der Kirche (»Maria, allzeit Jungfrau, die heilige Kirche«[9]). Als Erfüllung der alttestamentlichen Verheißung, Mutter des neuen Gottesvolkes, zentraler persönlicher Herd seines Sich-wieder-Zusammenfindens und Verkörperung der Heiligung durch den Geist in Erwartung des Endsiegs der Gnade ist Maria dem Bibeltext entsprechend an allen entscheidenden Stadien der göttlichen Heilsökonomie beteiligt. Johannes von Damaskus bemerkt deshalb: »Das gesamte Heilsmysterium ist in ihr gewirkt.«[10]

Als Urbild der Kirche und Mutter all ihrer Glieder tritt Maria in allen biblischen Geschehnissen der neutestamentlichen Erzählung des Lebens Jesu auf und auch am Tag der geistgewirkten Gründung der Kirche. Eines der bedeutungsvollsten Ereignisse geschieht im entscheidenden Moment der Erlösung, bei der Kreuzigung. Maria steht unter dem Kreuz, bezeugt das Heil und sagt Gott Dank dafür. Bevor Christus sein letztes Wort spricht: »Alles ist nun vollbracht« (Joh 19,29), wendet er sich zuerst an seine Mutter, indem er auf

Johannes, den Lieblingsjünger, hinweist: »Frau, siehe da deinen Sohn!«, und dann an Johannes: »Sohn, siehe da deine Mutter!« (Joh 19,27). Man darf — neben allen anderen möglichen Deutungen — dies mit Fug und Recht typologisch auslegen und entsprechend den ostkirchlichen Hymnen und Ikonen einen organischen Zusammenhang zwischen der Gottesmutterschaft und der apostolischen Kirche erblicken[11]. Dies kommt darin zum Ausdruck, daß Maria als Theotókos vom menschlichen Standpunkt aus innerhalb der ganzen Erlösungsgeschichte eine zentrale Stellung einnimmt und daß sie bei der Wiederzusammenführung des Gottesvolkes in der Kraft des Opfers Christi und dabei, daß in der Zeit die kirchliche Gemeinschaft im Geist zustande kommt, eine wichtige Rolle spielt.

II. Gottesmutterschaft aus Gnade und zur Heiligung und Vergöttlichung

Die biblische Bezugnahme auf Maria kreist um das Wirken des Geistes. Alles, was Maria ist oder vollbringt, ist eine Auswirkung der Gnade Gottes, die in ihr am Werk ist. Sie lebt und handelt nicht von sich aus und für sich, sondern aus der Gnade Gottes und für das Gottesvolk. Johannes von Damaskus betont dies, wenn er sich an sie wendet: »Du hast nicht für dich gelebt, sondern in Gott, für den du ins Leben getreten bist, damit du dem Mysterium der Erlösung aller dienest und damit durch die Inkarnation des Logos und die Vergöttlichung von uns allen sich Gottes Wille erfülle.«[12] Doch dies kommt nicht einzig und allein durch ein automatisches Wirken Gottes in ihr zustande, passiv, als ob sie ein lebloses Werkzeug wäre. Der gleiche Kirchenvater preist sie: »Du hast die Gnade im Vollmaß empfangen, weil du ihrer voll würdig warst.«[13] Sie wurde so zu einem Mittel, Symbol und Typos der Vergöttlichung aller Gläubigen, die dem Bild der Panhagía—Theotókos entsprechend mit der gleichen Gnade freiwillig mitwirken und so im Glauben am gleichen Mysterium der Menschwerdung, Kreuzigung und Auferstehung teilhaben.

1. Unfruchtbarkeit und Jungfräulichkeit

Die Bibel betont die entscheidende Rolle der Gnade Gottes durch das ganz unverständliche Ereignis der Inkarnation dank des geheimnisvollen Eingreifens Gottes. Die Kraft der schwachen, schlichten, armen Maria liegt hauptsächlich darin, daß sie den Worten Gabriels zufolge »voll der Gnade« ist (Lk 1,28). Als einzig dastehend, als voll »*kecharitoméne*« unter allen Menschen, soll sie den göttlichen Logos einzig durch das Eingreifen Gottes, ohne Zutun eines Mannes, zur Welt bringen. Die jungfräuliche Geburt wird zum selbstverständlichen Glaubensmysterium, da sie besagt, daß in der Inkarnation kraft der schlichten, doch bewußten und freien Einwilligung der Jungfrau Maria (»Siehe, ich bin die Magd des Herrn, mir geschehe nach deinem Wort« Lk 1,38) die überwältigende Gnade Gottes allein wirkt.

Diesem göttlichen Eingreifen, das die Naturgesetze übersteigt, entspricht als ein Bild der überwältigenden Macht Gottes die Geburt Johannes des Täufers aus einer alten, unfruchtbaren Frau, Elisabet, auf die der Verkündigungsengel gleichzeitig hinweist (Lk 1,36). Die Jungfräulichkeit Marias wird vorhergebildet durch die Geburt in Unfruchtbarkeit. Die Erfüllung der alttestamentlichen Verheißung ist das geheimnisvolle Ereignis innerhalb der alttestamentlichen Prophetie. Der letzte Prophet wird zum »Vorläufer« des verheißenen Messias. Die Unfruchtbarkeit wird »fruchtbar« und die Jungfräulichkeit zur Mutterschaft schlechthin in der Gnade und durch die Gnade Gottes allein. Er, der den ersten Menschen mit eigener Hand und allein aus seinem souveränen Wollen erschaffen hat, da er die Liebe ist, schafft nun als Dreieiniger und als Liebesgemeinschaft den neuen Menschen neu kraft einer neuen souveränen Tat ohne das Zutun eines Mannes. Elisabet und Maria stehen da als die begnadete Menschheit, die zu einem Neubeginn des echt persönlichen Lebens aus, in und für Gott allein befähigt wird, indem sie ihre totale Abhängigkeit von ihm wiederum bekräftigt. Die Sterilität wird so erfüllt in der Virginität. Das Unvermögen, den Naturgesetzen entsprechend zu gebären, wird zu einer vollen Realität, aus der neues Leben hervorgeht. Der Besuch Marias bei Elisabet und ihr Zwiegespräch (Lk 1,39–56) enthalten das ganze Mysterium der göttlichen Heilsordnung und die Beziehung zwischen dem Alten und dem Neuen Bund. Ihre Begegnung weist darauf hin, daß die Gnade Gottes auf geheimnisvolle, doch für den Glauben höchst logische und verständliche Weise in beiden am Werk ist.

Die jungfräuliche Geburt ist das entscheidende Moment in der Inkarnation des Logos. Ohne sie wird das ganze Geschehen zu einem natürlichen Ereignis, das um den Menschen kreist. Die orthodoxen Kirchenväter und Hymnen haben dieses Paradox als die Norm und folgerichtige Tat Gottes gesehen und gepriesen, der sich über die Überlegung und das Eingreifen des Menschen hinaus in der Zeit als Dreieiniger offenbart. Diese Tat erledigt die abwegige Virilität des Mannes als Selbstgenügsamkeit und falsche Selbstkreativität des Lebens und weist auf die um Gott kreisende *creatio ex nihilo* hin. Sie geschieht aus der Fülle der Liebe Gottes und auf der Grundlage der ganz freien Selbstüberantwortung und des bewußten sich selbst ausliefernden Gehorsams der Frau, des empfangenden Elements der Menschheit. Als die neue Eva wird Maria aus Gnade zum Mittel der Wiedereinsetzung der Menschheit in ihre normale Beziehung in und mit Gott. So wie die Sünde in die Welt getreten ist, wird nun auf die gleiche Weise die Gemeinschaft wiederhergestellt aus der Gnade Gottes allein, aber mit der bewußten Einwilligung der Frau.

2. Sündhaftigkeit und Heiligkeit

Einzig auf dieser Grundlage (der jungfräulichen Geburt) können wir an die nächste Äußerung des Paradoxes der biblischen Sachverhalte in bezug auf die Inkarnation herangehen. Ich meine damit den Widerspruch zwischen der von der Theotókos geerbten Ursünde und der sündenlosen Geburt des Logos. Und gerade hierin liegt für die orthodoxen Väter das tiefste Mysterium der Heiligung durch den Geist. Die sündige Natur wird zu einer lauteren, sündenlosen Existenz. Man kann die unbefleckte Empfängnis bloß preisen, doch nicht dogmatisieren. Die Sündhaftigkeit kann sich nicht auswirken, während die Ursünde bei Maria als einem menschlichen Wesen verbleibt. Als eine reuige Sünderin wird Maria geläutert, um zur Gottesmutter zu werden, verbleibt aber dennoch in Solidarität mit dem Menschengeschlecht und weist so im voraus darauf hin, daß der Logos Gottes die Sünde von der Welt nehmen wird, denn Gott »hat ihn für uns zur Sünde gemacht« (2 Kor 5,21), nicht aber zum Sünder.
Die Identität mit der sündigen Menschheit ist gewährleistet, doch auch die sündenlose Berufung in die von neuem begnadete menschliche Wirksamkeit wird bekräftigt und hernach in die Tat umgesetzt. Die orthodoxen Christen des Ostens werden die Theotókos als unbe-

fleckte (áspilos) Jungfrau und Mutter preisen, sie aber nicht dogma-tisch von der Erbsünde ausnehmen. In diesem Paradox liegt das Verständnis für das Mysterium der Heiligung der gesamten sündigen Menschheit: Es handelt sich um einen dialektischen Prozeß reuiger und geheiligter Sünder. Maria verkörpert in ihrer Person urbildlich auf einzigartige Weise alle menschlichen Personen als Sünder und gleichzeitig als durch die und in der Gemeinschaft der Heiligen Geheiligte. Die »unbefleckte Empfängnis« ist, wenn man sie wörtlich nimmt, eine weitere Rationalisierung des Mysteriums in menschli-cher Sehweise und bringt in der entscheidensten und heikelsten Frage der Erlösung eine Kluft zwischen Maria und der Menschheit mit sich. Man hat die dialektische Beziehung zwischen der Erbsünde und der heiligenden Gnade Gottes sorgfältig aufrechtzuerhalten[14].

3. Die Erschaffung des »neuen Menschen«

Daß die griechischen Kirchenväter die Solidarität Marias einerseits mit dem Logos und andererseits mit der von der Erbsünde durchdrun-genen ganzen Menschheit so sehr betonen, läßt sich durch die christo-logische Grundlage in ihrer Mariologie und durch deren Zusammen-hang mit der Anthropologie erklären. Die Gottesmutterschaft aus Gottes Gnade bildet die Grundlage zu der Behauptung, daß alle Menschen in Gottes Geist dessen Söhne und Töchter sind. In ihrem geläuterten Menschsein ist Maria nicht nur das Urbild der Heiligkeit, sondern wird sie auch zur Mutter von uns allen, die durch den Geist am inkarnierten Logos teilhaben. Die Gläubigen verkörpern geistlich den Logos und werden durch sein Blut und Fleisch ernährt. Maria ist mit dem eucharistischen Geschehen und dessen Auswirkungen auf das persönliche Leben aller Gläubigen organisch verbunden.
Aufgrund der Teilhabe Marias am Inkarnationsgeschehen prägt der Heilige Geist dem Geist aller Menschen Christus ein. Die Panhagía, die Gnadenvolle, gemahnt uns diesbezüglich an die Worte Jesajas, der die unfruchtbare oder einsame gattenlose Frau glücklich preist, denn sie werde zur Mutter von vielen werden (Jes 54,1). »Gnadenfülle« und »Heiligung« decken sich dem Bild der Theotókos entsprechend. Als die neue Eva ist die Theotókos daran beteiligt, die alte Feindschaft unter den Menschen zu ertöten, indem sie den Logos hervorbringt, der »die zwei in seiner Person zu dem einen neuen Menschen gemacht hat« (Eph 2,15), so daß von da an alle Menschen (durch den freien

Willen nach dem Bild der Theotókos, die unter ihnen die Erste und Einzigartige und doch in voller Solidarität mit ihnen ist) imstande sind, »den neuen Menschen anzuziehen, der nach dem Bild Gottes geschaffen ist in wahrer Gerechtigkeit und Heiligkeit« (Eph 4,24).

In diesem Sinn hat man die Antwort zu verstehen, die Christus denen gab, die ihm sagten, seine Mutter und seine Brüder wünschten ihn zu sprechen: »Wer ist meine Mutter, und wer sind meine Brüder?... Wer den Willen meines himmlischen Vaters erfüllt« (Mt 12,48.50). Er wies damit auf die erweiterte Mutterschaft und Brüderschaft hin. Dies gemahnt uns an ein Wort: »Wer Vater oder Mutter mehr liebt als mich, ist meiner nicht würdig« (Mt 10,37). Damit ist die geistige Elternschaft gemeint, die weit über die leibliche hinausgeht. In diesem Sinn spricht Christus Maria als »Frau« und nicht als »Mutter« an; er weist damit auf die neue Situation hin, daß Marias Mutterschaft sich nun auf das ganze Gottesvolk erstreckt. Damit ist die Mutterschaft Marias zu einer neuen Realität geworden, die den »neuen Menschen« in Christus schafft. Gottes Wille — »die Inkarnation des Logos und unsere Vergöttlichung«[15] — ist in Maria stets geoffenbart und in die Tat umgesetzt worden.

Die Ekklesia, menschlich gesehen mit der Theotókos in ihrer Mitte, gebiert weiterhin als Mutter von uns allen kraft der Heiligung durch den Heiligen Geist. Im Neuen Bund wird die Mutterschaft Marias Wirklichkeit in der beständigen geistlichen Wiedergeburt der vielen. Als Theotókos hat Maria dem Logos nicht lediglich sein Fleisch gegeben. Sie hat nicht nur Jesus von Nazaret Gestalt gegeben. Sie gab dem Logos als dem neuen Adam die menschliche Hypostase und war an der Versöhnung zwischen Gott und dem Menschen beteiligt[16].

III. Die Theotókos und der neue Mensch in einer neuen Welt

Die Solidarität der Theotókos mit dem Menschsein in der tiefsten Schwäche und Machtlosigkeit des Menschen hat zur Erschütterung der Grundlagen all unserer auf uns selbst bezogenen Machtstrukturen und Auffassungen der Kirche und des gesellschaftlichen Lebens zu führen sowie zur Erschütterung unserer anthropozentrischen Humanismen, die von den Elfenbeintürmen unserer Eitelkeit ausgedacht sind, welche nach Macht und Herrschaft über die anderen strebt. Die

Gottesmutter ist als »Typos« die Magd des Herrn; sie nahm an dessen Leiden teil und bezeugte in Schweigen und Demut seine Herrlichkeit. Die Verehrung, welche die Kirche ihr im Gottesdienst entgegenbringt, beruht auf ihrer Rolle in der Inkarnation. Maria ist sich bewußt, daß diese Ehre nur ein Widerschein ist und daß sie nur deshalb an ihr teilhat, weil Gott »auf die Nichtigkeit seiner Magd geschaut hat« und deshalb »von nun an alle Geschlechter mich selig preisen werden« (Lk 1,48).

In der östlichen orthodoxen Tradition wird Maria um ihrer Demut willen in allen möglichen majestätischen Lobpreisungen in Hymnen und Gebeten verehrt und verherrlicht. In der Weltliteratur bildet dies eine kostbare Sammlung von Lobpreisungen und läßt den orthodoxen Gottesdienst zu einer immerwährenden Doxologie und Danksagung werden. Der Akáthistos-Hymnus während der Fastenzeit, die fünfzehn Tage dauernden Fürbitten in der ersten Augusthälfte, die zentrale Stellung Marias in jeder gottesdienstlichen Versammlung der Kirche machen den orthodoxen Gottesdienst zu einer erhabenen Verehrung der Theotókos, da sie im Prozeß der Buße und der Wiedergeburt für alle Gläubigen das Gefäß der Gnade verkörpert. Doch in all diesen herrlichen kultischen Lobpreisungen werden die leidende Schwäche und der demütige Gehorsam gepriesen.

Obwohl die östliche Tradition in ihren Hymnen sich den Gedanken der »leiblichen Aufnahme« der Theotókos in den Himmel zu eigen zu machen scheint, da nicht anzunehmen ist, daß der Leib, der den göttlichen Logos in sich trug, für immer zugrunde gehen kann[17], bekennt die Lehre der Kirche deshalb einmütig, daß die Theotókos das Todesschicksal aller Menschen voll geteilt hat, und schließt wie im Fall der Unbefleckten Empfängnis auch hierin eine Trennung der Theotókos vom Elend des Menschseins aus. Das höchste Fest der Jungfrau Maria (15. August) wird darum im kirchlichen Kalendarium »Entschlafen der Theotókos« genannt, was sich auf die Frömmigkeit und Spiritualität und Lebensanschauung all derer unmittelbar auswirkt, die ihre verborgene Herrlichkeit als die der gehorsamen Magd des Herrn feiern.

1. Kraft in Schwäche

Die dominierende Gestalt der Jungfrau Maria als des »Typos« der Heiligkeit der Kirche ist für die östliche Tradition die einer machtlosen Person als einer dank ihres totalen Gehorsams und ihrer äußersten Demut vor Gott erlösten und begnadeten Sünderin. Sie ist die Verkörperung der Worte des Apostels Paulus: »Das Schwache in der Welt hat Gott erwählt, um das Starke zuschanden zu machen« (1 Kor 1,27). Sie verfolgte und verwirklichte in ihrem Leben die Richtung der »Kénosis« des Logos, dem sie eine menschliche Hypostase gab und der sich gering machte und »die Gestalt eines Sklaven annahm« (Phil 2,7).

Die bewußte Annahme der menschlichen Schwäche als das Hauptelement des neuen Menschen in Christus ist das entscheidende Problem für die christliche Anthropologie, die auf dem »Typos« der Gottesmutter als der Theotókos gründet. Gerade in dieser Schwäche widerspiegelt sich die Herrlichkeit des Allmächtigen. Das ist ein Paradox und Unsinn für die menschliche Vernunft, denn es erschüttert die Grundlage der menschlichen Selbstüberhebung, die menschlichen Geistes- und Gesellschaftsstrukturen und führt in den hierarchischen Institutionen, in ungerechten Ordnungen menschlicher Unternehmungen zu größten Änderungen, da es die Mächtigen der Welt zu erbärmlichen Menschenwesen und die Reichen zu »Leeren« macht.

Einer der die Erde am meisten erschütternden biblischen Texte ist der, der im bekannten Magnificat der Theotókos (Lk 1,49–53) von der Erhöhung Marias aufgrund ihrer Niedrigkeit spricht. »Gott hat Großes an mir getan«, sagt sie, und auf diese Worte folgt eine dreistufige Analyse dieses an ihr gewirkten »Großen«, die zeigt, daß die Schwäche über den unberechtigten Stolz des Menschen auf sich selbst, über die Mächtigen und Reichen triumphiert. Von der Gestalt der Theotókos werden diese drei Machtstrukturen der Menschheit (Stolz, *exousía*-Autorität und materieller Reichtum) herausgefordert, ins Wanken gebracht und schließlich zerstört. Dieser Text, der das Beste der alttestamentlichen Prophetie zusammenfaßt, wird vom Evangelium der danksagenden Jungfrau Maria in den Mund gelegt als der Gestalt, durch die er sich verwirklicht und die für den in Christus neuen Menschen das Werkzeug ist, um in allen menschlichen Daseinsverhältnissen dynamisch präsent zu sein und so in der persönlichen Ethik und in ungerechten Gesellschaftsstrukturen radikale Änderungen herbeizuführen. Die Schwäche Marias verwirklicht die Stärke Gottes in der konkreten menschlichen Realität, so daß sie zum ewigen »Typos« der Grundwahrheit der christlichen Anthropologie wird.

Da Christen aller Traditionen sogar in Kirchenstrukturen und Theologie, in Weisheit und Autorität Macht suchten, neigten sie leider dazu, diesen Text emotional zu einer herrlichen Hymne zu machen und ihn seiner dynamischen Einwirkung auf ihr Leben und seiner revolutionären Sendung ihnen selbst und allen Arten von Ungerechtigkeiten gegenüber zu berauben, die durch den Machtmißbrauch in der Welt verursacht werden. Die Theotókos als die Verkörperung der Macht Gottes in menschlicher Schwäche ist so um ihre wichtigste Rolle in der kirchlichen Gemeinschaft gebracht worden, die in der Welt ringt, und es besteht die Gefahr, daß sie so nicht richtig auf die Christen einzuwirken vermag, damit sie den »neuen Menschen« als die in Christus neugewordene menschliche Person verstehen und verwirklichen. Da sie sich allzu sehr auf Lobpreis verlegt, schwebt die östliche Tradition ebenfalls in Gefahr, passiv zu bleiben gegenüber diesem dynamischen Urbild eines folgerichtigen revolutionären Einwirkens auf alle Bereiche des persönlichen und kollektiven Lebens, die von der Eitelkeit des menschlichen Stolzes und unberechtigtem Machtdurst durchdrungen sind. Zeremonielle Verherrlichung und menschlicher Gefühlsüberschwang bedrohen die richtigen und selbstverständlichen Auswirkungen des dynamischen Urbilds der Theotókos auf die personale und soziale Ethik.

Zum Glück haben die geschichtlichen Verhältnisse den meisten alten orthodoxen Kirchen, die immer und immer wieder hartem Martyrium ausgesetzt sind, die Dialektik der Schwäche enthüllt. Die Theotókos wurde so zu ihrem zentralen Herd und Trost. Sie bewahrte das Gottesvolk ungeachtet seiner Strukturen und äußeren Erscheinungsform in der Schwäche und schuf als ihr Rückgrat eine Reihe schwacher, desolater Gestalten, die Märtyrer, welche lebendige Zeugen für das Beispiel des dem Bild des Panhagía entsprechenden Leidensknechtes sind. Es bleibt noch abzuwarten, wie im Zusammenhang mit diesem Zeugnis Maria im weltlichen Bereich der gesellschaftlichen Ungerechtigkeit schöpferisch zu einer dynamischen orthodoxen Haltung anzuregen vermag.

2. Mann und Frau im Heilswerk

Man kann nicht von der Theotókos Maria reden, ohne die in der Inkarnation des Logos wieder berichtigte Beziehung zwischen den beiden Geschlechtern zu würdigen. Obwohl der menschlichen Erscheinungsform nach ein Mann, wurde der Logos, ohne das eine Geschlecht zu diskriminieren und dem anderen einen qualitativen Vorrang zu geben, beiden Geschlechtern gerecht, da er ohne Zutun eines Mannes von einer Frau auf die Welt gebracht worden ist. Die »Parthenogenese« (jungfräuliche Geburt) trägt ganz besonders zu dieser Berichtigung bei, da sie die Ordnung des Sündenfalls in der biblischen Erzählung über den Eintritt der Ursünde in das Menschengeschlecht umkehrt. Im Gegensatz zu der, welche die Verführung in die gesamte Menschheit eintreten ließ, erfreut sich nun die neue Eva des Gnadenvorrangs gegenüber allen Männern.

Von diesem Blickwinkel aus und in dieser Sicht gesehen, steht die Theotókos als eine Frau für die ganze Menscheit da, die aus Männern und Frauen besteht, welche miteinander erneuert und berufen sind, zu »neuen Menschen in Christus« zu werden. So wie die Verführung durch eine Frau sich auf beide, Frau und Mann, erstreckt hat, ist nun kraft der Inkarnation durch die Theotókos das ganze Menschengeschlecht durch eine Frau wiederhergestellt. Die Verführung wurde nicht nur durch das »schwache Geschlecht« der Menschheit herbeigeführt, sondern die Frau ist verführt worden als die ganze Menschheit in der Solidarität der Sünde, da sie das die Gnade und das Leben empfangende Element darstellt, gleichzeitig aber den Mißbrauch der Freiheit, der zum Bruch der Gemeinschaft mit Gott (und in diesem Bruch besteht die Sünde) führt, so daß die Schöpfungs- und Kreativitätsordnung, deren »Typos« das männliche Element ist, erschüttert wird. Der Umstand, daß die weibliche Person allein teilhat an der Erlösungstat der Inkarnation des Logos, der in Gestalt einer männlichen Person, eines Mannes, in der Geschichte erscheint, rekapituliert sie die ganze Menschheit im solidarischen Empfang der Gnade und kennzeichnet trefflich das Element, das in Gottes Schöpfungstat das Leben empfängt. In der Erhebung der Theotókos wird durch die Schöpfungs- und Erlösungstat Gottes die gesamte Menschheit, Männer und Frauen, in absoluter Vereintheit und tiefer qualitativer Gleichheit erhoben.

Innerhalb dieser Solidarität und Gleichheit weist die Theotókos auf die gottgeschenkte arteigene Rolle der Frau als des empfangenden Elements in der Erlösung hin und betont, daß die Gnade von Gott allein stammt. Diese Rolle verkörpert das zärtliche Wohlwollen, womit Gott aus seiner Liebe als aus seinem Wesen heraus erschafft. Indem er die Jungfrau Maria zum Werk der Inkarnation des Logos ausersah, erwählte Gott den in seiner Schöpfung zärtliche Liebe verkörpernden Akt und schloß die harte, angriffige, mit Gewalt sich durchsetzende, um die Macht kreisende viril-maskuline männliche Rolle aus. Paul Evdokimov, der diese Interpretation der Theotókos vorlegt, analysiert treffend die weibliche und die männliche Rolle in der Erlösungstat Gottes und preist die weibliche als diejenige, die das empfangende-darbringende-opfernde Element darstellt in Gestalt des »Lammes Gottes«, das vor der Grundlegung der Welt als Opfer dargebracht wurde«. Gott weist »die maskuline Lösung als extravertierte gewalttätige Kreativität im Dienst der Macht und Herrschaft des Mannes« zurück, da nach dem Fall »für den Mann Leben gleichbedeutend ist mit Besitzen, Erobern und zu diesem Zweck Kämpfen und Töten«, während für die Frau Leben (nach der in Maria geschehenen Inkarnation) »das Leben gebären, behüten und beschützen durch die Hingabe ihrer selbst bedeutet. Der Mann gibt sich hin, um den Sieg zu erringen; die Frau rettet, in dem sie zur puren Opfergabe wird«[18]. In dieser Wesensbestimmung verwirklicht in der Person Marias die Frau im Heilswerk die gottgeschenkte ewige Stelle und Rolle der gesamten Menschheit, die durch den inkarnierten Logos in die normale Beziehung der liebenden, freien Gemeinschaft mit ihrem Schöpfer zurückversetzt worden ist.

3. Die Theotókos als die eschatologische Vision des neuen Menschen

Eines der kraftvollsten und erhabensten Bilder der Bibel ist das im Buch der Johannesoffenbarung geschilderte »große Zeichen am Himmel: eine Frau, mit der Sonne bekleidet; der Mond war unter ihren Füßen und ein Kranz von zwölf Sternen um ihr Haupt. Sie war schwanger und schrie vor Schmerz in ihren Geburtswehen«. Gegen sie und ihr Kind kämpft ein »feuerroter Drache«, doch erfolglos, denn die Frau ist von der Gnade Gottes behütet und erhält mitsamt ihrem Kind einen »Zufluchtsort in der Wüste«, wo sie von Gott mit Nahrung versorgt und behütet wird (Offb 12,1–17).
Dieses Bild schildert in lebhaftesten Farben den Vorgang der ewigen

Regeneration des Lebens nach der Inkarnation und das Ringen um die Schaffung des »neuen Menschen« als der neuen menschlichen Person in Christus im Streben nach ihrer schließlichen Erfüllung kraft der Gnade Gottes am Ende der Zeiten. Beinahe alle Kirchenväter im Osten und Westen sowie die Reformatoren und moderne Exegeten, die diesen Text auslegen, erblicken in diesem Bild aufgrund der Geburt Christi »durch eine Frau« die Kirche als die Mutter der in Christus wiederhergestellten Menschheit[19]. Dieses Bild faßt in den Schlußkapiteln der Bibel die göttliche Heilsordnung zusammen im Blick auf das beständige Ringen »in Geburtswehen« um die geistliche Wiedergeburt aller Gläubigen. Sie haben sich nach dem Beispiel des harten Leidenslebens im Kampf gegen die Sünde zu richten, aber in Herrlichkeit im Licht des Endsiegs über das Böse durch die göttliche Mutterschaft der Theotókos in der Kirche. Die Theotókos ist die zentrale Gestalt, das Urbild, das Gott der Menschheit gibt, die um die Schaffung der neuen menschlichen Person in Christus und seiner Kirche ringt[20].

Schlußüberlegungen

Somit erhellt, von welch großer Bedeutung die Rede über Maria für das Leben und die Theologie der Kirche und damit für die christliche Anthropologie heute ist. Wir müssen heute unbedingt von einer mariologischen Anthropologie sprechen, wenn wir uns christologisch mit dem Platz der Jungfrau Maria in der Heilsordnung und ihrer Mutterschaft in der Kirche befassen[21]. Insbesondere kann uns dies behilflich sein, in unseren Erwägungen über das brennende Problem der Gemeinschaft von Mann und Frau in Kirche und Gesellschaft einen anderen Horizont zu erschließen. Die Erhebung und Verherrlichung Marias als der Theotókos und der Panhagía kann die Priorität des weiblichen Elements in einer neuen Sicht veranschaulichen. Auf ganz besondere, eigenartige Weise steht die Frau über dem Mann im Heilsvorgang und in der Bildung des neuen Menschen in Reue, Demut, Armut, sozialer Gerechtigkeit und Veränderung ungerechter Strukturen in ihrer patriarchalischen, einseitigen viril-maskulinen Starre, die in der technokratischen Welt und im mechanisierten Gesellschaftsleben von heute des charismatischen Wesens und Wirkens entbehrt.

Auf der anderen Seite kann uns dies die Leitlinien eines evangelischen

Feminismus aufzeigen, der nicht auf gleichen Rechten kraft gleicher Funktionen von Mann und Frau ruht. Der moderne Feminismus beraubt die Menschheit ihrer grundlegenden Differenzierung, die ihre Schönheit, Rechtschaffenheit und Freude ausmacht. Die »Vermännlichung« der Frau, um gegen die Geschlechterdiskriminierung zu kämpfen, bringt die Lösung des Problems vom richtigen Weg ab. Dieses Urteil ergibt sich aus der Funktion Marias in der Heilsgeschichte. Im christlichen Glauben ist das weibliche Element dominierend als das gemeinsame Wesen der Menschheit als ganzer, nach dem sich der Mann zu richten hat, indem er seinen Durst nach Macht und Herrschaft bekämpft. Deshalb hat sich, um die Gleichheit zu sichern, das Weibliche nicht mit dem Männlichen zu identifizieren. Im Licht einer authentischen Mariologie täte eine solche Haltung der Menschheit Gewalt an und beließe sie in ihrer harten, einseitig männlichen Funktion durch einen falschen, verkehrten Machtgebrauch.

Infolgedessen kann die Theotókos alle Strukturen der Kirche beeinflussen, indem sie deren Dienstamt charismatischer und geschmeidiger macht und von Despotismus, Klerikalismus und falschem Funktionärtum befreit. Als dem Mann vorbehaltene Funktionen werden die hierarchischen Ordnungen beständig herausgefordert, sich als in Liebe dienend und bezeugend zu erweisen dem »Typos« der Kirche entsprechend, wie er von der Panhagía inmitten des Gottesvolkes in die Tat umgesetzt wird.

Aus diesem Grund hat die Theotókos auch eine direkte Auswirkung auf die ökumenische Arbeit. Ihre Mutterschaft in der Kirche ist ein direkter Ruf zur Einheit der Kirche auf charismatischer Basis und fordert, daß wir vor Gott und im Gehorsam gegenüber Gott unsere Schuld gegenseitig bereuen. Wir haben im Glauben »zur vollen Mannesreife zu gelangen« (Eph 4,13), indem wir die Charismen der »Frau«, der Theotókos, schätzen, die alle Glieder des Leibes Christi als ihre Mutter in unzerbrochener Kontinuität zu der einen ungespaltenen Familie vereinigt. In der ökumenischen Bewegung wird den Vertretern der Kirche heute immer mehr bewußt, daß man sich auf Maria als den Einheitsherd von der menschlichen Seite her beziehen muß. Alle Arten von extremen Positionen in bezug auf den Platz der Theotókos in den Einheitsbestrebungen und in der Ekklesiologie nehmen langsam, doch fortschreitend eine Haltungsänderung vor.

In den Augen eines östlichen Orthodoxen ist es sehr ermutigend, daß der römische Katholizismus während und nach dem Zweiten Vatika-

nischen Konzil zu einer echt christologischen Mariologie zurückge-
funden hat, dogmatische Übertreibungen meidet und seine Solidarität
mit der christlichen Gemeinschaft neu bekräftigt[22]. Gleichfalls ermutigend ist es, daß die reformierte Theologie in ökumenischen Kreisen
im Bemühen um die Rückkehr zu der Lehre der großen Reformatoren
sich für die wichtige ekklesiologische Bedeutung interessiert, die der
Jungfrau Maria heute zukommt. So, wenn gesagt wird: »Der
Gedanke, daß Maria ein Sinnbild der Kirche ist, könnte immer noch
wertvoll sein, besonders für die Reformationskirchen. Er könnte diese
an eine Dimension erinnern, die sie großenteils verloren haben. Als
Sinnbild der Kirche erinnert uns Maria daran, daß die Glaubensge-
meinschaft nicht lediglich eine Gemeinschaft einzig im gegenwärtigen
Zeitpunkt ist, sondern eine Gemeinschaft, die durch die Jahrhunderte
hindurch andauert.«[23]

Von den orthodoxen Christen des Ostens wird erwartet, daß sie zu
diesen konvergierenden Linien in der Mariologie beitragen in einer
neuen, dynamischen, über bloßen Zeremonialismus hinausgehenden
Interpretation der zentralen Stellung der Theotókos in der kirchlichen
Gemeinschaft. Sie haben bei all ihrer reichen, berechtigten Verehrung
der Theotókos durch ihre Kultgemeinde sorgsam zu ergründen, von
welcher Bedeutung Maria für die heutige ökumenische Debatte in
ökumenischen Kreisen und insbesondere für die aktuellen Probleme
in Kirche und Gesellschaft ist. Damit werden sie fähig, sich im Verein
mit den anderen christlichen Traditionen zu bestreben, in und durch
die Ekklesía eine gerechte Gemeinschaft von Frauen und Männern
aufzubauen.

Anmerkungen

1. Johannes von Damaskus, Ekthesis tes orthodoxou pisteos, III, 2, in:
   D. Nellas, He Theotokos (Athen 1920) 24.
2. Alexandros von Alexandria († 328) verwendete diesen Begriff erstmals
   christologisch: Vgl. D. Nellas (Hg.), Nikolaos Kabasilas: Ho Theometor
   (Athen 1968) 24.
3. Athanasios d. Gr., in: Migne P. G. 26, 385, zitiert von J. Kalogirou in:
   Maria, die allzeit jungfräuliche Gottesmutter nach dem orthodoxen Glauben (auf griechisch) (Saloniki 1957) 36. Der Begriff findet sich in diesem
   Sinn hier und da bei Athanasios; vgl. P. G. 26, 349. 393. 517 usw.

4. Gregor von Nazianz, in: Migne P. G. 37, 177, zitiert von J. Kalogirou, ebd. 37.

5. Serge Boulgakov, Du Verbe Incarné. Traduit du Russe par C. Andronikoff (Paris 1982) 128.

6. Migne, P. L. 15, 1555, zitiert von D. Nellas, He Theotokos, a. a. O. 25.

7. Epiphanios von Zypern, in: Migne P. G. 42, 728.

8. Weitere Ausführungen zu diesem Punkt finden sich bei P. Evdokimov, L'Orthodoxie (Paris 1959) im Kapitel »L'aspect mariologique de l'Eglise« 148—154.

9. P. G. 77, 996, zitiert von P. Evdokimov, ebd. 149.

10. Bei D. Nellas, He Theotokos, a. a. O. 26.

11. Zu den verschiedenen möglichen Deutungen dieses Textes vgl. Max Thurian, Marie, Mère du Seigneur, Figure de l'Eglise (Les Presses de Taizé 1962) 212—231. Zu der alttestamentlichen Grundlage zum Verständnis der Rolle Marias im Mysterium des Bundes vgl. das Kapitel »La Fille de Sion«, ebd. 19 ff.

12. Ekthesis tes orthodoxou pisteos, A' 9, in: D. Nellas, He Theotokos, a. a. O. 25.

13. Ebd. B' 8, 27.

14. Zu der Haltung der östlichen Orthodoxen vgl. Johannes Kalogirou, a. a. O. (Anm. 3) 10—30 und die in unserer Bibliographie erwähnten Aufsätze von H. Alivisatos und P. Bratsiotis.

15. Johannes von Damaskus, Ekthesis…, B 1, in: D. Nellas, He Theotokos, a. a. O. 26.

16. Zu diesem Punkt vergleiche die ausgezeichneten Ausführungen von Max Thurian in: Marie, Mère du Seigneur, Figure de l'Eglise, a. a. O. 175—253.

17. Dieser Gedanke wird klar zum Ausdruck gebracht in: M. Siotis, Die Form der Verehrung der Theotokos durch die Kirche und die kirchliche Überlieferung über ihr Entschlafen (auf griechisch) (Saloniki 1950).

18. P. Evdokimov, La Femme et le Salut du Monde (Paris 1958) 151.

19. Zu der Interpretation dieses Textes und insbesondere zu dessen Zusammenhang mit der Prophetie des Alten Testamentes vgl. wiederum Max Thurian, Marie, Mère du Seigneur, Figure de L'Eglise, a. a. O. 262—281.

20. Wiederum Paul Evdokimov legt die Bedeutung dieses eschatologischen Bildes für die christliche Anthropologie dar. Er bezieht sich auch auf die bekannte psychoanalytische Deutung von Offb 12 durch C. G. Jung in seinem Buch »Antwort auf Hiob« und nimmt vom orthodoxen Standpunkt aus positiv dazu Stellung. Vgl. P. Evdokimov, La Femme et le Salut du Monde, a. a. O. 196. Zu unserem Thema vgl. vor allem Kap. III »La Theotokos, Archétype du Féminin« (207—221).

21. Wolfgang Beinert sagt in seinen Ausführungen über die Bedeutung der

Mariologie von heute aus anderer Sicht ebenso betont: »Die großen Themen der Marienkunde stehen nicht isoliert da, sondern sind die Musterbeispiele jeder theologischen Anthropologie«, in: Heute von Maria reden? (Freiburg/Basel/Wien 1973) 108.

22. Vgl. Walter Delius, Geschichte der Marienverehrung (München/Basel 1963); René Laurentin, Bilan du Concile (Paris 1963); ders., La question mariale (Seuil, Paris 1963); P. Stater (Hg.), Maria in der Offenbarung (Paderborn ³1962).

23. Lukas Vischer, Mary — Symbol of the Church and Symbol of Humankind, in: Mid-Stream Nr. 1, Jan. 1978 (Indianapolis) 12. Vgl. auch die sehr aufschlußreiche Sammlung von Aufsätzen über die ökumenische Bedeutung der Mariologie; veröffentlicht von der Ecumenical Society of the blessed Virgin Mary, Frucht der International Ecumenical Conference (London und Oxford 1979): Looking forward, in: One in Christ (1980) Nr. 1—2, 54—154. Vgl. auch R. Beaupère (Hg.) La vierge Marie (Mâme, Paris 1968) mit Beiträgen von P. Zobel, M. Caplain, H. Roux, A. Kniazeff.

Literatur

Orthodoxes Schrifttum

S. Boulgakof, Du Verbe Incarné. Traduit du Russe par C. Andronikof (Ed. L'Age d'Homme, Paris 1982) (vgl. vor allem 103—137).

P. Evdokimov, L'Orthodoxie (Delachaux et Niestlé, Paris/Neuchâtel 1959) (vgl. vor allem 148—170: L'aspect mariologique de l'Eglise).

P. Evdokimov, La Femme et le Salut du Monde. Etude d'Anthropologie chrétienne sur les Charismes de la Femme (Ed. Casterman, Tournai/Paris 1958).

V. Lossky, Essai sur la Théologie Mystique de l'Eglise d'Orient (Ed. Aubier, Paris 1944).

A. Kniazeff, Mariologie Biblique et Liturgie Byzantine: Irénikon 1955/3, 268—289.

L. S. Thornton, V. Lossky, E. L. Mascall, O. Florovsky, T. M. Parker, L. Gillet (ein anglikanisch-orthodoxes Symposion) The Mother of God (Dacre Press, London 1949).

Jean Damascène, Homélies sur la Nativité et la Dormition (Ed. Cerf, Paris 1961). (Vgl. vor allem die Einleitung von P. Voulet, 8—40).

P. Sherwood, Byzantine Mariology: Eastern Churches Quarterly, 14 (1962/8) 384—410.

V. Lossky, In the Image and the Likeness of God. (St. Vladimir's Press, New York 1974) (vgl. vor allem Kap. 11: Panagia, 192—210).

S. Brock, Mary and the Eucharist, in: Sobornost, Bd. 2 (1979) 50—60.
L. Gillet, Marie, Mère de Jèsus: Contacts 30ᵉ (1979) 361—376.
O. Clément, Féminisme Russe et Mère de Dieu. Chronique. Réponse à l'en-
quête du Conseil (Ecuménique des Eglises: Contacts (1980) 361—376.

In griechischer Sprache

Johannes Kalogirou, Maria, die allzeit jungfräuliche Gottesmutter nach dem
orthodoxen Glauben (Neudruck aus der Zeitschr. Gregorios Palamas) (1957)
1—176.
K. Dratselas, Die Theotokos und der Akathistos-Hymnos (Panagiotidis, Tri-
kala/Athen 1957).
Andreas Theodorou, Die Tochter des Gottesreichs, Theologischer Kommentar
zum Hymnos Akathistos (Orthodox Press, Athen 1977) 1—278.
Johannes von Damaskus, Vier Vorträge über die Gottesmutter, hg. von
P. Nellas (Hg. Ioannis Rossos Institut, Athen 1970) 1—290 (Einleitung und
Kommentar von P. Nellas).
Nikolaos Kabasilas, Theometor, hg. von P. Nellas (Einleitung und Kommen-
tar) (Hg. Institut Evangelistria Tinou, Athen 1968) 1—225.
E. Metelinaios, Die Theotokos Maria, die Tochter der Propheten (Apostoliki
Diakonia Press 1961).
P. Trembelas, Die Mutter des Erlösers (Zoe Press, Athen 1958).

Aufsätze betr. die Verkündigung des neuen Dogmas über Maria durch die
römisch-katholische Kirche

H. Alivisatos, Das neue Dogma: Ekklesia (Athen 1950) 354 ff. und 368 ff.
P. Bratsiotis, Über das neue Dogma: Ekklesia (Athen 1950) 398 ff.
Metropolit Eirenaios von Samos, Das neue Dogma der römischen Kirche:
Ekklesia (Athen 1950) 396 ff.
J. Karmiris, Das neue Dogma der römischen Kirche: Ekklesia (Athen 1951)
21—25.
M. Siotis, Die Verehrung der Dormitio der Theotokos. Die kirchliche Überlie-
ferung: Grigorios Palamas (Saloniki 1950) 107—192.
M. Farantos, Die Stellung und Bedeutung der Theotokos im Leben und
Glauben der Kirche: Dogmatische und ethische Themen (Ed. Eptalofos, Athen
1983) 259—279.
S. Papadopulos, Die allzeit jungfräuliche Maria: Religiöse und ethische Enzy-
klopädie, Bd. 1 (Athen 1962) 462—472.
J. Kalogirou, Maria: Religiöse und ethische Enzyklopädie, Bd. 8 (Athen 1966)
649—685.
K. Kalokuris, Maria (Ikonographie) ebd. 685—707.

Catharina J. M. Halkes

Maria — inspirierendes oder abschreckendes Vorbild für Frauen?*

Dieser Beitrag kann lediglich ein flüchtiger Exkurs sein zum Arbeitsplatz einer feministischen Theologin, die allmählich einen tieferen Einblick in das gewinnt, was in Bewegung kommt, wenn man sich in das Mysterium und das Symbol Maria vertiefen will. Es ist also keine Rede davon, daß hier *die* feministische Theologie über Maria zu Wort kommt; es wird vielmehr nur eine Zwischenbilanz gemacht über eine Expedition auf der Suche nach ihrer Bedeutung nicht allein für Frauen, sondern ebenso sehr für Männer. Und vielleicht wird dabei vor allem deutlich werden, daß dies einen Beitrag dazu liefern kann, den christlichen Glauben von Doppeldeutigkeit zu befreien.

Ich bin mir klar bewußt, daß das Bild Marias sowohl in einer auf den heutigen Stand gebrachten Theologie wie in der Volksfrömmigkeit bestimmt keine einheitlich lautenden Reaktionen bei feministischen Theologen hervorruft. Eben deswegen, weil Maria eine Frauengestalt ist, wird nur allzu schnell eine Verbindungslinie zwischen Maria und Frauen gezogen, die zu unkritischen Schlußfolgerungen führt. Wir können denn auch oft genug feststellen, daß im Endeffekt *Maria von feministischen Theologen als symbolische Identifikationsfigur abgelehnt* wird.

Warum ich mich selbst dafür entscheide, mich weiterhin mit dieser Gestalt zu befassen, hat eine ganze Reihe von Gründen:

a) Maria verlangt nach *Befreiung* von dem Bild, das man sich von ihr gemacht hat; sie verlangt nach Befreiung von den *Projektionen, die eine männliche Priesterhierarchie an sie geheftet hat.* Es rührt aus einem tiefen Gefühl der Solidarität oder der Schwesternschaft, daß ich sie nicht so einfach fallen lassen will.

* Aus dem Niederländischen übersetzt von Dr. Ansgar Ahlbrecht.

b) Es ist auch nötig, daß wir *Frauen befreien von noch herrschenden Marienbildern, welche auf Frauen beengend wirken.* Diese Bilder müssen deswegen analysiert und entlarvt werden.

c) Auch für die in Gang kommenden neuen theologischen Reflexionen auf Maria ist es von Belang, daß die feministische Kritik und daraus resultierende neue Ansätze zu Wort kommen. Noch immer gibt es männliche Theologen, die unbekümmert über Maria und das Weibliche schreiben, ohne den Erfahrungen, die durch Frauen selbst artikuliert werden, Rechnung zu tragen.

d) Maria ist für das ökumenische Gespräch immer ein Hindernis und ein Stein des Anstoßes gewesen. Feministische Theologie ist kraft ihres Ursprungs und ihrer Ausgangspunkte in ihrer Intention vor allem anderen ökumenisch. Sie muß sich daher in dieses mühsame Gespräch einschalten.

e) Vor allem aber belastet mich die komplexe Problematik, die bei näherem Zusehen in der wissenschaftlichen Beschäftigung mit Maria zum Vorschein kommt. Ich wage die Hypothese, daß an der Gestalt Marias wie an keiner anderen aufzuzeigen ist, wie ambivalent die Kirche und ihre Theologen sich hinsichtlich der menschlichen Sexualität und namentlich hinsichtlich der Sexualität von Frauen verhalten haben, und welche Umkehrungsmodelle und Mechanismen wirksam waren, um schließlich und endlich aus *Maria ein mögliches Modell* zu machen, *das gegen Frauen ausgespielt wurde*, das Männern gegenüber nicht kritisch ist und das die Kluft legitimieren soll, welche die Kirche zwischen (weiblicher) Sexualität und der Vermittlung des Heiligen offengelassen hat.
Ich lege großen Wert darauf, diese Motive zu formulieren. Sie klingen in diesem Beitrag an, ohne daß jedes einzelne besonders ausgearbeitet werden könnte.

I. Maria als historische und symbolische Gestalt

Wir verdanken die Gestalt Marias der Bibel, den Evangelien. Dort hat sie ihre Wurzeln; aber wir müssen dabei zugleich erkennen, daß Maria keine deutliche Gestalt annimmt, daß sie *kein deutliches*

Gesicht gewinnt. Sie ist die Mutter von Jesus von Nazaret, aber es geht den Evangelisten um die Verkündigung Jesu als des Messias, dessen natürliche Mutter und Brüder *im Gegenüber* zur *familia Dei* gezeichnet (Mk 3,31—35) oder jedenfalls relativiert werden.

Lukas zählt Maria zwar zu jenen, die das Wort Gottes hören und vollbringen, aber bei ihm steht auch das Wort Jesu, das die Seligpreisung der biologischen Mutterschaft, des Tragens, Gebärens und Stillens (Lk 11,27 f.) kritisch umbeugt auf den Wert der Jüngerschaft hin. Wir wissen, daß die beiden Kindheitsberichte in Mt und Lk später eingefügt worden sind mit dem Zweck, gläubig über das Mysterium der Inkarnation zu reflektieren. Namentlich bei Lukas liefern diese Kapitel einen lebendigen Bericht, der in zwei Begegnungen (mit dem Engel und mit Elisabet) und in zwei Schlüsselworten (»Fiat« und »Magnificat«) kulminiert.

Im Johannesevangelium schließlich tritt kaum eine konkrete, historische Maria auf; sie kommt hier nur in zwei Szenen vor, von denen die Szene am Fuß des Kreuzes immer mehr als eine theologische Symbolik verstanden wird: die Mutter — der Jünger: die *ekklesía*.

Es ist darum gut, wenn wir uns bewußtmachen, daß Maria — ungeachtet dessen, daß wir sie als *historische Gestalt*, als die Mutter Jesu, die ihre Wurzeln in der Bibel hat, gelten lassen — in der Tradition der Kirche eine *symbolische Gestalt* geworden ist. Die mariologischen Gedanken gehören mehr zu den symbolischen Themen als zum scholastisch-begrifflichen Denken (Wolfhart Pannenberg).

Mit anderen Worten: Der wichtigste Unterschied zwischen Christologie und Mariologie ist methodisch evident: Ist doch *die Christologie die Ausfaltung der Bedeutung eines historischen Ereignisses, während die Mariologie versucht, die Kennzeichen des neuen Menschseins in Maria zu personifizieren* (Pannenberg). Dieses Symbolische äußert sich schon, wenn — nach Iustinus, Dial. 100, 4 — Irenäus in Maria die Vertreterin der ganzen Menschheit sieht und den Parallelismus der (ungehorsamen) Eva und der (gehorsamen) Maria einführt.

In aller Deutlichkeit will ich hier mit Nachdruck feststellen, daß ich einer symbolischen Gestalt nicht weniger Bedeutung beimesse als einer historischen Gestalt, vor allem dort, wo es um die tiefsten Schichten der menschlichen Seele geht, zu denen doch jedenfalls die

Religion gehört. Aber es geht wohl um zwei verschiedene Gegebenheiten, Werte und Offenbarungen. Und diese Feststellung führt
mich schon zu der Schlußfolgerung, daß man, wenn man den
Reflexionen um Maria, die Jungfrau, Braut und Mutter, die Himmelskönigin, die Trösterin der Betrübten, gerecht werden will, mit
der Theologie allein nicht auskommt, sondern notwendigerweise die
Religionsschichte und die Religions- und Tiefenpsychologie mit zu
Rate ziehen muß.

II. Die Maria der Glaubenslehre und
die Maria der Frömmigkeit

Das Problem ist: Wie soll man die Geschichte der Marienverehrung
durch die gesamte Kirchengeschichte hindurch betrachten? Durch
die kirchliche Lehrautorität wurde Maria feierlich zur *theotókos*
(Ephesus 431) und zur *aeì párthenos* (Lateransynode 649) erklärt;
sie wurde vor der Erbsünde bewahrt (Dogma von 1854) und in den
Himmel aufgenommen (Dogma von 1950). Theologisch gesprochen
muß man feststellen, daß drei dieser vier Dogmen einen christologischen Inhalt haben und auf das Christus-Mysterium hinweisen;
das vierte und letzte bringt die vollendete Erlösung eines Menschen
zum Ausdruck.
Einerseits wird also eine Glaubenswahrheit *über* Christus *via* Maria
offenbart und festgelegt (er ist wahrhaft Mensch geworden und aus
einer menschlichen Mutter geboren; seine Geburt ist einer göttlichen Initiative zu verdanken, ohne geschlechtliche Vereinigung
zustande gekommen unter Beteiligung einer Frau, die um dessent-
willen, der aus ihr geboren werden sollte, von allem Anfang an vor
der Erbsünde bewahrt wurde), und andererseits *symbolisiert Maria
das endzeitliche Heil*, das allen Menschen bestimmt ist. Maria steht
nie für sich selbst, sondern ist immer *ein Verweis* auf etwas anderes
oder auf jemand anderen. Darum nun die Frage: Wer ist Maria
selbst?
Wir sehen den Zwiespalt schon in Ephesus, wo Maria den Platz der
Göttin Artemis einnimmt und dem für die Menschen unverzichtba-
ren Mysterium der göttlichen Mutter Gestalt verleiht. So entstehen
tatsächlich zwei Marien: *die Maria der Glaubenslehre*, in der stets
darüber gewacht wird, daß ihre Person der Person Christi unterge-

ordnet bleibt, so daß ihr Glanz dem Glanz Christi keinen Abbruch tut oder ihn verdunkelt. In der Glaubenslehre hat Maria ihren hohen Rang ganz und gar der Gnade Gottes und der Tatsache, daß sie Christus geboren hat, zu verdanken. Daneben und darüber hinaus lebt *die Maria einer wachsenden und gelegentlich überschwänglichen Frömmigkeit*, nicht allein die Maria des »gewöhnlichen Volkes«, sondern ebenso sehr die Maria männlicher Heiliger und Theologen wie etwa Bernhard von Clairvaux. Diese Frömmigkeit hat eine eigene Ausstrahlung. Sie ist etwas, das aus einem Urbedürfnis nach dem Lebengeben, Lebennährenden und Lebenbehütenden entspringt.

Solange diese Kluft noch weiter besteht, wird die Verwirrung bestehen bleiben, aber dadurch wird auch die Herausforderung verstärkt, tiefer zu blicken.

Genau aufgrund der Beziehung zwischen Christus und Maria, wie sie sich auf der Ebene der Lehraussage darstellt, hat eine Theologin wie Kari Elisabeth Børresen den Gedanken zurückgewiesen, Maria könnte ein inspirierendes Modell für Frauen sein. Maria stellt doch als der weibliche und untergeordnete Partner die Menschheit dar. Eine Mariologie, die darauf gründet, dient eher zur Rechtfertigung der traditionellen Geschlechterrollen, als daß sie davon befreien könnte.

In der Bildersprache von Bräutigam und Braut — Gott und Israel oder Christus und die Kirche — steht Maria für Israel und für die *ekklesía*, für die Gemeinde. In dieser Typologie steht die weibliche Identifikationsgestalt der Kirche in der Beziehung der Untertänigkeit zum Symbol des führungsgebenden Männlichen, oder mit anderen Worten: Das Männliche ist das initiative, das führungsgebende Prinzip; das Weibliche folgt diesem, aber es weicht auch vom Wege ab, ist — im Alten Testamtent — die treulose Hure.

Hier rächt sich der ausschließliche Gebrauch der Ehesymbolik durch eine hierarchisch orientierte kirchliche Theologie. Es gibt in der Bibel eine reiche Fülle von Bildern für das Verhältnis Gottes zu seinem Volk und Christi zu seiner Gemeinde, so etwa das Bild vom pilgernden Gottesvolk, vom Weinstock und viele andere. Jedes dieser Bilder ruft eine andere Vorstellung zu Hilfe, um sich dem Mysterium zu nähern, aber sie sind nicht voneinander ableitbar, und so relativieren sie denn auch einander. Überdies gelten sie nur für die Dimension der endgültigen Wirklichkeit, und man kann sie nicht auf die veränderlichen Wirklichkeitsverhältnisse in Gesellschaft und Kirche anwenden.

Übrigens machen es alle jene relationalen Symbole, in die Maria eingefügt ist, — die Tochter Gottvaters, die Mutter des Sohnes, die Braut des Heiligen Geistes — nicht einfacher, des Eigentlichen in der Gestalt Marias gewahr zu werden. Maria wird uns immer als ein »Beziehungswesen«, als ein »hyphen-being« dargeboten, als jemand, der immer als ein Zeichen der Verbindung mit jemand anderem verbunden ist.

Aber genau dagegen wendet sich jetzt der Protest der Feministinnen, die auf die Suche gegangen sind, sich selbst zu entdecken, und die bis an die tiefsten Wurzeln im Grunde ihrer eigenen Existenz hinabdringen wollen. Maria kann für sie keine inspirierende Identifikationsfigur sein, solange sie allein dazu da ist, um (auf Christus) zu verweisen, und solange sie in symbolischen Relationen für das Empfangende gegenüber dem Schöpferischen steht.

Mary Daly will die Assoziation von Maria mit »Göttin« und »Jungfrau«, die sich dem Würgegriff des christlichen Patriarchats entzogen haben, für die Entwicklung der Frauen heute und entgegen der Betonung der niedrigen Frau, die Maria als christliches Symbol erhalten hat, akzentuieren. Damit will sie die traditionelle Glaubenslehre in bezug auf Maria trennen vom »free-wheeling-symbol«, welches Maria ebenfalls ist; Maria, die universelle Göttin, die zahllose Namen erhalten hat, aber nur eine einzige Persönlichkeit. Eine solche Trennung gelingt natürlich nicht so ohne weiteres, und abschließend entfernt sich Daly in ihrem nächsten Buch von Maria in der Überzeugung, daß sie letztendlich die Vergewaltigung der Göttin symbolisiere und damit die Niederlage einer eher weiblich orientierten Gesellschaft und Religion.

III. Keine Ideologisierung der Rolle von Mann und Frau im Heilsgeschehen

Ich fürchte, daß, wenn wir weiterhin buchstäblich festhalten am Frausein Marias und am Mannsein Jesu, nicht nur Frauen keinen Schritt weiterkommen, sondern auch die gesamte Gemeinschaft der Kirche nicht. Noch immer wuchern üppig die Betrachtungen über die Weiblichkeit Marias, über ihre Empfänglichkeit und Demut und über die Notwendigkeit der unterschiedlichen Rollen: der Rolle des Mannes Christus, der nach außen hin auftrat, und der Frau Maria, die sich nach innen wandte.

So sehen wir denn auch die Konstruktion von *zwei Trinitäten* entstehen: Adam — Christus — der Mann, welche auf das Amt mit dem Papst als seiner letzten Spitze verweisen, und Eva — Maria — die Frau, die zum Laienstand gehören (Wolfgang Beinert). Diese Art von Bastelei mit Bildern ist lebensgefährlich, und dies meine ich buchstäblich. Denn eine derartige Prozedur hat den Tod zur Folge, weil erst sie die Kreisbewegung von unterschiedlichen Bildern in sich abschließt und keine neuen Verweise und Vergleiche mehr zuläßt. Dies ist eine Vergötzung und Verabsolutierung von Bildern, die zu Stereotypen geworden sind. Frauen werden daran gebunden und selbst dadurch normiert. Sie machen die Erfahrung von neuen, wirklich evokativen Symbolen unmöglich. Damit erstarren Christus und Maria selbst zu Prinzipien, und deswegen kann Maria keine lebendigen Impulse geben, welche Frauen kritisch machen. Anschauungen der Art wie diese: »So wie die Männlichkeit Christi für sein Heilswerk wesentlich ist, so ist auch die Weiblichkeit Marias wesentlich, um die sich für dieses Ereignis öffnende Kirche abzubilden« (Hauke) sind deswegen irreführend.

Wenn man feststellt, daß vom Geheimnis der Inkarnation — eines gottmenschlichen Ereignisses — zwei Menschen zutiefst betroffen waren, der männliche Mensch Jesus von Nazaret und der weibliche Mensch Maria von Nazaret, dann kann das nicht zur Folge haben, daß man diese lebendigmachende und den Menschen herausfordernde Gottesoffenbarung versteinert und zunichte macht dadurch, daß man der konkreten Ausformung dieses Ereignisses eine solche Bedeutung beimißt, daß von nun an anthropologisch und kirchlich-strukturell auch die Rollen von Männern und Frauen festgelegt sein sollen und die Frau sakaramental kein Heil vermitteln könne.

IV. Das subversive Magnificat

Eine von den wenigen feministischen Theologinnen, die sich thematisch mit der Gestalt Marias beschäftigt haben, ist *Rosemary Radford Ruether*. Auch sie hat zunächst alle Formen von Mißbrauch sichtbar gemacht, welche die Kirche mit Maria getrieben hat, um Frauen ihren Platz anzuweisen. Rosemary Ruether hat die Möglichkeit untersucht, eine »Befreiungsmariologie« statt einer einschränkenden Mariologie zu entwickeln.

Seit die lateinamerikanische Befreiungstheologie das *Magnificat als Inspirationsquelle* verwendet, um die messianische Wirklichkeit in den menschlichen strukturellen Verhältnissen konkret zu machen, haben feministische Theologinnen darauf hingewiesen, daß man dann die Frage aber gut im Auge behalten müsse, wer denn dieses prophetische Befreiungslied gesungen habe oder wem dieses Lied in den Mund gelegt worden sei. In seiner Enzyklika »Marialis Cultus« von 1974 bringt Papst Paul VI. diese Verbindung ausdrücklich zur Sprache (zieht aber keine klaren Konsequenzen daraus). Rosemary Ruether: Eine Mariologie, die vom Magnificat her entworfen ist, kann *eine wichtige Schaltstelle sein zwischen feministischer Theologie und Befreiungstheologie.*

Damit kommt ein Brocken Dynamit in das schwerbefestigte Kirchengebäude hinein, und zwar an eine Stelle, an der sich bisher ein traditionelles Heiligenbild befunden hatte. »Es ist an uns, die wir an feministischer und Befreiungstheologie interessiert sind, dieses Stück Dynamit zur Explosion zu bringen und die Außenschicht des Bildes wegzublasen.«

Als Maria ihre Base Elisabet besucht, gerät sie nicht in Begeisterung, weil sie schwanger ist, sondern verherrlicht Gottes befreiendes Handeln, eben weil sie selbst das befreite Israel ist: *Die Gedemütigten werden erhöht werden.* Sie singt in ihren radikalen, subversiven Worten sozusagen ein Präludium auf die Bergpredigt im Lukasevangelium und auf die Eröffnungsrede Jesu in Lk 4. Mit anderen Worten: Jesu Botschaft ist zuallerst bestimmt für alle Randexistenzen, die in der unansehnlichen Frau Maria abgebildet sind. In ihrer Treue und an ihrem Glauben an den Messias ist Maria vornehmlich die Personifizierung der Kirche, das messianische Israel — aber nur dann, wenn dieses Bild bis in die tiefsten Konsequenzen hinein gesehen wird: die Entledigung von Macht und die Umgestaltung zur Dienstbereitschaft. So wie Gott sich seiner selbst entledigt hat zum Dienst in Christus und wie Christus sich selbst entledigt hat zum Dienst an der Befreiung seines Volkes, so wird Maria das befreiende Handeln Gottes fortsetzen in der Welt: Die letzten werden die ersten sein, und diejenigen, welche herrschen, werden sich auf den Weg zum Gottesreich unter die Armen einreihen müssen, deren Haupt und Vorbild Maria ist. So Rosemary Ruether.

Ganz konkret möchte ich hier noch die Frage nach der Bedeutung der Marienverehrung stellen, wenn es um die Befreiung oder um die

Unterdrückung eines Volkes geht, insbesondere in Lateinamerika oder in Polen. Ich denke etwa an die Marienerscheinung in Guadelupe im Jahre 1531, zehn Jahre nachdem die einheimische Bevölkerung Mexikos und ihre bedeutende präkolumbianische Kultur von den weißen, christlichen Europäern überfallen, unterworfen, entmachtet und »missioniert« wurde. Diese »Liebe Frau von Guadelupe« ist die Identifikationsgestalt des seinen ureigensten Wurzeln entfremdeten mexikanischen Volkes geworden. Sie erschien auf dem heiligen Hügel von Tepeyjac, der heiligen Stätte der indianischen jungfräulichen Göttermutter Tonantzin. Sie war von Musik begleitet, in den Augen der Indianer *das* Mittel göttlicher Kommunikation, und ein Indianer hörte sie in seiner eigenen, unterdrückten Sprache sprechen. Ihre Bitte um Errichtung eines Tempels war im Grunde eine Bitte um eine neue Art zu leben, eine Art zu leben, die sich an die ureigenste Lebensart der einheimischen Bevölkerung anschloß. Zwei Jahrhunderte hat es gedauert, bis die Kirche diese Jungfrau Maria anerkannte und in die offizielle Liturgie aufnahm. Aber der Kirche ist es nicht gelungen, diese Tradition abzukapseln und unschädlich zu machen. Der Theologe Elizondo, auf den ich mich in diesem Zusammenhang beziehe, drückt es folgendermaßen aus: Der Aufmarsch von Guadelupe (von den Mächtigen auf Folklore reduziert) ist die Stimme der Massen, die die Elite dazu auffordert, von ihren ökonomischen, sozialen, politischen und religiösen Thronen herabzusteigen...
»Die Aufgabe des Theologen ist nicht die Heiligsprechung oder Zurückweisung der religiösen Symbole des Volkes, sondern deren fortwährende Interpretation in bezug zum gesamten Evangelium.« Auf diese Art muß sie nicht verfremdend und unterdrückend wirken, sondern rettend und befreiend, und die Liebe Frau von Guadelupe kann für Millionen unterdrückter Menschen »der Tempel sein, in dem und durch den die rettende Anwesenheit Christi fortwährend auf dem Boden der beiden Amerika gegeben ist«.
Ich glaube, daß Maria hier in diesem Kontext primär als Symbol der Befreiung des armen Volkes und als Aufruf dazu sowie zum Abstreifen des beengenden Gewandes der Entfremdung fungiert, da sie die Identifikationsgestalt für die Eigenheit eines Volkes ist. So kann diese Befreiung durch ein weibliches Symbol positiven Einfluß auf die Bewußtwerdung von Frauen und ihren Kampf gegen den immer noch üppig wuchernden Machismo haben. Und dann stoßen wir noch auf die Haltung der offiziellen Kirche und auf die Art, in der einige

Bischöfe oder Priester mit dem Mariensymbol umgehen und Frauen damit »kleinhalten«. Dem steht wieder die »Volkskirche« gegenüber, die Menschen der Basisgemeinden, die sich nicht länger abkapseln lassen. Sheila Collins schreibt hierüber das folgende: Die Befreiungstheologie hat große Kreativität und Phantasie entwickelt, wodurch sie in der Lage ist, zu heilen und zu trösten. Ihre Kraft ist dort am größten, wo die Symbole des Glaubens zu transformierenden Kräften einer gemeinsamen politischen Erfahrung werden. Vor allem gilt dies für die Länder wie Nicaragua, wo eine faszinierende Form der Volksfrömmigkeit entstanden ist, eine Kombination aus Elementen vorspanischen, indianischen Volksglaubens, des Katholizismus sowie politische Proklamation und Aktion. Hier wird das − traditionell unterdrückende − Symbol der Jungfrau Maria dadurch vollkommen verkehrt, daß Frauen, welche bei der Befreiung ihres Landes eine große Rolle gespielt haben, ihrerseits ihre religiöse Erfahrung transformieren. In den Tagen der Vorbereitung des Festes der Unbefleckten Empfängnis (8. Dezember) wurde die Jungfrau Maria als eine junge Frau, als ein Schulmädchen, als eine Studentin, als eine Bäuerin gefeiert, die im Kampfe für die Befreiung ihres Landes Qualen erlitten hatte. In einer Prozession, mit der man den gefallenen Heldinnen und Helden gedachte, wurde Maria als diejenige aufgerufen, die dem Volke bei der Vertreibung der Somoza-Anhänger geholfen hatte.

Inzwischen ist wohl deutlich geworden, daß die Marienverehrung eine äußerst komplexe Angelegenheit mit zahlreichen Facetten ist. Die polnische Maria etwa ist eindeutig eine Quelle der Kraft und Inspiration für ein Volk, das dadurch befähigt wird, seinen Kampf um Identität und Unabhängigkeit durchzustehen. Aber wirkt sie auch − jedenfalls in unseren Augen − im Glaubens- und Kirchenerlebnis befreiend, und erfahren Frauen durch sie eine eigene Transformation?

V. Die Aufgabe feministischer Theologie

Zu Beginn dieses Beitrags habe ich schon deutlichgemacht, daß ich mich auch darum immer noch mit Maria befassen will, weil ich in feministischer Theologie nicht bloß eine reaktive Theologie sehen möchte, die wegwirft, was ihr nicht gefällt, und zwar aus (berechtigtem) Zorn und als Reaktion auf eine schlimme Wirkungsgeschichte im Gefolge eines Machtmißbrauchs durch die Kirche. Wer weiterhin von Israel und dem Evangelium her seinen Ausgang nehmen will, hat mehr zu tun, als etwas wegzuwerfen; der wird vielmehr kritisch nach den Wurzeln der Geschichte, der Sprache und der Bilder, des konkreten und immer wieder sich ändernden Kontextes Ausschau halten müssen, um zu analysieren, was kontingent ist und was wesentlich, was offenbart ist und was als Anhängsel entfernt werden muß.

1. Relativierung der Mutterschaft

Ich stelle sodann fest, *daß die Mutterschaft Marias einmalig von fundamentaler Bedeutung gewesen ist, daß sie aber nicht dazu gebraucht werden darf, um Frauen auf die Mutterschaft zu fixieren.* Eben in den Evangelien hören wir konkret, wie stark die körperliche Mutterschaft von Jesus relativiert wird durch die Betonung, die er in seiner Verkündigung auf die *familia Dei* legt: auf das Hören und das Vollbringen von Gottes Wort. Darum dürfen Gebären und Nähren für sich genommen nicht seliggepriesen werden, sondern es geht darum, Christus nachzufolgen — wenn nötig auch unter Bruch von zu sehr einengenden Bindungen.

Nun ist es aber einmalig an Maria, daß bei ihr die Haltung des »Hörens und Tuns« zusammengeht mit ihrem Mutterwerden, ja daß sie sogar die Voraussetzung für dieses Mutterwerden war. Das Unglück ist nur, daß ihr »Fiat« durch eine Männerkirche als jene furchtsame und passive Reaktion auf ein überwältigendes Wort Gottes ausgelegt wurde. Das sagt aber schon alles über die Interpreten. Maria gibt doch frei und aktiv ihr Jawort als eine autonome Person, die in gläubiger Empfänglichkeit offen ist für Heil von Gott her und die darauf antwortet. *Wenn* man hier überhaupt von Abhängigkeit sprechen will, dann machte Gott sich abhängig von den Menschen, und der Mensch war empfänglich für Gott.

Diese Haltung positiver und *kreativer Empfänglichkeit* ist die Glaubenshaltung schlechthin: horchen auf das Wort und dieses dann vollbringen; eine Forderung also für jeden Gläubigen, und dennoch in unserer Männerkirche und Kultur in erster Linie für Männer geltend. Da liegt auch der Ansatz für das Ablegen von Macht. Der Mißwuchs in der Mariologie kommt aus der Anomalie des Mannes (Georges Tavard), der diese Rezeptivität verkommen lassen hat. Die übersichtliche Festlegung der Geschlechter, bezogen auf eine Verteilung auf einzelne Strukturen, ist nur zu erklären aus einem Machtdenken, für das jede lebendige Veränderung in erster Linie unübersichtlich und bedrohlich ist.

Kommen wir nun von Marias *Fiat* (Lk 1,38) zu ihrem *Magnificat* (Lk 1,46 ff.). Was mich darin immer besonders betroffen macht, ist, daß hier gerade *in der Begegnung zweier Frauen*, die beide eine Rolle in der Heilsgeschichte spielen, die beide schwanger gehen mit prophetischem Leben, der Funke des Geistes übersprang. Auch Elisabet wurde über sich selbst hinausgehoben, das Kind bewegte sich in ihrem Schoß, und dies alles verschaffte Maria das Klima für ihre prophetische Vision.

2. Kritisch-feministische Schriftauslegung

Eben in solchen Situationen kreativer Interpretation der Schrift und vor allem der herrschenden Bilder sehe ich den Auftrag feministischer Theologie. Unsere erste Aufgabe ist es, »Schutt beiseite zu räumen«, ikonoklastische Fragen zu stellen und Dynamit anzubringen. Das letzte nicht etwa, um die Wurzeln der göttlichen Offenbarung oder den Kern der befreienden evangelischen Botschaft wegzufegen, sondern um die halsstarrigen Kirchen- und Denkstrukturen, welche diese Offenbarung verdunkeln und den Menschen den Zugang zu ihr verbauen, aufzubrechen.

Diese Prophetie kann übrigens nur dann fruchtbar und heilsam wahrgenommen werden, wenn wir »pendeln« zwischen »Fiat« und »Magnificat«, d. h. wenn der feministische Protest keine geschlossene Ideologie wird, sondern offen und zugänglich bleibt für das Wirken des Geistes. Erst dann kann aus Protest auch Prophetie werden. Wenn Frauen sich vom Magnificat inspirieren lassen, könnten Männer sich unterdessen die exemplarische Haltung des gläubigen Menschen in Marias »Fiat« bewußtmachen und diese dadurch realisieren, daß sie sich wirklich ihrer Diktate entledigen. »Fiat« bedeutet nicht eine Dienstbereitschaft von oben herab, sondern sich vertrauensvoll auf die »Unübersichtlichkeit« der armen, leidenden, zum Schweigen gebrachten Menschen einzulassen. Es ist unverkennbar, daß es in der Wirklichkeit von Gottes Offenbarung kein »männlich oder weiblich« mehr gibt (Gal 3,28), sondern nur ein Einssein in Christus. Auf dieses Ziel hin müssen wir aufbrechen, aber jeder muß hier noch lernen.

3. Überwindung der patriarchalen Vereinseitigungen

Einen fesselnden Bericht über eine Expedition zur Aufspürung der Bedeutung Marias hat Andrew Greeley erstattet in seinem Buch *The Mary-Myth. On the feminity of God*. Für ihn ist *Maria Symbol für die weiblichen Seiten Gottes*, und diese Entdeckungsreise muß ihn als einen poetischen Mann, der sensibel ist für Symbolik und Metaphern, vertrauter mit seiner *Anima* gemacht haben. Aber für Frauen ist das Buch nicht sehr befreiend, weil Greeley eben bei den vertrauten und traditionellen Symbolen anknüpft, die zwar ihm überraschende neue Einsichten offenbaren, die aber für Frauen nicht befreiend wirken.

Maria — Ausdruck der weiblichen Züge Gottes? Maria — das weibliche Gesicht der Kirche? Maria — der weibliche Mensch, einzigartig durch ihre Rolle in Gottes Inkarnation und dadurch als erste umgewandelt zur Prophetin, zur Dolmetscherin von Gottes Heil und realisierend, wozu wir alle berufen sind: erfüllt zu sein mit göttlichem Geist, geheiligt und *vergöttlicht?*

In diesem Augenblick neige ich dazu, mich für die letzte Möglichkeit zu entscheiden, aber ich füge sofort hinzu, daß ich dann dem Problem doch noch nicht entronnen bin. So sehr uns eine Befreiungsmariologie auch ein Stück weiterhilft, damit rühren wir doch noch nicht an die tiefsten Schichten der menschlichen Seele. *Es ist merkwürdig, daß die katholische Kirche zwar das im Patriarchat unterdrückte Jahrhunderte alte »Weibliche« wieder sichtbar macht, zugleich aber an seinem Offenbarungsgehalt vorbeigeht und leugnet, was zu allen Zeiten in diesem Weiblichen von Menschen an Göttlichem erfahren wurde.* Das ist die Wurzel der ambivalenten Haltung, die durch alle Epochen hindurch eine doppelgesichtige Marienverehrung durchzieht und begleitet.

Es ist denn auch bezeichnend, daß bei feministischen Theologen ein großes Interesse besteht für Kulturen aus der Zeit vor dem Patriarchat, in denen die Göttin die Urdimension symbolisiert. So entdecken sie z. B. neu, daß die kirchlichen Mariendogmen anschließen an die großen Visionen und Bilder der alten Religionen, daß sie aber deren Bedeutung drastisch verändern. Um nur ein Beispiel zu nennen: Das Dogma von der Jungfräulichkeit Marias knüpft an das alte Mysterium der großen Göttin an, die Jungfrau war. Dort aber hatte »Jungfrau« die *Bedeutung von Eigenständigkeit*, von In-sich-selbst-Geschlossenheit, und nicht ein Absehen von eigener Sexualität. Die Göttin war für ihre Fruchtbarkeit nicht abhängig von einem Mann und wurzelte in sich selbst.

In der Marienverehrung ist Marias Jungfräulichkeit ursprünglich ein kultischer Aspekt mit der Bedeutung, daß sie ganz offenstand für das Transzendente — unter Absehen von jeder geschlechtlichen Beziehung. Wiewohl auch darin schon eine grundlegende Bedeutungsveränderung auftrat, so sollte diese doch noch weiter verengt werden auf einen asketisch-moralischen Aspekt hin. Dadurch wurde der Marienverehrung und damit auch dem sexuellen Erleben ein bleibender Stempel aufgedrückt.

Ein anderes Beispiel ist die Verbindung von Maria mit der Mondgöttin, dem alten weiblichen Bild für das Auf und Nieder der Gezeiten, für Wachsen, Fülle und Abnehmen, für Licht und Dunkel. Schon sehr früh hat man die Einteilung des Mondzyklus in viermal sieben Tage in Verbindung gesehen mit dem monatlichen Zyklus der Frau. Sie galt als Urbild der fortwährenden Erneuerung von Leben und Tod, als Ureinheit von Geburt und Sterben, als Ursprung allen Lebens und der Fruchtbarkeit (Eugen Drewermann). Es ist denn auch nicht verwunderlich, daß in der Marienverehrung aller Zeiten verheiratete Frauen zu Maria um Fruchtbarkeit gebetet haben und daß sie als machtvolle Fürbitterin erfahren wurde »in der Stunde unseres Todes«.

Im Zusammenhang mit einer besseren Einsicht in die Bedeutung der uralten Bilder und Mythen ist ebenso das Wissen um die Religions- und Tiefenpsychologie vonnöten, um wirklich zu verstehen, was Menschen in ihrem Unbewußten mittragen an Sehnsüchten und Bedürfnissen. Alles deutet darauf hin, daß namentlich der westliche Mensch auf der Suche ist nach seiner verlorenen oder verdrängten Seele, nach der *Anima*, welche die transzendente Dimension in unsere Existenz integriert. Solange die Theologie und die Mariologie die weibliche Leiblichkeit, Erotik und Sexualität als Bedrohung und Erniedrigung des Menschen stigmatisieren, wird das Weibliche als etwas Beängstigendes erlebt werden und als etwas Gefährliches und Verführerisches rationalisiert werden.

Eben durch eine grundlegende Vertiefung der Mariologie, in der wir zu glauben wagen, daß Gott sich in »Urszenen« ausspricht (Drewermann), könnten wir einen Damm aufwerfen gegen die Gewalt und die *zerstörerische Wirkung einer »Vaterwelt«*, in der Macht, Leistung und Rationalität im Mittelpunkt stehen und so einseitig und damit mißbildend gewirkt haben, daß sie auch die Religion atheistisch gemacht haben. *Erst wenn die Kirche alle Aspekte der »Großen Mutter« in den Blick zu nehmen wagt, können Frauen zu ihrem Recht kommen und kann eine gesunde und geheilte Mariologie sowohl für Frauen wie für Männer heilsam wirken.*

Eine wichtige Untersuchung über die Geschichte der Diversität von Marienbildern, die mit der Geschichte von Frauenbildern im Laufe der Jahrhunderte zusammenhängen, ist die Arbeit von Marina Warner »Alone of all her sex«. Dort können wir anhand von fünf der wichtigsten Bilder (Jungfrau — Königin — Braut — Mutter — Fürsprecherin) die immer wieder wechselnden Akzente und Projektionen hinsichtlich der Mariengestalt unterscheiden, je nach ökonomischer, sozialer und (kirchen-)politischer Situation.

Eine noch wichtigere, weil fundamentalere Einsicht in die gesamte Problematik hat mir eine Untersuchung von Eugen Drewermann verschafft. Er stellt die Ungereimtheit des katholischen Lehramtes bloß, wenn es erklärt, die Glaubenslehre allein mit Bibel und Tradition fundieren zu wollen, und gleichzeitig versucht, die Mariendogmen zu verteidigen und zu erklären. In dieser Hinsicht kommen wir weder mit der Bibel allein noch mit der Tradition der ersten drei Jahrhunderte weiter. Daher also der Widerstand der protestantischen Theologie, die sich an zahllosen Elementen der Mariologie stößt und sie als Relikte aus einer »heidnischen« Kultur rund um das Mittelmeer bezeichnet. Daher auch das Mißfallen zahlreicher außerkirchlicher Menschen über die Erhebung der Marienfigur in den Himmel und Unterdrückung von Frauen in der Kirche auf Erden.

Gerade anhand der Glaubensbedeutung Marias könnte die Kirche ihr Selbstverständnis in tieferen Schichten zum Ausdruck bringen. Drewermann nennt hier vier wichtige Aspekte:

— Bei den Fundamenten der theologischen Wahrheit muß dasjenige mit in Betracht gezogen werden, was überall und immer wieder in den »heidnischen« Gottesdiensten konstant auftaucht. Der Autor geht also weiter als Vincentius von Lerin, der formulierte, daß das, was alle Gläubigen zu allen Zeiten und überall in der Kirche geglaubt haben, als katholische Wahrheit anzusehen ist. Drewermann hält dies für zu eingeschränkt und für nicht übereinstimmend etwa mit der Wirklichkeit um die Mariendogmen. Er schlägt vor, daß die Kirche als Wahrheitsprinzip formulieren könnte: Was die *Menschen* zu allen Zeiten und überall geglaubt haben, und was unabhängig voneinander in der Religionsgeschichte immer wieder für wahr gehalten wurde und gehalten wird, trägt den Anspruch auf göttliche Wahrheit in sich. Oder, noch anders gesagt, als Fundierung einer katholischen Anthropologie: Es ist nicht denkbar, daß Gott den Menschen so geschaffen hat, daß bestimmte religiöse Inhalte sich immer wieder mit evidentem Charakter dem menschlichen Bewußtsein aufdrängen, ohne wahr zu sein. Der Gott der Schöpfung ist kein böswilliger Gott oder böser Weltenschöpfer (99). Die Mutter Gottes als Ursprung allen Lebens gehört, religionshistorisch gesehen, zu den ältesten religiösen Anschauungen der Menschheit.

— Die Veränderung der religiösen Symbole des Glaubens liegt eher in den archetypischen Bildern des Unbewußten beschlossen als in den Kategorien des Verstandes und in der Berufung auf die *externe* Realität historischer Tatsachen.

— Die Kluft zwischen Katholizismus und Protestantismus ist die Folge des inneren Widerspruches innerhalb der katholischen Theologie selbst, da diese »heidnische« Elemente in ihre Lehre aufgenommen hat, ohne eine adäquate Theologie zu entwickeln, die es wagt, für das Zeugnis der Religionsgeschichte und der tiefsten Schichten der menschlichen Psyche offen zu sein, anstatt diese polemisch zu bekämpfen.

— Die Dogmen der katholischen Kirche sind als eine Art »lingua franca« (gemeinsame Sprache) zu verstehen, um die Wahrheitselemente aller Religionen und die Anerkennung der Wahrheit des menschlichen Herzens, jedenfalls hinsichtlich der wesentlichsten Bilder, seiner Hoffnung und seines Verlangens zu erhellen.

Der Autor spricht so von der Rückkehr des Verdrängten, wenn die Kirche das Marienbild im vierten Jahrhundert nach der ägyptischen Magna Mater, Isis mit ihrem Kind (Horus) auf dem Schoße, gestaltet. Nach der Aversion der patriarchalischen Religionen Israels, Griechenlands und Roms gegen die Göttin erweist sich hier eine Öffnung, deren sich die Kirche selbst kaum bewußt ist. Sie vertraut ja viel eher Verstand und Willen als Hort der Offenbarung und nicht demjenigen, was im Tiefsten und Unbewußten des Menschen lebt. Die Ambivalenz erweist sich auch in der Aufgliederung Maria—Eva.

In der Beziehung Katholizismus—Protestantismus geht es vor allem um eines: Der Katholizismus kann dem Protestantismus vorwerfen, er vertiefe den Glauben an Gott nicht, sondern zerstöre ihn, wenn er den psychischen und damit auch den religionshistorischen Fundamenten des Glaubens keine Aufmerksamkeit schenkt; und anschließend muß der Protestantismus begreifen, daß Gott die Welt mit ihrem Reichtum an Bildern und die menschliche Seele mit ihrem Reichtum an Symbolen nicht geschaffen hat, um sie sogleich wieder der Entfremdung anheimfallen zu lassen, sondern um den Menschen eine Möglichkeit zur Erkenntnis Gottes und einem Verlangen danach mitzugeben, um wirksam sein zu können.

Andererseits muß die protestantische Kritik an der ambivalenten Haltung der katholischen Kirche hinsichtlich der Marienverehrung und der Mariendogmatik fortgesetzt werden, um sie dazu zu bringen, vielleicht irgendwann einmal ihre eigene Haltung klarer zu gestalten und ihre Theologie konsequent zu machen. Erst wenn sie über Mut und selbstverständlich genügend kritisches Vertrauen verfügt, um an das anzuschließen, was in der menschlichen Seele lebt, wird sie damit und ausgehend vom Spezifischen im Christentum − der Unentbehrlichkeit des Bundes und der göttlichen Gnade für die menschliche Person − fruchtbar aufbauen, reinigen und korrigieren können. Aber »menschliche Person« darf dann nicht länger als das über sich selbst nachdenkende Bewußtsein gesehen werden (psychologisch ausgedrückt: das »männliche« Prinzip), denn gerade dadurch ist die Neubewertung der Natur, des Gefühls, des Unbewußten, »des Weiblichen« außerhalb des Glaubens angesiedelt. Nach meiner Meinung ist die feministische Kritik an der kirchlichen Mariologie in der Lage, dazu beizutragen, daß die Analyse von Drewermann und anderen ernst genommen, daß sie näher untersucht und ausgearbeitet wird, daß die Diskussion über Offenbarung und Erfahrung, über Natur und Gnade fortgesetzt wird und daß wir die Geduld aufbringen, nicht vorzeitig ein so wichtiges − wenn auch immer noch doppeldeutiges − Bild wie das der Maria über Bord zu werfen und uns neue Göttinnen zu schaffen.

Dieser Prozeß kann allerdings nur dann glaubwürdig und überzeugend vonstatten gehen, wenn die Neubewertung des Symboles Maria mit einem erneuerten Selbstverständnis von Frauen einhergeht: autonom (wie relativ auch immer), kritisch schöpfend und mit einer positiven Wertschätzung der weiblichen Körperlichkeit, der menschlichen Sexualität und unserer Emotionalität.

Verwendete Literatur

Wolfgang Beinert, Maria und die Frauenfrage: Stimmen der Zeit 108 (1983/1) 31−45.

Leonardo Boff, Ave Maria. Das Weibliche und der Heilige Geist (Düsseldorf 1982).

Kari Elisabeth Børresen, Männlich−Weiblich: eine Theologiekritik: UNA SANCTA 35 (1980/4) 325−334.

Raymond E. Brown, Crisis facing the Church (New York/London 1975) 84−108.

Ders. (u. a.), Mary in the New Testament (Philadelphia/New York 1978).

Mary Daly, Beyond God the Father. Towards a Philosophy of Women's Liberation (Boston 1973).

Dies., Gyn/ecology. The Meta-ethics of Radical Feminism (Boston 1978).

Eugen Drewermann, Die Frage nach Maria im religionswissenschaftlichen Horizont: Zeitschrift für Missions- und Religionswissenschaft 66 (1982/2) 96−117.

Andrew Greeley, The Mary-Myth. On the feminity of God (New York 1977).

René Laurentin, Marie et l'anthropologie chrétienne de la femme: Nouvelle Revue Théologique (1967/5) 485−515.

Robert Mahoney, Die Mutter Jesu im Neuen Testament: In: Gerhard Dautzenberg u. a. (Hrsg.), Die Frau im Urchristentum (Freiburg i. B. 1983) 92−116.

Heribert Mühlen, New Directions in Mariology: Theology Digest 24 (1976) 286−293.

Alois Müller, Glaubensrede über die Mutter Jesu (Mainz 1980).

Carol Ochs, Behind the Sex of God (Boston 1977) 68−82.

Wolfhart Pannenberg, Grundzüge der Christologie (Gütersloh 1964) 140−150.

Rosemary Radford Ruether, Mistress of Heaven. The meaning of Marilogy: New Women Earth (New York 1975) 36−62.

Dies., Is there a liberation-mariology? Manuskript; niederländische Übersetzung: Bestaat er een bevrijdingsmariologie? Vortrag. In: De Bazuin 63 (12. Septembe 1980) 35.

Paul Schmidt, Maria Modell der neuen Frau (Kevelaer 1974).

Georges H. Tavard, Women in Christian Tradition (Notre Dame/London 1973).

Marina Warner, Alone of all her sex. The Myth and Cult of the Virgin Mary (London 1976).

Virgil Elizondo

Maria und die Armen
Ein Modell eines evangelisierenden Ökumenismus*

Einleitende Bemerkungen

1. Das Faktum der Marienverehrung

Es ist eine unbestreitbare Tatsache, daß die Marienverehrung das populärste, dauerhafteste und eigentümlichste Merkmal der lateinamerikanischen Christenheit ist. Sie geht auf die Anfänge des Christentums in der neuen Welt zurück. Schon gleich von Anfang an gab ihr Vorhandensein den mit Füßen Getretenen Würde, den Ausgebeuteten Hoffnung und allen Befreiungsbewegungen Auftrieb[1]. Wie immer auch man es interpretieren mag, läßt sich das Faktum massiver Marienverehrung nicht bestreiten.

2. Der geeignete Deutungsschlüssel: Die Kosmosanschauung des vorkolumbianischen Mittelamerika

Auf der Suche nach dem Verständnis des theologischen Sinns dieser Verehrung müssen wir ihren Ursprüngen und ihrer Funktion in der Heilsgeschichte Lateinamerikas nachgehen. Sie von den mariologischen Praktiken und Theologien des Westens aus zu studieren, führt zu Mißverständnissen und Irrtümern. Ein solches Vorgehen würde eine Bedeutung aufdrängen, die dem wahren Sinn, den die Marienverehrung für das Volk hat, nicht entspräche. Deswegen ersuche ich die durch das westliche Denken geformten Leser, ihre sehr berechtigten Vorurteile abzulegen und eine theologische Wirklichkeit, die sich von der westlichen Tradition in allem und total unterscheidet, mit neuen Augen zu sehen[2].

---

* Aus dem Englischen übersetzt von Dr. August Berz

3. Eingrenzung und Zielsetzung

Ich werde nicht versuchen, die Marienverehrung in ganz Lateinamerika zu erforschen, denn dazu würde es ein viel eingehenderes Studium brauchen. Darum werde ich mich auf die Verehrung Unserer Lieben Frau von Guadalupe in Tepeyac beschränken. Diese Verehrung geht auf die ersten Anfänge des mexikanischen Christentums zurück und hat sich entwickelt. Unsere Liebe Frau von Guadalupe war zunächst die Patronin der Indios, wurde dann zur ersten Herrin von Mexiko, später wurde sie von den Päpsten zur Schutzherrin Lateinamerikas erklärt, und heute anerkennen sie immer mehr Menschen von Kanada bis Argentinien als die Mutter der beiden Amerika: Nord- und Südamerikas. Im vorliegenden Aufsatz werde ich die These darlegen, daß die Erscheinung U. L. F. von Guadalupe im Jahre 1531 im Verein mit der darauf im Volke einsetzenden Verehrung ein Hauptdeutungsschlüssel für das Wachstum und die Entwicklung des christlichen Gottesverständnisses ist.

I. Die geschichtlichen Ursprünge des mexikanischen Christentums

Gewalt, Raub und Tod kennzeichneten die Geburt Lateinamerikas. Die Invasion europäischer Christen, die am Ende des 15. Jahrhunderts begann, leitete einen Ausrottungs-, Versklavungs- und Ausbeutungsprozeß von solcher Ausdehnung und Dauer ein, daß es schwerfällt, in der Geschichte Parallelen dazu zu finden. Die Nachwirkung dieser Ereignisse gehört nicht bloß der Geschichte an, sondern wächst und vertieft sich weiterhin in der Welt von heute.

Die Gewalt war vielgestaltig und allumfassend: die Brutalität der Unterwerfung, der entehrende Raub der eingeborenen Frauen, das Aufzwingen einer ganz neuen Weltordnung durch die spanische (in Brasilien die portugiesische) Krone und die Bestrebungen, das Leben des Volkes bis auf die letzte Wurzel, seine Religion, auszurotten. Während die neue Kolonialherrschaft alle Eingeborenen zu unbedeutenden, minderwertigen menschlichen Wesen degradierte, deren Menschsein in Frage zu stellen war und die dazu bestimmt schienen, Knechte und Sklaven der weißen Eindringlinge zu sein, suchten die Missionare den Glauben an einen Gott aufzudrängen, der für die

Eingeborenen völlig fremd und entfremdend war. Der Gott, den man ihnen vorsetzte, war der männliche ewige Richter, der in seiner Gerechtigkeit darauf ausgeht, die Verfehlungen der Männer und Frauen zu ahnden. Die Spanier hielten sich so für den Arm Gottes mit der Sendung, den Unglauben und die Vergehen der Indios zu bestrafen.

Das Missionsbestreben ging auf dem Weg einer radikalen Entgegensetzung vor: die christliche Religion im Gegensatz zu der Religion der anderen. Da der christliche Gott im Eroberungskampf gesiegt hatte, mußte dieser Gott nun die totale Ergebenheit des neuen eroberten Volkes beanspruchen. Alle Spuren von »heidnischen« und »teuflischen« Praktiken waren auszutilgen.

Die Missionare waren große Männer des Evangeliums. Sie bemühten sich sogar um den Preis ihres Lebens, die Indios zu beschützen und zu verteidigen. Sie liebten die Eingeborenen ehrlich und suchten ihnen beizustehen. Dennoch waren sie Agenten äußerster Gewalt, die einzig die Religion zuzufügen imstande ist.

Durch die Eroberung und die missionarischen Anstrengungen wurde eine vierfache Unterdrückung institutionalisiert:

1. Eine politisch-wirtschaftliche Unterdrückung durch das Aufzwingen einer neuen Lebens- und Regierungsform, die zugunsten der Mächtigen und zum Nachteil der Unterworfenen spielte.

2. Eine sexuelle Unterdrückung, denn einheimische Frauen wurden vergewaltigt. Selbst die eingeborenen Männer begannen, sich an das von den Eroberern gegebene Beispiel zu halten: die Frauen zu mißbrauchen und sie mitsamt den Kindern ihrem Schicksal zu überlassen.

3. Eine sozio-psychologische Unterdrückung, weil die unterworfenen Indios — selbst die Edlen und Weisen der Eingeborenen — zu einem dauernden Status der Knechtschaft und Minderwertigkeit degradiert wurden. Sie hatten fortan bloß zu hören, zu lernen und den neuen Meistern zu gehorchen. Man machte sie stumm und wehrlos.

4. Schließlich war dies auch eine religiöse Unterdrückung, weil die Gottesvertreter der neuen Macht verbissen darauf ausgingen, die angestammten Religionen gänzlich auszurotten. Was sie nicht zu verstehen vermochten, erklärten sie für teuflisch. Sie gaben zwar ihr

Leben hin, um die Indios als Gotteskinder zu verteidigen. Gleichzeitig aber brachten sie die Indios um ihre letzte Daseinswurzel. Die religiöse Unterdrückung dauerte selbst dann an, als die Eingeborenen und die Mestizen Christen geworden waren, da ihre Glaubensäußerungen von den westlichen Eliten etikettiert und für sie ausgelegt wurden, sie selbst aber nie darum ersucht wurden, im Theologisierungsprozeß der sich entwickelnden neuen Ortskirchen aktive Partner zu sein.

II. Unerwarteter Einbruch

In diesem Kontext von Tod und Verzweiflung kam es weit weg von den Zentren der Staatsmacht und der etablierten Religion zu einem Einbruch Gottes. Er bestand darin, daß die indianische Himmelskönigin in der Nähe der Stadt Mexiko einem armen Indio namens Juan Diego erschien. Durch dieses Ereignis gewannen Millionen von Indios ihre Würde und ihren Lebenswillen zurück. Heute, nach über 450 Jahren, wächst und entwickelt sich die Verehrung weiter. Durch sie finden Millionen unterdrückter armer Menschen weiterhin Leben, Sicherheit und Hoffnung[3].

Vom Tepeyac-Hügel aus (wo das alte Heiligtum des mütterlichen Aspekts Gottes unter dem Namen Tonantzin stand) künden Musik und Gesang (was den Nahuatl zufolge auf eine göttliche Offenbarung hinweist) den Beginn einer neuen Zeit an. Juan Diego erklimmt den Hügel (die Nahuatl-Priester bestiegen die Spitze der Pyramide, um zu Mittlern zwischen Gott und den Menschen zu werden) und erblickt eine wundervolle Frau, deren Kleid wie die Sonne strahlt (bei den Nahuatl ein Hinweis auf Gott; nach dem Denken der Nahuatl strahlte die Frau Gott aus, weil ihr innerstes Wesen göttlich war). Sie stellt sich vor als »*ichipohtli Sancta Maria... Inninantzin inhuelnelli teotl Dios*«. Die Indios verwenden in ihrer Erzählung des Geschehens viele der Nahuatl-Ausdrücke für Gott.

Zur Hauptsache lautet ihre Botschaft: »Wisse und verstehe, daß ich die allzeit jungfräuliche heilige Maria, die Mutter des wahren Gottes, des Urhebers des Lebens bin: des Schöpfers, des Herrn des Nahen und des Zusammens, des Herrn des Himmels und der Erde«.

In der ursprünglichen Nahuatl-Erzählung erhellt unmittelbar, daß darin eine neue Rede von Gott vorliegt, die nicht nur die spanische und die Nahuatl-Sprache miteinander verbindet, sondern auch das Gottesverständnis der Nahuatl mit dem der Spanier. Gerade der Ausdruck für Gott, den die Missionare verbissen als teuflisch auszutreiben gesucht hatten, wird nun mit den spanischen Ausdrücken für Gott in Verbindung gebracht, die für die Indios unverständlich geblieben waren. Der gesamte Bericht wird im Nahuatl-Kontext einer göttlichen Intervention und Offenbarung vorgelegt.

Die neuen Ausdrücke für Gott und die Gottesmutter sind eine erstaunliche Bereicherung für das richtige Verständnis dessen, was Gott ist. Es handelt sich nicht mehr nur um den europäischen Ausdruck für Gott, noch um den Nahuatl-Ausdruck für ihn, sondern um einen neuen Mestizo-Ausdruck, der wechselseitig deutend und bereichernd ist. Zwischen den beiden Religionen besteht kein radikaler Gegensatz mehr. Wie die Gene und Chromosomen der Eltern sich miteinander verbinden, um ein neues Kind hervorzubringen, so werden die Kernelemente der beiden Religionen miteinander vereint, um eine neue Religion hervorzubringen, die keine der beiden Stammreligionen entfremdet, sondern beide wechselseitig ergänzt. Nach vielen erfolglosen Versuchen von seiten der Missionare gab es nun eine neue Möglichkeit zu einem echten, wechselseitig bereichernden religiösen Dialog.

Juan Diego, ein verachteter Indio, der auf dem Weg zur Kirche war, um sich über die göttlichen Dinge unterweisen zu lassen, wird nun von der Mutter des Schöpfers und unseres Heilands höchst würdevoll, persönlich und zärtlich angesprochen. Sie sagt, sie habe viele Diener und Boten, die sie senden könnte. Es ist wichtig, zu bemerken, daß die Spanier sich als die auserwählten Diener und Boten des wahren Gottes hinstellten. Doch die Himmelskönigin bestimmt auf in jeder Beziehung genaue Art, daß Juan Diego, den sie besonders liebt und hochschätzt, ihr persönlicher Bote sein soll, damit sich durch seine Vermittlung ihr Wille vollziehe.

Dies widerspricht nicht der Funktion des Boten, stellt aber die Funktion des Indio auf den Kopf. So wie die Spanier Missionare für die Indios waren, so sind nun die Indios beauftragt, Missionare für die Spanier zu sein. Die Indios sollen nicht mehr bloß passive Empfänger sein, sondern aktive Mitarbeiter beim Aufbau der neuen Religion. Es soll nicht mehr von Herren und Knechten die Rede sein, sondern von gleichberechtigten Partnern bei einem gemeinsamen Unternehmen. In der Person von Juan Diego werden nun die unterworfenen und verachteten Indios zu den auserlesenen Rüstzeugen und Lehrern des neuen Weges der Liebe. Durch die Bemühungen der Indios akzeptierten der Bischof, schließlich die Beamtenschaft und heute sogar Rom die neue, amerikanische Inkarnation des Evangeliums.

»Ich habe den lebhaften Wunsch, daß an dieser Stelle ein Tempel errichtet werde, damit ich in ihm zugegen sein und all meine Liebe, mein Mitleid, Hilfe und Schutz schenken kann, denn ich bin eure gütigste Mutter..., um auf eure Klagen zu hören und all euren Nöten, Schmerzen und Leiden abzuhelfen.« Während die Missionare sich Mühe geben, ihrem besten spanischen Geist entsprechend eine neue Kirche aufzubauen[4], die aber die Eroberung mit ihrer neuen soziopolitischen Weltordnung und Kosmosanschauung rechtfertigt, sollte die Botschaft der Frau einen radikalen Wandel herbeiführen und die Grundlage abgeben für die beständigen Kämpfe um Gerechtigkeit, die bis heute andauern. Der neue Tempel (für die Nahuatl ein Hinweis auf eine Weltordnung mit ihrer Kosmosanschauung) sollte das Zeichen für den beständigen Kampf gegen Ungerechtigkeit, Elend, Ablehnung und Schmähung sein. Nicht Neuspanien, sondern einen neuen Tempel wünschte sich die himmlische Herrin für die beiden Amerika der Zukunft. In ihm bot die Mutter des Gottes der letztgültigen Wahrheit (ein weiterer Nahuatl-Ausdruck für Gott) nicht Strafe an, sondern Mitleid, Liebe und Schutz.

III. Auf dem Weg zu einer theologischen Deutung

Durch die ganze Bibel hindurch steht die Bekundung des Göttlichen stets im Dienst der Befreiung der Unterdrückten. Weil die Israeliten die von der Welt Verfemten und Verlachten waren, bildete ihre Erfahrung und Wahrnehmung, Gottes auserwähltes Volk zu sein, die tiefste Wurzel ihrer anhaltenden Würde und ihrer Befreiungskämpfe. Das Ereignis von Guadalupe leistet den gleichen Dienst. Viele haben versucht, es zu manipulieren und zu »vergeistigen« und so der Befreiungswirkung etwas von ihrer Stoßkraft zu nehmen. Doch ging diese nicht ganz verloren. Die Jungfrau von Guadalupe ist das Banner gewesen, das den Unabhängigkeitskriegen und den Revolutions- und Reformbewegungen in Mexiko voranzog. Heute beseelt es in den Vereinigten Staaten die Landarbeiterbewegung in ihren Kämpfen um Gerechtigkeit. Ganz spontan wendet sich das Volk an Maria als an die

Königin, Jungfrau, Verteidigerin und Beschützerin und Mutter. So wie diese Titel vom Volk verwendet werden, stammen sie aus der Guadalupeerzählung und deren Funktion in den Kämpfen der mexikanischen Christen. Sie bringen klar die Rolle Marias im Heilsgeschehen Mexikos zum Ausdruck[5].

Das Ereignis von Guadalupe ist der Beginn einer vierfachen Befreiung des Volkes.

1. Politisch-wirtschaftliche Befreiung

So wie der Eroberer eine neue politisch-wirtschaftliche Ordnung der Ausbeutung, des Despotismus und der Ausplünderung aufzwang, die in der von Gott festgesetzten Ordnung der Oberhoheit der katholischen Könige Spaniens und des Papstes in Rom verankert war und von ihr gerechtfertigt wurde, so sollte die neue Königin von Tepeyac eine neue Lebensordnung inaugurieren, die zur Grundlage für die Abschaffung der Übel werden sollte, welche die Eroberung mit sich gebracht hatte. Maria sollte nicht durch Gewaltanwendung oder Drohung mit ewiger Strafe erobern, sondern durch ihr stets liebendes Zugegensein und Mitleid. Sie wird den Nöten der Indios abhelfen, indem sie diese in ihren Kämpfen anführt. Sie wird ihre Pein erleichtern, indem sie Heilung von den neueingeführten Leiden bringt. Sie wird (im Gegensatz zum König von Spanien) die wahre Königin aller Einwohner dieses Landes sein.

2. Befreiung von sexueller Vergewaltigung

Auch der sexuellen Unterdrückung wird entgegengewirkt durch das Erscheinen der allzeit jungfräulichen Gottesmutter und auch unserer Mutter Maria. In diesem Fall steht die Jungfräulichkeit im Gegensatz zum Skandal und zur Schmach der vergewaltigten Weiblichkeit. Maria war rein und unbefleckt, weil sie von den gierigen Händen des Eroberers nicht berührt worden war. In ihr ist der mexikanischen Frau ihre ursprüngliche Würde wiedergegeben worden. Der mexikanische Mann ist ebenfalls befreit, weil er nicht mehr die Kastrierung erleiden muß, die darin liegt, ohnmächtig mitansehen zu müssen, wie seine geliebte Frau vergewaltigt wird. Was vom Eroberer prostituiert und geschändet worden war, ist nun von Gott verjungfräulicht worden. In diesem Fall ist die Jungfräulichkeit völlige Rehabilitation entehrter Personwürde.

Die Jungfrau-Mutter von Tepeyac tritt nicht gegen vermenschlichende sexuelle Beziehungen ein. Sie tritt den schmählichen und entmenschlichenden Wirkungen des Raubs und der Schändung unterdrückter Frauen entgegen und der zerstörerischen Schmach, die dies auch über ihre Männer bringt. Selbst wenn arme Frauen durch die Unterdrückungsstrukturen in die Prostitution gezwungen werden, erhält die sie alle beschützende Jungfrau-Mutter sie jungfräulich rein.

3. Sozio-psychologische Befreiung

Die Erscheinung ist auch eine Befreiung von der sozio-psychologischen Unterdrückung, denn Maria will auf die zum Schweigen gebrachten Armen hören, sie beim Namen nennen und all ihr Vertrauen in sie setzen. In der Person von Juan Diego wird ihre mit Füßen getretene Würde wiederhergestellt und werden sie aus der ihnen auferlegten Wertlosigkeit heraus zu auserlesenen Dienern und Boten berufen. Das Imperium wollte sie zu einem ewigen Minderjährigkeitsstatus verurteilen, sie nicht einmal zu den heiligen Weihen zulassen und sicherlich nicht auf ihre Ideen und Ansichten hören. Doch die Gottesmutter wird auf sie hören, sie zu ihren Boten machen, denen sie vertraut, und immer da sein, um sie zu schützen und zu verteidigen.

4. Religiöse Befreiung

Schließlich handelt es sich auch um eine Befreiung aus religiöser Unterdrückung. Ein ausschließlich männlicher Gott ließe sich nie verstehen oder akzeptieren. In der Kosmosanschauung der Nahuatl hat alles, was vollkommen ist, eine männliche und eine weibliche Komponente: der Kosmos, die Schöpfung, der Mensch und Gott. Diese beiden Aspekte sind nicht Gegensätze, sondern ergänzen einander. So wie der väterliche Aspekt Gottes der allmächtige Schöpfer und Lebensspender ist, so ist der durch die Maria von Tepeyac verkörperte weibliche Aspekt die allmächtige Fürbittende.

Die Mutter hört auf die Schreie ihrer Kinder und trägt ihre Bitte dem Vater vor, der sie nicht abschlagen kann, weil es die Mutter ist, die bittet. Doch abgesehen davon bittet eigentlich die Mutter nicht; sie ist die, die alle neuen Bestrebungen in die Wege leitet. Darum gibt der Vater nicht einfach das, worum die Mutter bittet, sondern er bringt auch das, was die Mutter in die Wege leitet, zur Vollendung. In diesem Sinn wird der althergebrachte Ometecuhtli-Omecihuatl-Komplex[6] nun in der irdischen, stets jungfräulichen Maria entdeckt. Zum Gott der Christen tritt der weibliche Aspekt hinzu, während dem Gott der Indios der personale Aspekt hinzugefügt wird in einer tiefen Bereicherung beider. Es kommt hier zu einer erlösenden und sich ausweitenden Wechselseitigkeit beider Religionen, die zur neuen Christenheit Mexikos, ja der beiden Amerika führt.

Die wertvollste Gabe dieser »die Erde suchenden« Mutter und dieses »den Himmel schenkenden« Vaters ist Jesus von Nazaret, der kommt, um zugunsten der neuen Schöpfung sein Leben dahinzugeben. Die Erzählung spricht vom Heiland, und mitten im Zentrum des Gnadenbildes von Guadalupe – gerade über dem Schoß – befindet sich das Nahuatl-Symbol für den Mittelpunkt des Weltalls. Durch Maria wird der Herr in den Kulturboden der neuen Welt tief inkarniert werden. Aus dieser Inkarnation des Evangeliums wird eine neue Kirche geboren werden, die weder die Wiederherstellung der alten vorkolumbianischen Religionen noch bloß eine von den Eroberern importierte und aufgedrängte Kirche sein wird.

Schlußüberlegungen

Guadalupe leitete einen Evangelisierungsprozeß ein, der von Natur aus ökumenisch ist, weil er zu einem Dialog über unser Gottesbild führt. Das Ereignis von Guadalupe brachte einen solchen Dialog in Gang. Daraus ergab sich der Beginn einer neuen religiösen Einheit, die weder die eifrigen Missionare der westlichen Christenheit entfremden noch die Eingeborenen Mexikos ihres wertvollsten Schatzes berauben sollte. Das mexikanische Christentum beginnt also mit dem Vorgang eines evangelisierenden Ökumenismus: neues Leben und neue Einheit auf dem Weg nicht mehr einer Einwurzelung, sondern einer Synthese.

So wie das hellenisierte Christentum dem universalen Verständnis des Christentums neue Horizonte eröffnete, so bietet das mexikanische Christentum heute neue Möglichkeiten für die universale Entwicklung in unserem Verständnis Gottes und der Wege Gottes. Doch um sich an dieses neue Unternehmen heranzumachen, muß man sich auf die Denkwege der unterdrückten Armen der neuen Welt begeben. Gott hält sich an den Weg Gottes, und so führt er uns weiterhin durch die vor der Welt Kleinen zu der Fülle der Wahrheit. »In dieser Stunde rief Jesus, vom Heiligen Geist erfüllt, voll Freude aus: Ich preise dich, Vater, Herr des Himmels und der Erde, weil du all das den Weisen und Klugen verborgen, den Unmündigen aber offenbart hast!« (Lk 10,21)

Die theologischen Strukturen des Westens haben die Theologen Europas und der beiden Amerika davon abgehalten, die Kreativität von Guadalupe voll zu erfassen[7]. Dieses Privileg blieb den Massen der gläubigen Armen vorbehalten, welche die Riten, Predigten und theologischen Reden der Gottesvertreter der dominierenden Kultur geduldig über sich ergehen lassen, während sie auf dem neuen Weg der Mutter unseres Herrn von Himmel und Erde verharren. Die Marienverehrung der Armen führt die Gesamtkirche zu einer Neubeurteilung dessen, was Gott ist. Wir können noch nicht genau sagen, um was es sich handeln wird. Wir können bloß darauf hinweisen und zu vermuten beginnen, was es sein wird.

Erst als die zum Schweigen gebrachten, verkannten und belächelten Indios, Mulatten und Mestizen über den inneren Sinn ihrer Glaubenserfahrung frei zu sprechen begannen, wurden der weiteren christlichen Welt die vollen theologischen Implikationen dieser Marienverehrung bekannt. Sie sind es, die mit der neuen theologischen Tradition der neuen Kirche hervortreten werden, die sich im Kulturboden der neuen Welt Nord- und Südamerikas inkarniert hat. So wie der Osten und der Westen ihre theologischen Traditionen haben, so wird auch die neue Welt ihre eigenen haben. Die Armen Gottes werden uns zu unverhofften faszinierenden Einsichten in das Mysterium Gottes zu führen vermögen.

Anmerkungen

1. In einem Symposium, das ich 1977 im Lateinamerikanischen Institut in Manizales, Kolumbien, leitete, trat zutage, daß die jeweilige hauptsächliche Marienverehrung jedes vertretenen Landes am Beginn von dessen Geschichte steht und daß sie für die Geknechteten des betreffenden Landes eine befreiende Erfahrung war.

2. So wie die westlichen Kulturen unser Verständnis des Gotteswortes erarbeitet und vertieft haben, so sind andere Kulturen heute dazu fähig. Vgl. »Lumen gentium«, »Ad gentes« und »Nostra aetate« des Zweiten Vatika-

nischen Konzils und die Ansprache Johannes Pauls II. vom 26. April 1979 an die Päpstliche Bibelkommission.

3. Zu einer eingehenderen Erörterung der Erscheinung von Guadalupe und deren Deutung vgl. V. Elizondo, La Morenita: Evangelizer of the Americas (San Antonio 1980); ders., Unsere Liebe Frau von Guadalupe als Kultursymbol: »Die Macht der Machtlosen«: CONCILIUM 13 (1977/2) 73–78; C. Siller, Para una teología del Nican Mopohua: Servir 62 (Mexico 1976); ders., El Metodo de la evangelización en el Nican Mopohua: Servir 93–94 (Mexico 1981) 255–293.

4. Zu den heroischen positiven Bemühungen der Missionare vgl. Enrique Dussel, A History of the Church in Latin America: Colonialism to Liberation (Grand Rapids 1981); vgl. auch die historische Buchreihe, die von CEHILA in Lateinamerika herausgegeben wird.

5. M. Velasquez, El fenomeno social del guadalupanismo: Servir (Mexico 1976) 123–154.

6. M. Leon-Portilla, La Filosofía Nahuatl (Mexico 1974).

7. Die jüdisch-christliche Theologie hat sich so sehr auf die Metapher der Vaterschaft Gottes konzentriert, daß sie das in der biblischen Tradition ebenfalls aufscheinende weibliche Antlitz Gottes übersah. Gerade im maskulinen feudalen Mittelalter hatte eine starke Marienverehrung einen gewissen Einfluß auf die katholische Volksfrömmigkeit. Doch ist es fraglich, ob diese mittelalterliche Marienverehrung je zu einem neuen Denken über Gott führte, das dann gewisse weibliche Züge, die der Gott der Geschichte in der Bibel aufweist, wiederbelebt hätte.

Maria Kassel

Maria, Urbild des Weiblichen im Christentum?
Tiefenpsychologisch-feministische Perspektiven

»*Ach neige,*
Du Schmerzenreiche,
Dein Antlitz gnädig meiner
Not!

Neige, neige,
Du Ohnegleiche,
Du Strahlenreiche,
Dein Antlitz gnädig meinem
Glück!

Blicket auf zum Retterblick,
...
Jungfrau, Mutter, Königin,
Göttin, bleibe gnädig!«[1]

Goethe, obgleich nicht katholisch und nach kirchlichen Kriterien vielleicht nicht einmal christlich, erfaßt in den wenigen Versen zentrale Aspekte marianischer Frömmigkeit und der theologischen Lehre über Maria. Seine literarischen Figuren — Gretchen als betrogene junge Frau und als eine der verherrlichten Büßerinnen in der Schlußapotheose, sowie der Doctor Marianus — treffen auch die Gefühlslage der traditionellen Marienverehrung recht genau: sowohl Schmerz wie Glück werden mit tief ergreifenden, leicht ans Sentimentale streifenden Gefühlen der himmlischen Frau anheimgegeben. Als die hehre Frau wird Maria nicht um Zu-, sondern um Herabneigung angefleht und als Vermittlerin, wenn nicht gar Spenderin von Erlösung angerufen. In den Worten des marianischen Gelehrten erscheinen dann sogar drei dogmatische Titel von Maria: »Jungfrau, Mutter, Königin«. Dann allerdings wird Goethe »heidnisch«, indem er den Titel »Göttin« hinzufügt. Doch läßt sich an den katholischen Marienkult durchaus die berechtigte Frage stellen, ob er nicht eine ähnliche Funktion hat(te) wie die Verehrung einer Göttin in vor- und außerchristlichen Religionen — wenngleich in der theologischen Lehre und Verkündigung stets die Geschöpflichkeit Mariens festgehalten und betont wurde[2].

Daß der Dichter sich so gut einzufühlen vermochte in die Bedeutung Marias, kommt wohl nicht von ungefähr, ist doch Maria sowohl in der Dogmatik als auch in der Volksfrömmigkeit stets weniger als die junge Frau aus Nazaret und die historische Mutter Jesu gesehen worden[3], denn vielmehr als ein Urbild, in dem sich grundlegende seelische Wirklichkeiten allgemein menschlicher, nicht nur christlicher Art spiegeln. Maria als Urbild aber kann und konnte über das Christentum hinaus Bedeutung haben, ohne daß dies bei Menschen, zu denen dieses Symbol[4] spricht, ein christliches Bekenntnis voraussetzte – wie an Goethe zu sehen ist. Diesen Urbildcharakter Marias möchte ich hier untersuchen, einleitend allgemein die religiöse Funktion von Urbildern, dann auf Maria bezogen anhand der beiden Dogmen von der Jungfräulichkeit und Gottesmutterschaft Marias.

I. Urbilder und Religion

Urbilder sind Ausdruck für Prozesse psychischer Differenzierungen; das gilt für die von einer Gemeinschaft überlieferten Urbilder, z. B. in Mythen und Religionen, wie auch für die persönlich produzierten in Träumen, Imaginationen u. ä. Da ihr Ursprung oder ihre Produktionsstätte das psychisch Unbewußte ist, bediene ich mich tiefenpsychologischer Methoden, um sie angemessen zu verstehen und zu interpretieren[5].

Urbilder bringen Werte zu Bewußtsein, die von Menschen(-gruppen) als unabdingbar für das Menschsein und Menschwerden erfahren werden. So ist zu verstehen, daß sie religionsbildend wirken können und dadurch eine begrenzte oder sogar universale objektive Gültigkeit erlangen. Religionen und Glaubensüberlieferungen[6] sind tiefenpsychologisch von ihren Ursprüngen her zu verstehen als kollektive Visionen oder Imaginationen über die sich im Bewußtsein mehr und mehr gliedernden geschichtlichen, naturhaften und kosmischen Phänomene und Prozesse. Durch Symbolbildung versuchen Religionen, die fortschreitende psychische Ausdifferenzierung vor dem Zerfallen zu bewahren und auf ein Ganzes hin zu zentrieren, und so die divergierenden Aspekte sowohl der materiellen als auch der psychisch-geistigen Welt als ein Sinnkonzept erfahrbar zu machen. Der zentrale oder höchste Wert eines solchen Konzeptes, der die Einzelaspekte zusammenbindet, ist in theistischen Religionen das Gottesbild. Das biblische Symbol vom Reich Gottes als einer schon anwesenden und noch ausstehenden Größe ist ein gutes Beispiel für die Wert-, die Entwicklungs- und die Zentrierungsfunktion religiöser Urbilder. In tiefenpsychologischer Betrachtung sind religiöse Symbolbildung und -entwicklung fundamentale und notwendige Prozesse für das menschliche Bewußtsein und seine Entwicklung. Ein Wert wie z. B. die Menschenwürde ließe sich ohne Urbildrepräsentation nicht universal verbindlich machen. Das ist nur möglich mit Werten, zu denen alle Menschen in ihrer eigenen Urbildproduktion, z. B. in Träumen, Zugang haben, sei ihnen das bewußt oder nicht.

Hier jedoch beginnt die Schwierigkeit mit den religiösen Urbildern, und insbesondere mit dem Urbild Maria. Denn Urbilder sind auch manipulierbar, mindestens über gewisse Zeiträume hin. Ob die in einer Religion bevorzugten Urbilder, vor allem das Gottesbild, tatsächlich die zentrierenden und ganzmachenden anthropologischen Werte repräsentieren, hängt ab von der Einstellung des kollektiven Bewußtseins zu den Urbildern, und das heißt zum psychisch Unbewußten als dem schöpferischen Mutterboden der Urbildproduktion. Im Christentum ist nun aber, tiefenpsychologisch gesprochen, die auf das Ganze beziehende, theologisch gesprochen, die offenbarende Kraft der seelischen Bilder geschwunden oder sogar ganz verloren gegangen. Träume u. ä., die in alten Religionen Medium der Gottesoffenbarung waren, sind im Christentum in dieser Funktion offiziell verpönt mit der Folge, daß die religiöse Sprache der Urbilder nicht mehr verstanden wird. Symbole als das Spezifische der religiösen Sprache werden dann auf eine zeichenhafte Einkleidung reduziert oder als -mehr oder weniger historische Aussage mißverstanden.

Beim Urbild Maria verschärft sich der Verlust der seelischen (Bild-) Welt; denn weibliche religiöse Werte fehlen in den christlichen Symbolen, vor allem im Zentralsymbol des männlichen Gottesbildes. In Maria jedoch sammeln sie sich wie in einer religiösen Enklave. Maria als Urbild des Weiblichen[7] hatte in der katholischen Kirche und Theologie immer eine sehr wichtige Bedeutung; die darin repräsentierten weiblichen Werte blieben theologisch jedoch isoliert, fragmentarisch und konnten deshalb die tiefenpsychologische Funktion der Entwicklung nicht entfalten. In seiner Wert- und Zentrierungsfunktion war das weibliche Urbild weitgehend neutralisiert, da es nicht ins christliche Gottesbild integriert werden durfte.

In reformatorischen Traditionen ist sogar diese Enklave weiblich-religiöser Symbolik verschwunden.

Wegen der Isolierung und Ausschaltung weiblicher Urbilder im Christentum sind die anerkannten Urbilder als Antrieb zum Ganzwerden defizitär. Die einseitig von Männern und männlich geprägte christliche Überlieferung konnte sich bisher durch das Urbild Maria offensichtlich nicht zu einer anthropologisch vollständigen Symbolik entfalten. Die Entwicklung zu psychisch-geistigem Eins- und Ganzsein in sich selbst, mit der Menschheit und mit der ganzen Schöpfung läßt sich mit den beschnittenen und deshalb manipulierten religiösen Urbildern nicht (mehr) voranbringen. Unbehagen an dieser Lage macht sich in vielen Bereichen christlichen Lebens bemerkbar, nicht zuletzt in der feministischen Bewegung christlicher Frauen. Hier stellt sich die Frage, ob nach einer Phase der (katholischen) Abstinenz von Maria dieses Urbild neu und jetzt voll in die christliche Symbolik integriert werden und dadurch das religiös-psychische Defizit geheilt werden kann[8]. Um darauf eine Antwort zu finden, müssen die Faktoren betrachtet werden, die das Urbild Maria konstituieren. Exemplarisch will ich dies an den ältesten und wirksamsten dogmatischen Aussagen über Maria tun, an der Jungfräulichkeit und der Gottesmutterschaft[9].

II. Maria, Urbild des Weiblichen

Als Urbild, das eine psychische Konstante der Menschheitsentwicklung verkörpert, ist Maria nicht eine Neuentdeckung des Christentums. Spezifisch christlich ist die Verbindung dieses weiblichen Urbildes mit der historischen Mutter Jesu von Nazaret. Das Urbild, gerade mit den beiden zu untersuchenden Attributen, findet sich in allen vor- und außerchristlichen Religionen des vorderorientalischen Raumes, aus dem Einflüsse auf das Christentum ausgegangen sind. Es erscheint in der Gestalt von Göttinnen, die trotz ihrer Vielzahl nicht einen Polytheismus nach christlichem Verständnis darstellen, sondern die universale, als weiblich erfahrene Wirklichkeit mit ihren vielen Facetten, daher auch unter vielen Namen, symbolisch ausdrücken. Im Blick auf Maria ist daher zu fragen, was die Motive, die aus Göttinreligionen in ihre Gestalt eingegangen sind, von deren Ursprung her besagen und wie sie bei Maria abgewandelt worden sind. Nur durch einen solchen Vergleich läßt sich herausfinden, ob in Maria das Urbild des Weiblichen einen anthroplogisch zu- oder abträglichen Wandel erfahren hat.

1. Ursprünge des Jungfrau- und Mutter-Gottes-Symbols

Beide Attribute gehören bei Maria eng zusammen; Schwierigkeiten macht nicht die Jungfräulichkeit Marias für sich genommen, sondern ihre Verbindung mit Mutterschaft. Gerade diese Verbindung macht Maria als Vorbild für christliche Frauen problematisch und für zölibatäre Männer als Verehrungsobjekt geeignet. Beide Attribute sollen deshalb in *einem* Darstellungsgang betrachtet werden.

Längst vor der Verkündigung über Maria gibt es in anderen Kulturen Erzählungen von der jungfräulichen Empfängnis und Geburt eines männlichen Kindes, so z. B. von Alexander dem Großen, von Buddha, von Laotse[10]. Die Jungfrauengeburten von irdischen großen Männern — Königen und Religionsstiftern vor allem — stellen eine Abwandlung eines sehr alten mythischen Schemas dar von der Göttin und ihrem göttlichen Sohn. Nicht in allen Überlieferungen erscheint der Sohn auch als kleines Kind; stets aber ist er das Urbild des männlichen Prinzips, das der Göttin als dem umfassenden weiblichen Prinzip zugeordnet ist und ihr bei den Riten der Lebenserhaltung und -erneuerung dient — so im sumerischen Mythos von Inanna und Dumuzi (2. Jahrtausend v. Chr., erste Hälfte) und in dessen altbabylonischer Neuerzählung von Ishtar und Tammuz (2. Jahrtausend v. Chr., zweite Hälfte)[11]. In vorpatriarchalen Religionen ist die Göttin mit dem Sohn nicht (Ehe-)Frau eines Gottes, sondern Jungfrau[12], als solche aber nicht sexuell enthaltsam; im Gegenteil: ihre Lebensfeier, der Ritus der »Heiligen Hochzeit«, besteht in der erotisch-sexuellen Vereinigung mit dem von ihr gewählten Partner, sei diese symbolisch begangen oder real vollzogen worden zwischen der Priesterin und dem Priester bzw. dem König[13]. Das Jungfrausein der vorpatriarchalen Göttin ist also anders akzentuiert als die Jungfräulichkeit der Gottesmutter Maria.

Die Göttin in ihrem Jungfrausein verweist darauf, daß sie in vorpatriarchaler Zeit nicht durch eine Beziehung zum männlich Göttlichen definiert, sondern als autonomes Weibliches verstanden worden ist. Umgekehrt ist der göttliche Sohn bestimmt durch seine Herkunft von und seine Beziehung zu der Göttin als Mutter. Die jungfräuliche

Autarkie der Göttin und das Bezogensein des Sohnes auf sie als die göttliche Mutter korrespondieren miteinander und sind im Urbild der Göttin mit dem kindlichen Sohn am anschaulichsten konkretisiert. Das ausgeprägteste vorchristliche Beispiel dafür ist die ägyptische Göttin Isis mit dem Horussohn[14]. Ihre Darstellungen sind zum Vorbild für die Madonna mit dem Kind geworden. Isis hat den Thron als Namenshieroglyphe und trägt ihn als Zeichen auf dem Kopf; damit ist sie als die Thronende bezeichnet, die ihr Mächtigsein, auch wohl ihre Autonomie, dem göttlichen Sohn mitteilt, indem sie ihn auf ihren Schoß setzt und ihn so thronen läßt[15]. Was in christlichen Darstellungen der Madonna mit dem Kind oft als Mutter-Kind-Idylle anrührt, ist von seinem Ursprung her eine urbildhafte Aussage über die unabhängige Seinsmächtigkeit des weiblichen Lebensprinzips und der Beteiligung des männlichen Prinzips daran.

Welche Einsichten vermitteln nun die mythischen Symbole der Jungfrau und Gottesmutter in tiefenpsychologischem Verständnis[16]? Urbilder werden leicht mißverstanden als statischer Ausdruck psychischer Gegebenheiten[17]; in Wahrheit spiegeln sie aber Prozesse der psychischen Menschheitsentwicklung. Wenn jedoch die Bewußtseinsentwicklung stockt oder gar gezielt abgeblockt wird, erstarrt auch die tiefenpsychische Symbolproduktion. Urbilder sind zwar geschichtsübergreifende psychische Konstanten, drängen aus sich heraus aber stets auf Weiterentwicklung, es sei denn, sie werden durch Abwehr- und Unterdrückungsmechanismen behindert.

Das weibliche Urbild der jungfräulichen Mutter mit dem Sohn spiegelt insofern ein bestimmtes Stadium menschheitlicher Bewußtseinsentwicklung. Wie Zeugnisse aus weiblich orientierten Kulturen zeigen, hat es vor diesem eines gegeben, in dem das in der Göttin verkörperte weibliche Prinzip ohne das im göttlichen Sohn verkörperte männliche gegeben hat[18]. Was die Jungfrauvorstellung bezeichnet, hat in solchen sehr alten Zeugnissen dem Inhalt nach eine Analogie, nicht dem Begriff nach, denn dieser kann erst jüngeren, schriftlichen Belegen entnommen werden. In dieser sehr frühen Phase des Menschheitsbewußtseins ist offenbar sowohl die äußere materielle als auch die seelische innere Welt als weiblich erfahren worden und hat sich deshalb im Bild einer weiblichen Gottheit zentriert. Nach den gegenwärtig zugänglichen Überlieferungen scheint mit dieser urbildhaften Erfahrung das menschliche Bewußtsein aus dem naturhaft Unbewußten aufgetaucht zu sein. Das bedeutet aber, daß das Bewußtsein, als die charakteristische psychische Fähigkeit der menschlichen Gattung, in seinem Ursprung als weiblich erfahren und mit weiblichen Symbolen bezeichnet worden ist. Psychische Menschwerdung, die mit menschlicher Identitätsbildung zusammengeht, wird somit von der Göttin garantiert, das heißt, sie bezieht ihre Kraft aus weiblichen seelischen Wurzeln.

In dem jüngeren Urbild der göttlichen Jungfrau-Mutter wird im Jungfrau-Attribut die Ur-Erfahrung vom allumfassend und daher unabhängigen Weiblichen bewahrt. Im Attribut der Großen Mutter[19] des göttlichen Sohnes ist das Urbild weiterentwickelt und zeigt eine neue Differenzierung des Bewußtseins an: die Geburt des männlichen Bewußtseins aus dem weiblichen. In dem Urbild von der Großen Mutter mit dem göttlichen Sohn verdichtet sich das Menschheitswissen, daß alles Leben aus dem Weiblichen kommt, physisch und psychisch[20]. Das Symbol Große Mutter-Sohn verarbeitet die menschliche Polarität weiblich-männlich vorwiegend als eine Aufgabe des Bewußtwerdens, das heißt der psychischen Differenzierung einer im Unbewußten vorgeprägten Größe[21]. Das Symbol von der Mutter mit dem Sohn-*Kind* (Isis, die Madonna) bildet dabei dessen noch weitgehend unbewußtes, naturhaftes Einssein mit dem großen Weiblichen ab. In Beziehung zur weiblichen erscheint die männliche seelische Entwicklung noch im Kindesstadium. Daß das männliche Bewußtsein sich aus diesem ins Erwachsenwerden hinein entwickeln muß, ist in vielen mythisch-religiösen Beispielen in Form der Herosgeschichten überliefert, angefangen vom sumerischen Dumuzi, über den altbabylonischen Gilgamesch und den ägyptischen Osiris, bis zu alttestamentlichen menschlichen Heroen wie Mose u. a.; auch die Jesusüberlieferung ist, mindestens teilweise, nach mythischen Motiven des Heros-Schemas gestaltet[22]. Der heroische Weg bildet die Entfaltung der männlichen seelischen Fähigkeiten ab, und sein Ziel ist das Erringen einer bewußten Ganzheit. Die Heroengeschichten stammen nun meines Wissens allerdings aus beginnender oder fortgeschrittener patriarchaler Zeit, so daß gefragt werden muß, ob die Symbole der heroischen Bewußtseinsbildung die ursprünglich weibliche, anthropologisch notwendige Zentrierungs- und Ganzwerdungsfunktion erfüllen oder ob diese nicht womöglich seelischen Spaltungsprozessen Vorschub leisten. Der Verdacht ist jedenfalls berechtigt gegenüber gewalttätigen und destruktiven Heroentaten; und er verdichtet sich zur Gewißheit, wenn Heroen die Symbole der großen Göttin zerstören, um das weibliche Prinzip zu entmachten, wie z. B. Gilgamesch das tut. Damit schütten die Söhne der Großen Mutter für sich selbst und für ihr ganzes Geschlecht ihre psychischen Lebensquellen zu. Beim Blick auf die Wirkungsgeschichte des Urbildes Maria mit dem göttlichen Sohn muß deshalb genau hingeschaut werden, ob in ihr nicht auch solche zertrennenden bis zerstörerischen, statt verbindenden und zentrierenden Züge zu finden sind.

Wie sich die Aspekte des ursprünglichen weiblichen Urbildes in Maria darstellen, soll nun untersucht werden.

2. Der Wandel des Jungfrau-Mutter-Gottes-Symbols bei Maria

Unbestreitbar finden sich im Urbild Maria Züge der vorpatriarchalen Göttin und damit im Christentum eine, allerdings tief ins Unbewußte abgesunkene Schicht weiblicher Ur- und Grunderfahrungen. Wie psychisch präsent diese sind, zeigt sich gut am Lukasevangelium. Es schlägt einen Bogen mit mythisch überlieferten Urbildern von der − im Unterschied zu der des Matthäus − weiblich akzentuierten Vorgeschichte von der Jungfrau-Mutter mit dem göttlichen Sohn, noch verstärkt durch die Elisabeth-Johannes-Geschichte (Lk 1−2), bis zur zweimal überlieferten Himmelfahrtsperikope (am Ende des Evangeliums und am Anfang der Apostelgeschichte), die den Sohn, nachdem er den Heroenweg durch Tod und Auferstehung vollendet hat, ins Göttliche, in den Himmel, eingehen läßt; so wird er der Gottmensch und verkörpert als solcher das Urbild des zu bewußt entfalteter Ganzheit gelangten, des vollständigen Menschen; theologisch gesprochen wird er zum voll verwirklichten Ebenbild Gottes. Bei Lukas findet sich auch noch das alte Verständnis vom Jungfrau-Symbol, das die Autonomie und Seinsmächtigkeit des weiblichen Prinzips ausdrückt. In der Verkündigungsgeschichte (Lk 1, 26−38) antwortet Maria auf die Botschaft des Engels mit der Frage: »Wie wird das geschehen, da ich keinen Mann erkenne?« »Erkennen« bezeichnet im biblischen Sprachgebrauch sowohl die geschlechtliche Zeugung als auch das mentale Erkennen, die geistige Zeugung gewissermaßen[23]. Erstaunlich ist, daß Maria hier im Aktiv von ihrem Erkennen spricht, nicht vom Erkanntwerden durch den Mann, wie sonst biblisch geläufig, z. B. in Gen 4,1 und 25: »Adam erkannte Eva, und sie gebar den Kain/Set«, und wie es der Vorstellung in einer patriarchalen Gesellschaft entspräche, nach der sowohl die geschlechtliche als auch die geistige Zeugung vom Mann ausgeht. Bei Lukas ist das Erkennen die Fähigkeit der Jungfrau-Mutter, die mit ihrer Frage kundtut, daß sie autonom über ihre Beziehung zum männlichen Prinzip entscheidet. Der göttliche Sohn Marias entsteht denn auch nicht durch ihre Beziehung zu einem Mann, sondern durch Neuschöpfung. Das Überschattetwerden Marias durch den heiligen Geist ist ein analoges Bild zum Sich-Bewegen des Geistes Gottes über dem Ur-Chaos (Gen 1,2), aus dem die Schöpfung hervorgeht. Wird hinzugedacht, daß im Alten Testament das meistgebrauchte Wort für Geist (ruah) weiblich ist[24], somit eine weibliche göttliche Kraft bezeichnet, dann leuchtet hinter der jungfräulichen Empfängnis Marias das Urbild eines weiblichen Schöpfungsaktes auf, wie er in verschiedenen Versionen von der Göttin bekannt ist[25]. Mögen Lukas solche urbildhaften Zusammenhänge auch nicht mehr bewußt gewesen sein, so zeigen die im Urbild Maria erhalten gebliebenen oder wieder auftauchenden Motive der Jungfrau-Autonomie doch deren (Über-) Lebenskraft und -notwendigkeit auch in patriarchalen Zeiten an.

Die Aspekte der Autonomie und der weiblichen Schöpfungskraft im Urbild Maria haben jedoch in der christlichen Theologie keine Geschichte gemacht, eher noch in der Marienfrömmigkeit. Intensität und Formen der katholischen Marienverehrung, z. B. bei Wallfahrten, konnten und können durchaus den Eindruck erwecken, als gälten sie einer Göttin. Und ob das Volk zwischen der dem Göttlichen gebührenden Anbetung und der Verehrung eines geschöpflichen Wesens bei Maria immer so genau getrennt hat, mag bezweifelt werden.

Die theologischen Aussagen über Maria gingen einen anderen Weg, und durch ihre Umsetzung in der Pastoral hatten sie gravierende Auswirkungen auf (katholische) Gläubige. Die theologische Entwicklung läßt mehrere umgestaltende Tendenzen am Urbild des Weiblichen in Maria erkennen, die alle innerlich zusammenhängen. Der Hauptmotor war die *Historisierung*, das heißt das Urbild von der göttlichen Jungfrau-Mutter verschmolz in Maria mit einer einmaligen historischen Frau. Dieser Vorgang ist ebenfalls beispielhaft an der Verkündigungsgeschichte des Lukas zu beobachten. Diese setzt mit konkreten historischen Angaben ein (6. Monat der Schwangerschaft Elisabeths, eine junge verlobte Frau mit Namen Maria in Nazaret in Galiläa) und geht dann, fast unmerklich, immer mehr in die Urbild-Dimension der Jungfrau-Mutter über. Tiefenpsychologisch beurteilt, hätte die Historisierung eine echte inkarnatorische Wirkung haben können, indem die im Urbild zugänglichen Kräfte und Fähigkeiten in menschliche Verantwortung genommen worden wären; dazu wäre im Christentum eine Bewußtwerdungs-Arbeit, vor allem der Männer, zur psychischen Integration des Weiblichen notwendig gewesen. Tatsächlich ist das Historischwerden des weiblichen Urbildes in Maria aber genau entgegengesetzt verlaufen und hat spaltend gewirkt.

Die Historisierung brachte eine durchaus folgerichtige *Individualisierung* hervor, da das Urbild ja an *eine* historische Person gebunden wurde. Doch geschah diese nicht auf menschlich realistische Weise, sondern durch Projektion. Offenbar hat das männliche Bewußtsein im Christentum fundamentale Aspekte am Urbild des Weiblichen bei Maria nicht akzeptieren können. Das betrifft vor allem die weibliche sexuelle Potenz, deren Bewußtwerden identisch ist mit dem Auftauchen des männlichen Ich-Bewußtseins aus dem psychisch umfassend Weiblichen, imaginiert in der Geburt des Sohnes aus der Jungfrau-Mutter. Das Sohn-*Kind* insbesondere symbolisiert ein noch schwaches männliches Ich-Bewußtsein, das sich aus dem ursprünglichen Enthaltensein im Weiblichen mühsam herausarbeiten muß und deshalb von Ängsten bedroht ist, von diesem Weiblichen wieder verschlungen zu werden[26]. Solange diese Ich-Befindlichkeit unbewußt bleibt, wird sie als etwas Böses projiziert. Auf Maria, die Mutter Jesu, ging das freilich nicht; denn für sein Erstarken bedarf auch das christlich-männliche Ich des Rückzugs auf die Kraft des urbildhaft Weiblichen, aus dem es stammt. So wurden die an die weibliche Sexualität gebundenen angstmachenden Züge am weiblichen Urbild bei Maria abgetrennt. Maria konnte nun die nur gute, fürsorgende, tröstende Mutter und reine, das ist sexuell ungefährliche Jungfrau sein. Die Historisierung wirkte sich somit, neben der Individualisierung, in einer *Biologisierung* des Jungfrau-Attributs aus und machte aus dem Urbild des machtvollen weiblichen Lebensprinzips eine asexuelle Maria, die in manchen Zeiten und Gegenden der Kirchengeschichte zu einer bläßlichen Figur wurde und als solche, z. B. in Lourdes, in Abbildungen erscheint[27].

Da das weiblich sexuelle Lebensprinzip als eine psychische Macht sich durch Abspalten und Verdrängen aber nicht auflöst, wurde es an ein anderes weibliches Projektionsobjekt gebunden, an Eva. Sie, die »Mutter aller Lebendigen« (Gen 3,20), mußte die Angstabwehr des männlichen Ich auf sich nehmen. Und auch diese, von dem einen weiblichen Urbild abgespaltene Seite wurde individualisiert, indem Eva als die urbildhafte Urmutter (Gen 2–3) zur ersten in der Reihe der menschlichen Frauen gemacht wurde. Damit veränderte sich die Erfahrungsstruktur von einer ursprünglich religiös-existentiellen zu einer ethischen: Eva, und in ihrem Gefolge alle Frauen, wurde persönlich verantwortlich gemacht für die Verführung des Mannes zur Sünde (Gen 3). Da die »Verführung« zum Wissen durch Eva das Bewußtwerden der geschlechtlichen Differenzierung einschließt, wurde der Eva-Charakter der Frauen in der sexuellen Verführung des Mannes gesehen.

Durch Eva wurde somit Maria entschärft und konnte dann die männliche Sehnsucht nach Geborgenheit im Weiblichen angstfrei erfüllen[28]. Für die abgewerteten und kleingehaltenen Frauen konnte Maria zur »Trösterin der Betrübten« (Lauretanische Litanei) werden. Und wie auf die konkreten Frauen die negativen Aspekte Evas übertragen wurden, so wurden ihnen die guten Eigenschaften der Maria als Vorbild vorgehalten; als Konsequenz daraus wurde die Sexualität der Frau entwertet und das Muttersein sowie der jungfräuliche Lebensstand überbewertet. Wie die böse Eva von der guten Maria abgespalten wurde, so wurden Mutterschaft und weibliche Sexualität auseinandergerissen[29]. Das psychische Mißverständnis dieser männlich gesteuerten Entwicklung besteht darin, daß Frauen als geschichtlichendliche Wesen das »ewige« Urbild der Jungfrau-Mutter, aber um seine ursprunghafte Kraft beraubt, leben sollten. Die psychische Entwicklung von Frauen wurde dadurch auf eine schwache Ich-Bildung festgeschrieben. Daß Christinnen sich jahrhundertelang den Vorbildern Eva und Maria unterwarfen, könnte damit zusammenhängen. Bleibt die männliche Psyche im Christentum bezogen auf das in seiner ursprunghaften Macht beschnittene Urbild der jungfräulichen Gottesmutter mit dem Sohn — die von der katholischen Hierarchie bevorzugte Variante —, oder wird das weibliche Urbild völlig ausgeschaltet — die reformatorische Version —, dann bleibt die abwertende bis unterdrückende Einstellung des männlichen Ich zum Weiblichen und zur Frau unbewußt. Befangen in der unerkannten psychischen Inferiorität gegenüber seinem weiblichen Ursprung, wird das männliche Ich über alles, was es als weiblich versteht, zu dominieren trachten: über die realen Frauen, über die Gefühlsfähigkeiten, über die Sexualität, über die Produktivität des Unbewußten. In der unbewußten Identifikation mit dem Sohnesstadium tendiert das männliche

Ich dazu, das Weibliche wegen seiner ursprunghaften Macht zu unterdrücken.

Es stellt sich die Frage, ob sich aus der Analyse des Urbildes Maria Perspektiven für die künftige Entwicklung gewinnen lassen.

III. Folgerungen

Perspektiven lassen sich nur aus den bisherigen Auswirkungen des Urbildes Maria auf die (christliche) Bewußtseinsentwicklung ableiten. Sie werden notgedrungen fragmentarisch und von einem gewissen utopischen Charakter sein.

Es ist zunächst grundsätzlich zu fragen, ob es nicht angebracht wäre, Maria eine Weile ruhen zu lassen, nachdem ihr Symbol, tiefenpsychologisch gesehen, beklagenswerte Wirkungen erzielt hat. Die Situation in den reformatorischen Kirchen scheint allerdings zu lehren, daß die Abstinenz von jedem weiblichen Urbild eine fundierte psychische Weiterentwicklung von Frauen und Männern keineswegs begünstigt. Eine durch das Jungfrau-Symbol garantierte, zur Ehe alternative, und das heißt eine nicht von der Beziehung zum Mann her definierte, glaubensmäßig relevante Lebensform für Frauen gibt es da nicht. Auch der patriarchale Geist in den kirchlichen Institutionen wird ohne Bezug der (Kirchen-)Männer auf ein weibliches Urbild offenbar nicht abgebaut. Daß das Fehlen dessen, was in der katholischen Tradition mit Maria bezeichnet ist, von Frauen mehr und mehr als Mangel empfunden wird, läßt sich an der Beschäftigung protestantischer (feministischer) Theologinnen mit Maria sehen.

Auf katholischer Seite hat sich in verschiedenen Weltgegenden die Beziehung zu Maria durchgehalten; als polare Beispiele seien Polen und Lateinamerika genannt. Die Funktion, die Maria in der lateinamerikanischen Befreiungstheologie ausübt als Motor zur Fortentwicklung sowohl der Menschen selbst als auch ihres Glaubens und ihrer Lebensverhältnisse[30], könnte hoffen lassen, daß Maria auch in der Kirche Mitteleuropas ähnliche Impulse auslösen kann. Die kirchenamtlichen marianischen Erneuerungsversuche dürften allerdings eher in die herkömmliche Richtung weisen, wie das von Johannes Paul II., dem Papst aus der polnischen Marientradition, ausgerufene Marianische Jahr (1987–88)[31]. Nach der auch in der katholischen Kirche, zumindest in der Bundesrepublik Deutschland, nach dem II.

Vatikanischen Konzil (1962–65) eingetretenen Abstinenz von Maria taucht das weibliche Urbild nun wieder aus der Versenkung auf. Ob das neue Erscheinen Marias eine bloße Regression im Sinne der »Wiederkehr des Verdrängten« (S. Freud) ist und dann zur erneuten psychisch-sozialen Stagnation führen wird, oder ob das Urbild Hilfe zu einer psychischen Progression wird, läßt sich wohl noch nicht absehen. Die Zuwendung von Frauen zu den mit dem Urbild Maria überlieferten befreienden Aspekten, z. B. im Magnificat, läßt auf einen Fortschritt hoffen. Doch gesamtkirchlich und theologisch stehen dem noch starke Hemmnisse entgegen. Ich gehe schwerpunktmäßig darauf ein.

Sowohl die völlige Zurückweisung des weiblichen Urbildes (reformatorisch) als auch die volle Identifizierung der männlichen Hierarchie mit ihm (katholisch) sind Ausdruck einer im Unbewußten befangenen Einstellung zum Weiblichen und zu Frauen. Wie die Suche von Frauen nach eigenständigen Identitätsmustern in den christlichen Kirchen zeigt, ist die Weiterentwicklung zu erwachsener und damit auch partnerschaftlicher Identität überfällig. Solange jedoch an der Dominanz eines Geschlechtes, des männlichen, im kirchlichen Umfeld festgehalten wird, kann diese Identität nicht wirklich erreicht werden. Das geleugnete sowohl wie das gegenüber seinem vorchristlichen Ursprung um die weibliche Autonomie beschnittene Urbild Maria dient meines Erachtens gegenwärtig noch dazu, das männliche Ich im Sohnesstadium festzuschreiben. In der katholischen Kirche besteht hier eine Wechselbeziehung zwischen dem Mutter-Sohn-Urbild und der verordneten zölibatären Lebensform der Amtsträger. Beiden Bildern, dem Marias wie dem des Priesters, fehlt der geschlechtliche Aspekt und damit eine wichtige Dimension am vollständigen Menschenbild. Da psychische Entwicklungen von urbildhaften Vorstellungen inspiriert werden, besteht bei einem fragmentarischen Menschenbild die Gefahr, daß die Entwicklung der Menschen auch nur fragmentarische Ziele erreicht[32].

Wie könnte sich speziell in der katholischen Kirche das männliche Verhältnis zum Urbild Maria wandeln? Die Ich-Entwicklung des Mannes müßte aus dem Sohnesstadium hinausgeführt werden; dazu muß sich das Urbild von der Großen Mutter wandeln in das der psychischen Partnerin. Solange die Beziehung zur jungfräulichen Gottesmutter mit dem göttlichen Sohn unbewußt gelebt wird, dominiert in der Psyche des Mannes die Große Mutter, er selbst ist identifiziert mit dem Kindsein und wahrscheinlich auch mit dem Göttlichsein des Kindes. Das spiegelt eine Ganzheit nur vor; in Wirklichkeit wird das männliche Ich, ohne es zu wissen, dadurch aufgebläht zu einer Größe, die es realiter psychisch gar nicht abdeckt[33]; und es wird ausgespannt zwischen dem Kleinheits- und Ohnmachtsgefühl des Kindes einerseits sowie einem übermenschlichen Vollkommenheitsanspruch auf der anderen Seite. Integrieren in ein zentriertes psychisches Ganzes lassen sich diese Gegensätze durch das Finden der inneren Partnerin, der anima, wie C. G. Jung diese weibliche Größe in der Psyche des Mannes genannt hat[34]. Das verlangt von Männern, die psychisch tief verwurzelte Abwehr und Abwertung des weiblichen Prinzips gegenüber dem männlichen zu überwinden, die eigenen seelischen Ursprünge im Weiblichen zu akzeptieren und so die Zuspitzung der religiösen Werte auf das männliche Ich abzubauen. Anstelle dieser Zuspitzung wären die aus der »Ursprungsgeschichte des Bewußtseins«[35] stammenden weiblichen »Begabungen« des Mannes zu partnerschaftlich-konstruktiven Fähigkeiten zu entwickeln. Da die äußere, die sozial-gesellschaftliche Welt stets zurückbezogen ist auf psychische Imaginationen, würde sich die animagesteuerte Wandlung des männlichen Ich in der Kirche auch in einer Veränderung von deren Strukturen manifestieren, vor allem im Aufgeben der Fixierung auf die sexuelle Thematik bei der Normierung des christlichen Lebens, dann in der Beteiligung der Frauen an den vollen Menschen- und Christenrechten, was die Beteiligung an allen Amtsfunktionen einschließt.

Die Chance für das ganze Menschwerden der Frau liegt, spiegelbildlich zu der des Mannes, nicht in der Identifizierung mit der Großen Mutter bzw. Göttin. Darin läge ein, wiederum unbewußtes, Überspringen der menschlichen Grenzen der Frau; und das würde, jetzt unter Vorzeichen, die Frauen sich selbst setzen, in ein ähnliches Dilemma führen wie der alte, von (Kirchen-)Männern an die Frauen erhobene Anspruch, ihr Leben nach dem der Muttergottes zu formen. Für die Frau muß sich die Große Mutter vielmehr psychisch wandeln zur bewußten Frau mit einem starken Ich. Damit ist nicht ein intellektuelles Ich gemeint, obwohl für ein bewußtwerdendes Ich der Frau rationale Fähigkeiten zu realisieren sind; es ist auch nicht die Übernahme von Charakteristika des männlichen Ich gemeint. Würde die psychische Entwicklung der Frau sich in diese Richtung bewegen, so würde sie sich noch immer nach dem Bilde des Mannes von der

Frau richten, wenn auch dann nach einem emanzipierten. Die Erstarkung des Ich der Frauen und seine Entwicklung zu zentrierter seelischer Ganzheit sollte überhaupt nicht mehr vom männlichen Ich-Bewußtsein und von keiner Art von männlichen Vorstellungen hergeleitet werden. Sie bedarf vielmehr authentisch weiblicher Imaginationen. Um solche zu entwickeln, müßten Frauen sich vor allem auf die Autonomie und die schöpferische Potenz der Jungfrau-Mutter beziehen und auf diesem Wege die Verbindung zu den seelischen Ursprüngen ihres eigenen Geschlechts suchen.

Hierbei geraten christliche und speziell katholische Frauen jedoch bald vor die grundsätzliche Frage, ob das beschnittene weibliche Urbild Maria ihnen die Identitätsmuster für ihr volles Menschwerden überhaupt geben kann. Dieselbe Frage stellt sich ebenfalls, wiederum spiegelbildlich, für die männliche psychische Entwicklung. Solange das weibliche Urbild im Christentum nicht im Gottesbild repräsentiert ist, wird es immer geringer gewertet als männliche Bilder. Wenn in der Dyade der Jungfrau-Mutter mit dem göttlichen Sohn, welche die geschlechtliche Polarität des Menschen spiegelt, der männliche Pol göttlich und der weibliche nur menschlich ist, kann dieses Urbild nicht ganzmachend wirken; es schreibt die Inferiorität des Weiblichen und von Frauen fest und hindert die männliche Psyche, sich zu einem menschlich erwachsenen, zu Partnerschaft fähigen Ich zu entwickeln. Dieses aus tiefenpsychologischer Sicht für die Theologie schwierige Problem läßt sich nicht dadurch lösen, daß Maria zur Göttin erhoben wird; das wäre eine nur äußere Manipulation. Aber dieses Problem führt unweigerlich vor die Frage, ob das christliche Gottesbild das ganze Göttliche und das ganze Menschliche enthält, und wenn nicht, wo bzw. ob die fehlenden weiblichen, für die menschliche Entwicklung notwendigen Aspekte in der christlichen Tradition zu finden sind und wie sie ins Gottesbild integriert werden können.

Anmerkungen

1. Johann Wolfgang von Goethe, Faust I und II. I. Szene: Zwinger, II. Szene: Himmel: Faust. Eine Tragödie, hg. und erläutert von Erich Trunz. Deutsche Buchgemeinschaft (Text nach der Hamburger Ausgabe). Berlin und Darmstadt 1951.
2. Vgl. Christa Mulack, Maria. Die geheime Göttin im Christentum. Stutt-

gart 1985. Die These ist allerdings von einer protestantischen Theologin aufgestellt.

3. In der katholischen Theologie und Kirche gelangte die biblisch überlieferte Gestalt Marias, aus historisch-kritischer Sicht betrachtet, erst seit dem II. Vatikanischen Konzil (1962—65) ins breitere Bewußtsein.

4. Urbild, Symbol und archetypisches Bild (oder abgekürzt: Archetypus) bezeichnen tiefenpsychologisch dieselbe Realität.

5. Eine Ausarbeitung und Begründung dieser Methoden ist zu finden in: M. Kassel, Biblische Urbilder. Tiefenpsychologische Impulse aus der Bibel. München 3. Aufl. 1987.

6. In säkularisierten Gesellschaften übernehmen ideologische, politische und andere Konzepte eine ähnliche religiöse, als solche aber verbrämte Funktion.

7. Mit dem Begriff »weiblich« verbinde ich hier nicht die gesellschaftlich-kirchlichen Rollenvorstellungen und -zuweisungen über und an das weibliche Geschlecht. Warum ich diesen Begriff dennoch beibehalte und wie ich ihn verstehe, habe ich dargelegt in: Das Auge im Bauch. Erfahrungen mit tiefenpsychischer Spiritualität. Olten-Freiburg i. Br. 3. Aufl. 1987, 4. Kap.: Weibliche Lebensmuster — mit dem Akzent auf den ursprunghaft weiblich-religiösen Vorstellungen in der menschheitlichen Bewußtseinsentwicklung.

8. Eine Hoffnung darauf scheint sich in der Zuwendung von protestantischen Theologinnen zu Maria zu zeigen, vgl. z. B. Christa Mulack, s. Anm. 2; Hildegunde Wöller, Maria — wer bist du?, in: Anstöße 4/82; auch die Herausgabe dieses Buches in einem vor allem evangelisch-theologische Literatur veröffentlichenden Verlag.

9. Zur feministisch-tiefenpsychologischen Hermeneutik religiöser Sprache und Überlieferung vgl. das in Anm. 7 genannte Buch und meinen Aufsatz: Tod und Auferstehung, in: Feministische Theologie. Perspektiven zur Orientierung, hg. von M. Kassel. Stuttgart 1988, 191—226.

10. Vgl. Walter Beltz, Die Mythen der Ägypter. München 1982, 132 f. Gustav Mensching, Leben und Legende der Religionsstifter. Darmstadt u. a. 1972, 207 und 298. LThK Bd. 5, Art. Jungfrauengeburt, 1. Religionsgeschichtlich (E. Pax), 1210. RGG Bd. III, Art. Jungfrauengeburt, I. Religionsgeschichtlich (K. Goldammer), 1068. S. auch Paul Schwarzenau, Das göttliche Kind. Der Mythos vom Neubeginn. Stuttgart 1984.

11. Vgl. Inannas/Ishtars Gang in die Unterwelt, in englischer Übersetzung in: J. B. Pritchard (Ed.), Ancient Near Eastern Texts Relating to the Old Testament (ANET), Princeton 4. Aufl. 1974, 52—57; D. Wolkstein/S. N. Kramer, Inanna — Queen of Heaven and Earth. New York 1983, 51 ff.

12. Jungfrau wird Inanna auch bei ihrem Gang in die Unterwelt zur Todesgöttin genannt, besonders aber in Liedern und Gebeten, s. dazu: Sumerische

und Akkadische Hymnen und Gebete, eingeleitet und übertragen von A. Falkenstein und W. von Soden. Zürich–Stuttgart 1953.

13. Das alttestamentliche Hohelied ist höchstwahrscheinlich ein Nachklang dieses alten Ritus der Hl. Hochzeit; vgl. Hartmut Schmökel, Heilige Hochzeit und Hoheslied. Wiesbaden 1956.

14. Zum Isiskult, seiner Geschichte und Verbreitung sowie seinen Motiven vgl. Christa Mulack, Maria, a. a. O., Kap. Maria – die Mutter Gottes. Religionsgeschichtliche Hintergründe. Mulack behandelt alle vier Mariendogmen ausführlich – neben Jungfräulichkeit und Gottesmutterschaft auch die unbefleckte oder gnadenreiche Empfängnis und die leibliche Aufnahme Marias in den Himmel; sie führt viel Material an aus der Religionsgeschichte sowie der offiziellen und nichtoffiziellen christlichen Überlieferung zu Maria.

15. Zur Symbolik des Thrones s. Ch. Mulack, a. a. O., 114 ff., und besonders: Erich Neumann, Die Große Mutter. Sonderausgabe, Olten 1985, 102 ff.

16. Diese Frage habe ich zum ersten Mal zu beantworten versucht in meinem Artikel: Maria und die menschliche Psyche, in: Concilium 19 (1983), H. 10, Themaheft zu Maria, 653–59. Was ich dort über die Bedeutung des Symbols ausgeführt habe, ist durch genauere Untersuchungen von Überlieferungen vorpatriarchaler weiblicher Urbilder teilweise überholt. Das betrifft vor allem den verschlingenden Aspekt der Großen Mutter (s. Anm. 19 dieses Art.) und das Verständnis des Sohnes der Jungfrau-Mutter als Symbol für die menschliche Ich-Entwicklung; diese ist auf die männliche einzugrenzen, wie es das Bild vom männlichen Kind nahelegt.

17. Als solche statische Größen scheint Eugen Drewermann religiöse Urbilder aufzufassen. Hier ist m. E. aus tiefenpsychologischer, weniger aus traditionell exegetischer Sicht einer der Haupteinwände gegen seine tiefenpsychologische Exegese vorzubringen; vgl. vor allem: E. Drewermann, Tiefenpsychologie und Exegese. Olten und Freiburg i. Br., Bd. I 1984, Bd. II 1985.

18. Als besonders aufschlußreiches Beispiel können die Funde von Çatal Hüyük gelten, aber auch die steinzeitlichen Funde von Frauenstatuetten; vgl. dazu: M. Kassel, Das Auge im Bauch, a. a. O. (s. Anm. 7), dort auch weitere Literatur.

19. Vgl. Erich Neumann, die Große Mutter, a. a. O. Neumann entwirft mit den analytischen Methoden von C. G. Jung eine materialreiche Symbolgeschichte weiblicher Urbilder. Aus feministischer Sicht ist sie jedoch kritisch zu beurteilen, da er die weiblichen Symbole aus einer, nicht analysierten, weitgehend patriarchalen Position interpretiert. Vor allem die Aussagen über die verschlingende Seite der Großen Mutter sind mit Vorsicht aufzunehmen. Es müßte geklärt werden, ob die »blutrünstigen« Aspekte von Göttinnen nicht bereits Projektionen männlicher Angst vor

dem großen Weiblichen sind. In diesem Punkt habe ich in meinem Aufsatz in Concilium (s. Anm. 16) noch unbefragt die Sicht von Neumann und Jung übernommen; das halte ich so nicht mehr für vertretbar. Eine umfassende feministische Kritik von E. Neumann hat Gerda Weiler vorgelegt: Der enteignete Mythos. München 1985, die allerdings auch kritisch zu lesen ist, da Weiler Reiz-Aussagen von Neumann aus ihrem Kontext löst und damit seine Gesamtanalyse unzulässig atomisiert.

20. Sowohl in biologischer als auch in psychologischer Sicht ist das männliche als »das andere Geschlecht« (Simone de Beauvoir) zu bezeichnen; es ist gegenüber dem weiblichen sekundär.

21. Dieser Prozeß kann auch in jeder psychischen Entwicklung eines Kindes beobachtet werden, wenn sich sein Bewußtsein von der Zweigeschlechtlichkeit der Menschen herausbildet. Tiefenpsychologisch betrachtet, spiegelt die individuelle (ontogenetische) Entwicklung des Menschen die psychischen Stadien der Menschheitsentwicklung (die phylogenetische) wider.

22. Vgl. Hildegunde Wöller, Ein Traum von Christus. Stuttgart 1987; Christa Mulack, Jesus, der Gesalbte der Frauen. Stuttgart 1987.

23. In diesem Sprachgebrauch steckt möglicherweise noch die alte Vorstellung aus der Göttinzeit von der sowohl materielles als auch seelisch-geistiges Leben hervorbringenden Fähigkeit der Göttin.

24. Zur Bedeutung von ruah im Alten Testament vgl. Helen Schüngel-Straumann, Ruah, in: Feministische Theologie, a. a. O. (s. Anm. 9), 59 ff.

25. Als nur ein Beispiel sei die griechische Schöpfungsgöttin Eurynome erwähnt, deren Schöpfungsakt sich aus verschiedenen urbildhaften Elementen zusammensetzt: der Bewältigung des Chaos, der jungfräulichen Empfängnis, dem Erschaffen des Universums aus dem von ihr als Taube gelegten Weltei; vgl. Angela Waiblinger, Große Mutter und göttliches Kind. Stuttgart 1986, 15 f. und 35; s. auch: Ulrich Mann, Schöpfungsmythen. Stuttgart 1982, 93—96 und 140 ff.

26. Daß die männliche Psyche die Symbolik des Bewußtwerdens mit der Geschlechtlichkeit verbindet, hängt möglicherweise mit der sexuellen Erlebnisstruktur des Mannes zusammen: daß das Eindringen in den Mutterschoß die Urangst des männlichen Ich aktiviert, psychisch wieder ins Weibliche zurückzufallen, was offenbar mit dem Erlöschen des männlichen Geistes assoziiert wird.

27. Die Biologisierung des Jungfrau-Attributs hat sich in der Dogmatik bis zu abstrusen Formen entwickelt in den Spekulationen über die sexuelle Jungfräulichkeit Marias vor, in und nach der Geburt; die immerwährende Jungfräulichkeit Marias wurde auf dem 1. Laterankonzil 649 als Glaubenssatz definiert: Denzinger 256 (= Neuner-Roos 269). Daß es sich bei der Abwehr des weiblich-sexuellen Lebensprinzips nicht nur um eine

katholische Angelegenheit handelt, ist mir in den letzten Jahren bewußt geworden, wenn bei Tagungen und öffentlichen Diskussionen protestantische Theologen hoch emotionalisiert bis haßerfüllt sowohl auf das Wiederentdecken der theologischen Bedeutung Marias als auch auf feministisch theologische Forschungsergebnisse reagierten und sie die Irrationalität, d. h. Unbewußtheit solcher Reaktionen oftmals nicht bemerkten.

28. Diese Funktion hat Maria nach wie vor in der katholischen Priestererziehung. Sie dient damit als gewissermaßen einzige zugelassene Frau der Bewältigung der zölibatären Lebensform.

29. In tiefenpsychologischer Sicht hängt mit der Deformierung des Urbildes Maria auch die christliche Diskriminierung der weiblichen Lebensfeiern in Göttinreligionen als kultische Prostitution zusammen.

30. Vgl. Leonardo Boff, Ave Maria. Düsseldorf 1982; Ivone Gebara/Maria C. Lucchetti Bingemer, Maria, Mutter Gottes und Mutter der Armen. Maria aus der Sicht von Frauen (BThB: Die Kirche, Sakrament der Befreiung). Düsseldorf 1988.

31. S. die Enzyklika zum Marianischen Jahr: Redemptoris Mater, von Papst Johannes Paul II., deutsch in: Kirchliches Amtsblatt für die Diözese Münster Nr. 23,15 12. 1987.

32. Damit ist kein Urteil über Einzelpersonen gefällt. Es kann sehr wohl Priester mit einer vollmenschlichen Entwicklung geben. Ein religiöses Urbild sagt immer etwas über kollektive psychische Prozesse aus, und bei einer allgemeinen Analyse können auch nur kollektive Wirkungen betrachtet werden. Bei einzelnen Personen können durchaus andere Wirkungen beobachtet werden; diese hängen vom bewußten Umgang mit dem Urbild ab. So kann bei einem Marienverehrer das Urbild im Unbewußten steckenbleiben und dessen Entwicklung blockieren, bei einem anderen kann es Anlaß sein, die im Urbild zugänglichen Kräfte bewußt in die psychische Entwicklung zu integrieren.

33. Das Verständnis vom Amt, daß (katholische) Priester anstelle Christi stehen und handeln, dürfte in solch einem unbewußten psychischen Muster gründen.

34. Jung hat parallel zur anima beim Mann einen animus bei der Frau gefunden. Bei einer nichtpatriarchalen Sicht auf die mythischen Zeugnisse zur psychischen Menschheitsentwicklung, wie ich sie in diesem Artikel anwende, läßt sich die Annahme eines animus nicht halten. Was Jung so nennt, dürfte eher eine patriarchale Phantasie über die Frau sein. Vgl. dazu: Ursula Baumgardt, König Drosselbart und C. G. Jungs Frauenbild. Kritische Gedanken zu Anima und Animus. Olten und Freiburg i. Br. 1987.

35. Erich Neumann, Ursprungsgeschichte des Bewußtseins (Kindler-TB Geist und Psyche 2042/43). München 1949.

Karl-Josef Kuschel

Mater Dolorosa: Maria als Befreiungsfigur in der Literatur des 20. Jahrhunderts[*]

Wer im Medium literarischer Texte Erkenntnisse über die Bedeutung der Figur Mariens sucht, muß wissen, worauf er sich einläßt. Man hat sich bewußt zu sein, daß sich in Literatur vieles aussprechen kann, was Theologie und Frömmigkeit, Kult und Verehrung nicht mehr wahrzunehmen vermögen, daß sich bei den Schriftstellern — unbekümmert, manchmal unverfroren — das an Realitätsnähe und Wirklichkeitserkenntnis behauptet, was hymnische Traktate, theologische Spekulation und kirchliche Kanonisierung in Sachen Maria oft überspielen oder gar verdrängen.

Im folgenden handelt es sich also um den Versuch, die Marienthematik in genuin nicht-theologischen, in künstlerischen, literarischen Texten aufzuspüren. Die Erforschung eines so fremden, unbekannten, manchmal feindseligen Geländes ist für kirchliches und theologisches Denken dabei nichts weniger als ein Abenteuer. Der Wind der Kritik weht hier scharf, manchmal eisig. Doch wer dem standhält, wird überraschende Entdeckungen machen und das finden, was er sucht: Wirklichkeitsgewinn! Literatur wird dann zum Seismographen für die geheimen oder offen zu Tage liegenden geistigen und gesellschaftlichen Erschütterungen, die die jeweilige Zeit bestimmen. Wer sich freilich mit dem Ziel aufmacht, nur das zu finden, was er bereits weiß, wer sich nur seine eigenen fertigen Bilder bestätigen lassen will, wird Literatur verkennen und enttäuscht sein. Soviel vorweg: Man wird

---

[*] Grundlage dieses Aufsatzes ist meine umfassende Studie: *Maria in der deutschen Literatur des 20. Jahrhunderts*, in »Handbuch der Marienkunde«, herausgegeben von W. Beinert und H. Petri, Regensburg 1984, S. 664–718. Zur Vertiefung der Problematik, für Hinweise auf weiterführende Literatur und zur theologischen wie literaturgeschichtlichen Einordnung des Materials muß auf diesen umfangreichen Beitrag verwiesen werden.

vieles an traditionellen Formeln hier nicht wiederfinden, und doch mit einem »Mehr« an Sprache, an Bildern und Einsichten wiederkehren. Sprachanreicherung ist der Lohn, wenn man geduldig hinhört, den Texten standhält und sich betroffen machen läßt.

Vorspiel

Was der Romantik noch möglich war, heute ist es undenkbar: Erstmals in der Geschichte der deutschen Literatur entsteht in der romantischen Epoche, bei Novalis und Eichendorff vor allem, eine Lyrik, die eine unmittelbare Anrede Marias, ein direktes, persönliches Verhältnis des Künstlers zu dieser himmlischen Frau gestalten konnte. Für Novalis etwa ist Maria eine Himmelskönigin, die ganz mit der mythischen Figur der großen Mutter verschmolzen ist. Auf der Grenze von Erotik und Religion verschwimmen für diesen Romantiker die Bereiche von Welt und Überwelt, Erde und Himmel, Traum und Realität, Persönlichem und Überpersönlichem. Maria ist für Novalis ganz und gar Symbol ewig allwaltender Liebe, die große kosmisch-universale Kraft, mit deren Hilfe der Autor sich Erlösung von der »Welt« verspricht. Maria — ein Bild des Inneren, ein Archetyp der Seele. In diesem erotisch-mystischen Kontext sind die berühmten Verse von Novalis zu verstehen:

Ich sehe dich in tausend Bildern,
Maria, lieblich ausgedrückt,
Doch keins von allen kann dich schildern,
Wie meine Seele dich erblickt.

Ich weiß nur, daß der Welt Getümmel
Seitdem mir wie ein Traum verweht,
Und ein unnennbar süßer Himmel
Mir ewig im Gemüte steht.

Nein, so zu reden, wäre für einen Schriftsteller heute undenkbar. Vorbei auch die Zeit, als der große *Hölderlin* noch ohne Distanz auf der Grenze von Gedicht und Gebet so unmittelbar seine persönliche innere Zwiespältigkeit der Madonna selber zu sagen vermochte. Undenkbar für einen Schriftsteller heute — diese direkte Hinwendung an die Große Frau im Himmel. Aber es dürfte schon bei Hölderlin kein

Zufall sein, daß die geplante Elegie an Maria nur Fragment blieb und nicht vollendet wurde. Aber welch ein Beginn:

»*Viel hab ich dein*
Und deines Sohnes wegen
Gelitten, o Madonna,
Seit ich gehöret von ihm
In süßer Jugend;
Denn nicht der Seher allein,
Es stehen unter einem Schicksal
Die Dienenden auch. (...)

Und manchen Gesang, den ich
Dem höchsten zu singen, dem Vater,
Gesonnen war, den hat
Mir weggezehret die Schwermut.

Woher kommt in dieser Zeit die große poetische Faszination der Marienfigur? Was war es, das die Poeten aller couleur an Maria faszinierte? Diese Frage beantwortet uns ausgerechnet ein so scharfsichtiger und witziger Kritiker des Christentums wie *Heinrich Heine.* Zwei Jahre vor seinem Tod im Winter 1854, als eine entsetzliche Krankheit ihn längst in seine »Matratzengruft« geworfen hatte, schrieb Heinrich Heine in seinen »Geständnissen«: »Ich war immer ein Dichter, und deshalb mußte sich mir die Poesie, welche in der Symbolik des katholischen Dogmas und Kultus blüht und lodert, viel tiefer als andern Leuten offenbaren, und nicht selten in meiner Jünglingszeit überwältigte auch mich die unendliche Süße, die geheimnisvoll selige Überschwenglichkeit und schauerliche Todeslust jener Poesie: auch ich schwärmte manchmal für die hochgebenedeite Königin des Himmels, die Legenden ihrer Huld und Güte brachte ich in zierliche Reime, und meine erste Gedichtesammlung enthält Spuren dieser schönen Madonna-Periode, die ich in spätern Sammlungen lächerlich sorgsam ausmerzte.«
In der Tat hatte 32 Jahre zuvor Heine eine »Wallfahrt nach Kevelaar« volksliedhaft besungen, worin er das romantische Motiv von Maria als der Helferin und Trösterin in Not aufgriff und zugleich im Stil einer romantischen Schauerballade in für ihn typischer Weise verfremdete. »Seelische Überschwenglichkeit« und »schauerliche Todeslust« sind

in der Tat die poetischen Antriebskräfte dieses Textes. Denn das 20strophige Gedicht erzielt seine ganze Wirkung durch den auf Überraschung des Lesers hin angelegten Schluß, der die zunächst erzeugte erbauliche Erwartunghaltung (wundersame Heilung des durch den Tod der Geliebten gebrochenen Herzens eines jungen Mannes) mit Hilfe einer unerwartet einfachen »Lösung« (Heilung durch Tod) durchbricht. Heine ist der erste, der mit dem erbaulichen Ton gläubigen, »naiven« Vertrauens auf die Hilfe der Madonna, wie er für die Romantiker charakteristisch war, spielt. Sein Gedicht endet denn auch:

»Der kranke Sohn und die Mutter,
Die schliefen im Kämmerlein;
Da kam die Mutter Gottes
Ganz leise geschritten herein.

Die beugte sich über den Kranken,
Und legte ihre Hand
Ganz leise auf sein Herze,
Und lächelte mild und schwand.

Die Mutter schaut alles im Traume,
Und hat noch mehr geschaut;
Sie erwachte aus dem Schlummer,
Die Hunde bellten so laut.

Da lag dahingestrecket
Ihr Sohn, und der war tot;
Es spielt auf den bleichen Wangen
Das lichte Morgenrot.

Die Mutter faltet die Hände,
Ihr war, sie wußte nicht wie;
Andächtig sang sie leise:
Gelobt seist du, Marie!«

Heine ist also der erste, der trotz aller poetischen Faszination oder gerade wegen ihr die Zwiespältigkeit des Motivs »Madonnen-Wunder« ironisch aufdeckte. Er ist der erste, der die fromme Erwartungshaltung des naiv Gläubigen ironisch-makaber bricht. Denn die Heilung des Kranken geschieht ja in seinem Gedicht auf wahrhaft unerwartet-schauerliche Weise. Die Heilung des Herzens wird mit dem Tode erkauft. Die Maria Consolatrix erweist sich als Todesgöttin. Heine nutzt geschickt diesen Umkehreffekt aus und stellt so die hier beschriebene naive Volksfrömmigkeit als hilflose Schicksalsgläubigkeit bloß. Er zeigt: Diese Art marianischer Wunderergebenheit wird zur frommen Illusion.

Was der Romantik noch möglich war: Zum letzten Mal taucht es in der großen Literatur des 20. Jahrhunderts bei einem Mann wie *Rainer Maria Rilke* auf. Zum letzten Mal die lyrische Umgestaltung, die poetische Transformation des klassischen Motivs vom *Marienleben*, das Rilke 1912 in Verse brachte. Zum letzten Mal also der Versuch einer direkten Annäherung an Maria, an Szenen aus ihrem Leben, durch einen Autor, der in vielfacher Weise Maria einen Platz in seinem persönlichen, ästhetisch-mythischen Kosmos gegeben hatte. An Maria war dieser Prager Poet freilich nicht so sehr aus Gefühlen der Frömmigkeit interessiert (auch das Theologisch-Dogmatische ließ er beiseite), sondern vor allem als Lyriker, als Ästhet, als Künstler. Mit Maria als literarischer Figur ließen sich Grundhaltungen des Menschen zur Wirklichkeit, zur Welt und zur Kunst, symbolisch-ästhetisch spiegeln, auf die es ihm für sein Kunstprogramm, für sein Selbstverständnis als Ästhet ankam und die in immer neuen Variationen sein Werk durchziehen: die Darstellung der Hingabe und des Dienens, die Sorge um und das Warten auf die Dinge, das Wissen um das Wunderbare und das Offensein des Menschen für das Göttliche, die Haltung des Rühmens und Preisens. Maria spielt dabei für Rilke eine kaum durch eine andere Frauenfigur ersetzbare Rolle: Sie wird nicht selten zum Symbol des Weiblichen, Fraulichen schlechthin.

Maria ist denn auch in den Texten von Rilkes »Marienleben« weniger die göttliche denn eine sehr irdische Frau und Mutter, die freilich vor allen anderen Menschen dadurch ausgezeichnet wurde, daß sich an ihr in Hingabe, Gottergebenheit und Einfalt göttliches Handeln vollzogen hat:

»Hättest du der Einfalt nicht, wie sollte
dir geschehen, was jetzt die Nacht erhellt?
Sieh, der Gott, der über Völkern grollte,
macht sich mild und kommt in dir zur Welt.«

Dann aber sind *Spannungen zwischen Mutter und Sohn* in »Marien-leben«-Texten unverkennbar. Merkwürdige Passions-Texte aus dem Munde Marias begegnen:

»Mit solchem Aufwand warst du mir verheissen.
Was tratst du nicht gleich wild aus mir heraus?
Wenn du nur Tiger brauchst, dich zu zerreissen,
warum erzog man mich im Frauenhaus?«

Solche Texte sind in der Tat nur aus der Mutter-Sohn-Spannung heraus zu verstehen und bringen einen neuen Ton in die Marien-klage: Die Ursache des Schmerzes ist der Sohn selber, den die Mutter nicht mehr fassen kann. Die Mutter ist bei Rilke also nicht nur Klägerin, sondern *Anklägerin.* Umkehr des Schmerzensmutter-Motivs findet damit statt, und Höhepunkt dieser Umkehrung, dieser Klage und *Anklage* der Mutter an den Sohn, ist das Pietà-Gedicht Rilkes, das in der deutschen Literaturgeschichte vor ihm seinesglei-chen sucht:

»Jetzt wird mein Elend voll, und namenlos
erfüllt es mich. Ich starre wie des Steins
Inneres starrt.
Hart wie ich bin, weiß ich nur Eins:
Du wurdest groß —
.... und wurdest groß,
um als zu großer Schmerz
ganz über meines Herzens Fassung
hinauszustehn.
Jetzt liegst du quer durch meinen Schoß,
jetzt kann ich dich nicht mehr
gebären.«

Maria ist also bei Rilke Typus der fassungslosen Mutter, die das Fiasko des Sohnes, der über sie hinausgewachsen war, geahnt hat und es doch letztlich nur ohnmächtig beklagen kann. Im Spiegel des Maria-Christus-Verhältnisses gestaltet Rilke somit die archetypische Grundspannung von Mutter und Sohn überhaupt, die ihren Höhe-punkt darin findet, daß die Mutter ihre Gebärunfähigkeit dem toten Sohn subtil als Schuld unterstellt.

Ein letztes Mal also die klassische Form bei Rilke, mit durchaus subjektiven Akzenten neu ästhetisch funktionalisiert, ein Werk auf der Grenze von Ästhetik und Religion, zwischen Kunst und Christentum oszillierend: eine Form literarischen Selbstausdrucks, die dann schließlich auch die musikalische Vertonung vertragen konnte. Als einziges Werk Rilkes hat das »Marienleben« eine Vertonung zu seinen Lebzeiten inspiriert, und zwar durch Paul Hindemith im Jahre 1923.

Was literarisch folgt, steht im Zeichen radikaler Subjektivität bis in den Bereich der Religion hinein. Schon bei Rilke ist erstmals im Unterschied zu den Romantikern die Herauslösung der Mariengestalt aus dem kirchlich-christlichen Raum spürbar. Nicht kirchliche Lehre, sondern subjektive Erfahrungen finden in literarischen Texten Ausdruck. Maria ist bei Rilke nicht eigentlich eine religiös-kirchliche, sondern eine archetypische Figur des ästhetischen Selbstausdrucks des Künstlers, Projektionsfigur für Grundhaltungen und Basiskonflikte in der eigenen Welt. Diese Säkularisierung der Marienfigur zu Zwecken archetypischer Selbstdeutung des Autors wird sich künftig in literarischen Texten verstärken. Ich rufe dafür drei Zeugen auf und illustriere diese Zeugenschaft mit Hilfe von drei typischen Szenen:

1. Szene: 1909

In Wien treffen Bruder und Schwester aus Salzburg wieder aufeinander. Er, *Georg Trakl*, 22jährig, um sein Pharmaziestudium fortzusetzen. Sie, die Schwester, Grete Trakl, 17jährig, um an der Musikakademie Musiktheorie und Klavier studieren zu können. Er, ein in seinen Anfängen bereits genialische Züge zeigender junger Literat. Sie, eine hochbegabte Musikerin, die das Beste für die Zukunft verspricht. Er, ein junger Pharmaziestudent, der schon in Salzburg sich als Schüler und Lehrling mit Drogen vertraut gemacht hatte, der in der Baudelaire- und Rimbaud-Nachfolge den unbürgerlichen Poeten zu spielen trachtete, in der Dostojewski-Begeisterung Bordellbekanntschaften pflegte aus Protest gegen die bürgerlich-spießige Gesellschaft; er also, ein junger Bohemien, der schon als Gymnasiast für seine Schwester als »das schönste Mädchen, die größte Künstlerin, das seltenste Weib« geschwärmt hatte und schon früh sich für die Inzestverherrlichung in Wagners »Walküre« einsetzen konnte. Sie dagegen eine junge Frau, die die Eltern in Internate und Erziehungsheime gesteckt hatten und die jetzt in Wien — durch den Bruder verführt — dem Laster der Drogensucht verfiel, bis sie ihn damit übertraf.

Bruder und Schwester Trakl 1909 in Wien: Ihre Lebensläufe beginnen abschüssig zu werden und in eine Abgründigkeit zu rutschen, die ihresgleichen sucht: ein sexuell-Rauschmittel-bestimmtes Hörigkeitsverhältnis entsteht, das nicht frei bleibt von Eifersucht und Versteckspielerei. Eine private »Apokalypse der deutschen Seele« (H. U. v. Balthasar) in der Tat, ein inzestuöses Geschlechtsknäuel, deren Fäden am Ende unentwirrt-wirr in der Luft hängen: Er stirbt 27jährig 1914, als eine der fürchterlichen Schlachten des Ersten Weltkriegs, die Grodek-Schlacht, ihn vollends in den Wahnsinn getrieben hatte, in einem Garnisonsspital in Krakau an einer Überdosis Kokain, ein schmales, in Teilen vollkommenes lyrisches Werk hinterlassend; sie, die »schmerzverschwisterte«, stirbt 25jährig in Berlin von eigener Hand, einen Mann und ein Kind sich selbst überlassend.

Wien 1909: In dieser Zeit entsteht das Gedicht Trakls mit dem Titel »Blutschuld«:

»Es dräut die Nacht am Lager unsrer Küsse.
Es flüstert wo: Wer nimmt von euch die Schuld?
Noch bebend von verruchter Wollust Süsse
Wir beten: Verzeih uns Maria, in deiner Huld!

Aus Blumenschalen steigen gierige Düfte,
Umschmeicheln unsere Stirnen bleich von Schuld
Ermattend unterm Hauch der schwülen Lüfte
Wir träumen: Verzeih uns, Maria, in deiner Huld!

Doch lauter rauscht der Brunnen der Sirenen
Und dunkler ragt die Sphinx vor unsrer Schuld,
Daß unsre Herzen sündiger wieder tönen,
Wir schluchzen: Verzeih uns, Maria, in deiner Huld!«

Ein einzigartiger Text, der die Ungeheuerlichkeit des Schuldbewußtseins in die Form eines klassischen Mariengebetes kleidet. Aber welch ein Gebet! Welch ein Unterschied zur religiösen Geborgenheit der Welt der Romantiker. Inzestuöse Blutschuld ist in diesem Gedicht sowohl Tatsache wie Verhängnis, Faktum wie Fatum. Hier beten zwei

Menschen zu Maria, nicht, weil sie schon bereut hätten, sondern weil sie Reue nicht finden: Die verruchte Wollust stellt sich immer wieder ein; lauter rauscht der Brunnen; dunkler ragt die Sphinx, sündiger tönen die Herzen. Schuld ist unausweichlich, weil die Ursache der Schuld unausrottbar ist. Was bleibt, ist die unaufgelöste Polarität von Schuldbewußtsein und Verzeihungsbitte. Wahrhaftig: Schon oft hat sich in Marientexten der deutschen Literatur Schuld auf Huld gereimt, aber nie war die Schuld so gewaltig und die Huld so ohnmächtig zugleich wie im Text dieses Salzburgers. Trotz Beten, Träumen, Schluchzen, kein fromm Gebet, nein, eher eine in marianische Gebetssprache gefaßte Selbstbeschreibung der Abgründigkeit von menschlichen Beziehungen. Mater dolorosa: Maria als ewige Adressatin der Grundwidersprüche menschlichen Lebens, der conditio humana dolorosa, die nicht erst Trakls Gebet anstieß, sondern die auch schon Goethe seiner Margarethe im »Faust« zur Angstbewältigung in den Mund legte: »Ach neige, du Schmerzensreiche, dein Antlitz gnädig meiner Not.«

Die Mater Dolorosa also — katholisches Erbe des Salzburger Protestanten Trakl — Indikator menschlicher Abgründigkeit, humaner Entfremdungen; ohnmächtig-hilfloses Symbol der sprachlichen Verarbeitung menschlicher Schuld.

2. Szene: 1919

Zu fünf Jahren Festung in Stadelheim bei München wird der Schriftsteller *Ernst Toller* 1919 verurteilt. Als Kriegsfreiwilliger im Ersten Weltkrieg schwer verwundet, tritt der nun 26jährige seine Haftstrafe wegen seiner Beteiligung am Umsturz 1919 in Bayern an, nachdem er Vorstandsmitglied des revolutionären Zentralrates der Arbeiter-, Bauern- und Soldatenräte in München gewesen war. Ein Mann der Räterepublik also, ein politischer Gefangener der ersten Tage nach dem furchtbaren Krieg. Hier im Gefängnis von Stadelheim entsteht eines der eindrücklichsten Mariengedichte in der Literatur des 20. Jahrhunderts. Titel: »Die Mauer der Erschossenen«, Untertitel: »Pietà«, mit einer konkreten Ortsangabe: Stadelheim 1919.

»Wie aus dem Leib des heiligen Sebastian,
Dem tausend Pfeile tausend Wunden schlugen,
So Wunden brachen aus Gestein und Fugen,
Seit in den Sand ihr Blut verlöschend rann.

Vor Schrei und Aufschrei krümmte sich die Wand,
Vor Weibern, die mit angeschossnen Knien, ›Herzschuss!‹ flehten,
Vor Männern, die getroffen sich wie Kreisel drehten,
Vor Knaben, die um Gnade weinten mit zerbrochner Hand.

Da solches Morden raste durch die Tage,
Da Erde wurde zu bespienem Schoss,
Da trunkenes Gelächter kollerte von Bajonetten,
Da Gott sich blendete und arm ward, nackt und bloss,
sah man die schmerzensreiche Wand in grosser Klage
Die toten Menschenleiber an ihr steinern Herze betten.«

Wiederum eine einzigartige Szene für einen Marientext: Gefängnis, Exekutionsmauer, Blut, Morden und Gelächter. Sprachlich ist vor allem die Verarbeitung religiösen Bildmaterials in diesem Text aller Beachtung wert. Denn die Gefängnismauer, an der Gefangene exekutiert werden, bekommt für den gescheiterten Revolutionär Toller schon durch den Vergleich mit den Wunden des heiligen Sebastian eine beinahe religiöse Dignität. Assoziationen von Märtyrertum kommen auf. Und dies scheint denn auch Absicht des Textes. Durch das Blut der Gefangenen bekommt dieser Ort der Gottferne das Signum einer religiösen Opferstätte. Das Gefängnis wird zum Altar, die Mauer zur Blutopferstätte, der Hinrichtungsort zum sakralen Platz. Sakralisierung eines radikal profanen Ortes ist Tollers Verfahren, und Höhepunkt dieses Versuches ist der Vergleich der steinernen Wand mit der Schmerzensmutter, der Pietà: »Die schmerzensreiche Wand in großer Klage«. Größer könnte die Umkehr nicht sein, die der Autor hier vollzieht: In einer Welt der Gottferne und der Menschenverlassenheit übernimmt die Steinwand die Funktion der Pietà. Assoziativ ist damit gesagt: In einer solchen Welt des Todes ist das Leiden, von Menschen verursacht, sogar für die Steine schon zum Steinerweichen: Indem Toller also der Steinwand mütterliche Züge gibt, mehr noch, indem die Mauer zur Pietà wird, legt der Autor nur das Maß an Entmenschlichung frei, das sich in der Erschießungsszene ausspricht.

Indem aber umgekehrt die Mauer Mutter- und Klagefunktion erhält, wird dieser Ort des Todes ebenfalls zu einem Ort sakraler Würde. Das Mater-dolorosa-Motiv ist also in dieser radikalen Umkehr für Toller die bildliche Vergegenwärtigung der Solidarität mit den Opfern, denen in ihrem würdelosen Tod nichts von ihrer Würde genommen wird. Mater dolorosa — Symbol der Solidarität mit den Opfern schlechthin. Die Schmerzensmutter — hier wie so oft in der Geschichte — nicht auf der Seite der Herrschenden, der Henker, sondern auf Seiten der Opfer, der kleinen Leute, der unbedeutenden aus dem Volke.

3. Szene: 1925

27 Jahre ist der Augsburger Papierfabrikantensohn Bert Brecht alt, als er — als Autor von Stücken wie »Baal«, »Trommeln in der Nacht« und »Im Dickicht der Städte« in Deutschland schon berühmt — am Weihnachtstag 1925 im Berliner Börsenkurier sein Mariengedicht veröffentlicht, das drei Jahre zuvor entstanden war. Ein Text, der erste sozial- und religionskritische Züge erkennen läßt, die ihren Höhepunkt lyrisch schon bald in der Brechtschen Sammlung »Die Hauspostille« (1926) finden sollten.

Maria

»*Die Nacht ihrer ersten Geburt war*
Kalt gewesen. In späteren Jahren aber
Vergass sie gänzlich
Den Frost in den Kummerbalken und rauchenden Ofen
Und das Würgen der Nachgeburt gegen Morgen zu.
Aber vor allem vergass sie die bittere Scham
Nicht allein zu sein
Die dem Armen eigen ist.
Hauptsächlich deshalb
Ward es in späteren Jahren zum Fest, bei dem
Alles dabei war.
Das rohe Geschwätz der Hirten verstummte.
Später wurden aus ihnen Könige in der Geschichte.
Der Wind, der sehr kalt war
Wurde zum Engelsgesang.

Ja, von dem Loch im Dach, das den Frost einliess, blieb nur
Der Stern, der hineinsah.
Alles dies
Kam vom Gesicht ihres Sohnes, der leicht war
Gesang liebte
Arme zu sich lud
Und die Gewohnheit hatte, unter Königen zu leben
Und einen Stern über sich zu sehen in der Nachtzeit.«

Natürlich will ein solcher Text radikal mit jeder verklärenden, hymnisch preisenden, fromm entrückten und sentimental verkitschten Marienlyrik aufräumen, wie sie in der Nachfolge von Eichendorff und Novalis, von Romantik und Neuromantik in vielfach banalisierenden Abschattierungen sich noch im Kirchenliedgut so hartnäckig erhalten hat. Natürlich ist ein solches Gedicht mit einem solch lapidar klingenden Titel (»Maria«) Reaktion auf die Wirkungsgeschichte rein bestätigender Marienhymnik. Nein, nicht hymnisches Lob, Benennung konkreter Tatbestände heißt die Devise dieses Gedichtes. Der Text beginnt denn auch mit einem Aussagesatz, der eine Tatsache feststellt: Die Nacht ihrer ersten Geburt war kalt gewesen. Im folgenden lebt dieser Text ganz von der Diskrepanz zwischem dem, was war und dem, was wurde: der Diskrepanz zwischen der christlichen Idyllik, mit der man Bethlehem »später« umgab, und der geschichtlichen Realistik, die erkennen läßt, was tatsächlich passierte: Eine Frau — Maria ist ihr Name — bringt unter armseligen, peinlichen Umständen ein Kind zur Welt. Nein, keine Madonna ist hier präsent, keine Gottesmutter und Himmelskönigin, sondern eine konkrete geschichtliche Frau, die zum ersten Male Mutter wurde. Vom »Würgen der Nachgeburt« ist da die Rede, von der Scham und der Armut, von den Hirten und von der Kälte. Geschichte und Wirkungsgeschichte, Bild und Gegen-Bild sind in kritische Spannung zueinander gebracht.
Auch hier ist Maria dargestellt als leidendes Opfer der Verhältnisse. Aber erstmals wird die Marienfigur in der deutschen Literatur des 20. Jahrhunderts historisch-sozialkritisch präsentiert. Der Schmerz und das Leid Marias wird bei Brecht nicht spiritualisiert oder theologisiert, sondern konkret-sozialpolitisch benannt: Sie haben ihre Ursachen in den miserablen sozialen Bedingungen dieser Frau.
Drei Szenen im Zeichen radikaler Subjektivität der Autoren also:

Schon bei *Rilke* der archetypische Mutter-Sohn-Konflikt; dann bei *Trakl* die Extremsituation einer schuldhaften Abgründigkeit, die in Aufnahme marianischer Gebetssprache nicht beseitigt, aber ausgesprochen wird. Die Schmerzensmutter als Adressatin von Grundwidersprüchen menschlichen Lebens.

Bei *Toller* die Extremsituation eines politischen Gefangenen, für den im Akt der radikalen Umkehr die Exekutionswand zur Pietà wird, so nur die Entfremdung der Menschen voneinander zeigend und den Opfern eine gewissermaßen religiöse Würde zurückgebend. Die Schmerzensmutter als Entfremdungs- und Solidaritätsgestalt, Maria auf der Seite der Opfer.

Bei *Brecht* die Extremsituation sozialer Kälte, in der Maria zum Typus einer konkret leidenden Frau wird. Mater dolorosa als Archetyp einer sozial entfremdeten Mutter, die nicht zu spiritueller Innerlichkeit, sondern zur sozialen Analyse und Praxis verhelfen soll.

In allen drei Texten bricht sich im Spiegel der Mariengestalt die Abgründigkeit und Entfremdung der Conditio humana. Marianische Erbaulichkeit, fromme Verkultung, verkirchlichte Verzweckung der Schmerzensmutter ist hier überwunden. Maria ist ganz und gar hineingenommen in eine Geschichte menschlicher Selbstdeutung, der Aufarbeitung humaner Grundkonflikte und sozialer Gegensätze, deren Bedeutung *so* für die theologische Reflexion unverkennbar ist. Maria: archetypische literarische Figur menschlicher Selbstvergewisserung über die Gründe und Abgründe der eigenen Existenz, der Grundwidersprüche des politischen, gesellschaftlichen und existentiellen Daseins.

Wie geht es in der Literatur vor allem nach 1945 weiter? Ich rufe nochmals drei Zeugen auf und leuchte noch einmal drei Szenen aus.

4. Szene: 1938

Ein Jahr vor Kriegsausbruch, als der nationalsozialistische Wahn seinem terroristischen Höhepunkt entgegenging, konnte eine christliche Autorin beim Insel-Verlag in Leipzig noch einmal einen großen Roman veröffentlichen. Man hielt ihn — wohl wegen seines historischen Stoffes — nicht für politisch gefährlich. Die Nazis irrten auch darin. Denn der Roman »*Die Magdeburger Hochzeit*« der *Gertrud von Le Fort*, in dessen Zentrum die von Katholiken unter dem Feldherrn Tilly belagerte und schließlich eroberte protestantische Stadt

Magdeburg während des Dreißigjährigen Krieges steht, ist inhaltlich in jeder Hinsicht eine radikale Absage an jede Form von Intoleranz, Gewaltherrschaft und Krieg, wofür der Dreißigjährige Krieg mit seinem schrecklichen Völkermorden nicht nur symbolisch steht. Denn im spirituellen Zentrum der »Magdeburger Hochzeit« steht das Marienbild auf der Leibstandarte des für die »katholische Sache« kämpfenden Feldherrn Tilly, mit welcher der Generalissimus vor seinen Entscheidungen Zwiesprache zu halten pflegt. Maria auf der Standarte von Kriegern: Sie war oft genug der religiöse Fetisch einer triumphalistischen Soldateska, die ihr Morden durch die Kirche auch noch zu legitimieren wußte. Die »Marie von der Victorie« war oft genug die Projektion männlichen Kriegertums, dessen Aggressivität sich auch noch religiös zu tarnen verstand: Eine fanatische männliche Soldateska kämpfte für die Hohe Frau im Himmel; archetypische Grundmuster von Männlichkeit und Weiblichkeit bilden sich ab.

Die Kernaussage des Romans aber ist dem allem konträr. Denn während die kaiserlichen katholischen Truppen triumphierend in die geschlagene protestantische Stadt einziehen und ihr Tedeum im Magdeburger Dom verlangen, begreift der Feldherr Tilly, daß dieser Sieg im Namen der katholischen Kirche über die Protestanten in Wirklichkeit eine »Niederlage« ist. Seine Marienfahne in den Händen, die durch einen Treffer versehrt wurde und in der die »Marie von der Victorie« jetzt mehr einer Schmerzensmutter gleicht, begreift der Feldherr: »Maria wollte nicht mit dem Schwert in der Hand über die Glaubensspaltung siegen, sondern sie wollte siegen mit dem Schwert der Glaubensspaltung im Herzen ... Marias Zerrbild — Maria mit dem Schwert in der Hand — bedeutete auch das Zerrbild des Reiches: das Reich mit dem aus der Hand geschlagenen Schwert — die rohe Gewalt nach innen, die Ohnmacht nach aussen!«

Und auch ein »junger Pater«, der zu Tillys Vertrauten gehört, muß am Ende des Mordens zwischen den Christen erkennen: »Christus siegt nicht im Kampf gegen das Kreuz, sondern am Kreuz — Christus kann das Kreuz der Glaubensspaltung nur am Kreuz der Glaubensspaltung besiegen — Christus siegt nur im Mysterium seiner Liebe! Das ist es doch, was die heilige Religion Tag und Nacht verkündigt mit jeder ihrer·Messen, mit jeder ihrer ausgesetzten Monstranzen, mit jedem ihrer Kreuzzeichen! Das ist doch ihr geheimnisvoller Gegenwurf gegen alle Mächte der Zerstörung und Empörung, ihr Triumph über dieselben — der einzige, den die Braut Christi jemals haben kann, und wenn sie jahrhundertelang auf diesen Triumph warten müßte. Und wenn die Welt ihr unterdessen noch die letzte Macht entrisse — auch über die Welt kann doch die heilige Religion nicht anders triumphieren als im Mysterium der Liebe — und diese Liebe triumphiert ja gerade, wenn sie unterliegt!«

Darum also geht es in diesem Roman: um die Konkretisierung des »Mysteriums der Liebe«, und man beginnt als Leser zu begreifen, was genuin *marianische Dialektik* heißen könnte. Es ist die Dialektik von Scheitern und Sieg, Schwäche und Stärke, Ohnmacht und Macht. Konkret: Die Durchsetzung von Glaubensüberzeugung mit Gewalt ist nichts als ein »Zerrbild«, eine »Niederlage« Marias. Die im Gekreuzigten und in der Schmerzensmutter symbolisierte Dialektik ist also dort präsent, wo Christlichkeit sich in Niedrigkeit vollzieht; wo Liebe im Bewußtsein der Niederlage, des Scheiterns ausgeübt wird — wo Christsein das Signum des Kreuzes trägt und eine triumphierende Kirche zugunsten einer Kirche unter dem Kreuz aufgegeben ist. Anders gesagt: Die marianische Dialektik ist eine ganz und gar *macht- und herrschaftskritische*, wo im Zeichen des Gekreuzigten und der Schmerzensmutter die »Umwertung aller Werte« geschieht. Ihre Kraft bezieht diese Dialektik nicht aus einer politischen und gesellschaftlichen Analyse von Herrschaftsverhältnissen, sondern von einem spirituellen Gegenentwurf her im Geiste Jesu und Marias gegen die Mächte der Zeit: religiös fanatisierter Haß gegenüber Andersdenkenden, Aggressivität und männliches Kriegertum. Und so wie der Gekreuzigte zu den Opfern von Krieg und Zerstörung gehört, so die Mutter, deren »Niederlage« gleichzeitig eine Absage an die »Logik der Gewalt« ist. Maria — eine Befreiungsfigur von Männlichkeitswahn und Aggressivitätsideologie.

Welch eine Paradoxie in der Tat: Wieviel Gewalt ist gerade im Namen der Schmerzensmutter ausgeübt worden — auch innerkirchlich! Wieviel Intoleranz und Haß, Ketzerriecherei ist im Namen der reinen Lehre ausgeübt worden, weil man meinte, Maria vor den Juden, den Protestanten, den innerkatholischen »Ketzern«, den säkularen Freigeistern in Schutz nehmen zu müssen. Wie viele sind verurteilt und verketzert worden, ohne daß man innerkirchlich merkte, daß gerade die, die Maria auf diese Weise zu schützen glaubten, durch ihre Unduldsamkeit und religiös verbrämte Aggressivität die Sache Marias verrieten. Gerade heute ist es für Theologinnen und Theologen wieder unbequem, in einer Kirche wie der katholischen den Zusammenhang bewußtzumachen: daß man einerseits Maria als Gottesmutter spirituell und theologisch nicht hoch genug erheben kann, während man der konkreten Frau und Mutter *volle* Selbstbestimmung und Selbstverwirklichung innerkirchlich verweigert.

5. Szene 1950

Aber die *Sache Marias* liegt für Schriftsteller anderswo. Und diese Sache kommt in einer frühen Erzählung *Heinrich Bölls* zum Ausdruck: dieselbe christliche Dialektik von Stärke und Schwäche, Macht und Ohnmacht, Scheitern und Sieg. In seinem kurzen Prosastück »Kerzen für Maria« (1950) wird bei Böll die Marienstatue einer Kirche zum auslösenden Faktor für den Selbstfindungsprozeß eines Mannes, der fähig wird zu neuer Freiheit und innerer Gelöstheit. Der Mann, der sich das völlige Scheitern seiner ökonomischen Existenz eingestehen muß (er zieht in der Nachkriegszeit als Vertreter von selbst hergestellten Kerzenprodukten von Ort zu Ort), der gar die vollkommene »Nutzlosigkeit« seiner Bemühungen mit einer gewissen »Freude« registriert, der mit einem gewissen Trotz »froh« war, »offenbar keines Lohnes würdig zu sein«, erfährt in der Begegnung mit der Marienfigur die Wandlung von einer äußeren »Freiheit« von Besitz und ökonomischem Nützlichkeitsdenken zu einer großen inneren Freiheit.

Erst jetzt ist er fähig, *sich selber mit seinem Scheitern anzunehmen* und von sich selber frei zu werden. Im Weggeben sämtlicher, jetzt für ihn nutzlos gewordener Kerzen an das Marienbild, findet diese neue, innere Freiheit ihren symbolischen Ausdruck: »Indem ich eine Kerze an der Flamme der anderen erhitzte, klebte ich sie alle fest auf den kalten Sockel, der das weiche Wachs schnell hart werden ließ, alle klebte ich sie auf, bis der ganze Tisch mit unruhig flackernden Lichtern bedeckt war und mein Koffer leer. Ich ließ ihn stehen, raffte meinen Hut auf, beugte noch einmal meine Knie vor dem Altar und ging; es schien, als flöhe ich ... Und nun erst, als ich langsam zum Bahnhof ging, fielen mir alle meine Sünden ein, und mein Herz war leichter als je ...«

Maria − bei Böll eine Befreiungsfigur von ökonomischem Nützlichkeitsdenken und technischer Zweckrationalität. Maria − Symbol innerer Freiheit des Menschen von Abhängigkeiten aller Art.

Doch Heinrich Böll, von Kindheit an vertraut mit einem Katholizismus rheinländischer Prägung, blieb sich stets auch der *mythischen Dimension* katholischer Marienverehrung bewußt. Und welcher Ort könnte geeigneter sein, diese mythische Dimension der Madonna zu zeigen als eine Stadt wie Köln mit ihrer jahrhundertealten heidnischen und christlichen Geschichte: Köln — die »dunkle Mutter« für Heinrich Böll. Im Jahre 1968 veröffentlichte Böll das erste einer Reihe von Köln-Gedichten:

»*Wer an Kanälen lauscht*
kann sie hören
in Labyrinthen
unter der Stadt
über Geröll, Scherben, Gebein
stolpert die Madonna
hinter Venus her
sie zu bekehren
vergebens
vergebens ihr Sohn hinter Dionys
vergebens Gereon hinter Caesar
Hohnlachen
wer an Kanälen lauscht
kann es hören

Der dunklen Mutter
durch Geschichte
nicht gebessert
steht Schmutz
gut zu Gesicht
in Labyrinthen
unter der Stadt
verkuppelt sie die Madonna
an Dionys
versöhnt den Sohn mit Venus
zwingt Gereon und Caesar
zur Großen Koalition
sich selber verkuppelt sie
an alle die guter Münze sind«

Ein lyrischer Text, transparent in der Struktur, eingängig in der Motivik und in der Verschränkung der geschichtlichen Perspektiven kunstvoll gebaut. Venus und Maria, die Liebes-Göttin und die Mut

ter-»Göttin«, Jesus und Dionys, der »Gott« des Leids und der Gott der
Lust, Gereon und Caesar, der Märtyrer-Soldat und der Kaiser-Soldat,
sind in der ersten Strophe für Böll archetypische Grundfiguren menschlichen Verhaltens und repräsentieren die »ewige« Dualität heidnisch-
christlicher Geschichte in dieser Stadt. Strophe 1 steht dabei ganz im
Zeichen geschichtlicher »Vergeblichkeit«. Das »Stolpern« der Madonna
ist nur die bildliche Vergegenwärtigung des immer mißlingenden
Versuchs, Heidentum durch Christentum zu beseitigen, ein Vorgang,
der sich untergründig »unter der Stadt« vollzieht, im Undurchschaubar-
Verborgenen (Bild des »Labyrinths«), und der in seiner Vergeblichkeit
nur »Hohnlachen« provoziert. Das heißt, die Realität dieser Stadt
spricht solchen Versuchen ständig Hohn. Denn diese Stadt, die »dunkle
Mutter«, hat schon längst ihre eigene Weise der »Versöhnung«, der
»Verkuppelung«, der »Großen Koalition« gefunden (2. Strophe).
Bewußt arbeitet Böll mit sexueller Bildersprache (»verkuppelt«) und
verschränkt nun die Gegensatzpaare aus der ersten Strophe neu. Jetzt
heißt es: Madonna mit Dionys und Jesus mit Venus. All dies ist noch
einmal Ausdruck geschichtlicher Realistik, die keine moralischen
Kategorien kennt. Dem Text ist überhaupt jede moralische Wertung
absolut fremd (Aussagesätze charakterisieren die Syntax), und gerade
darin liegt seine Herausforderung. So gehört die Madonna diesem Text
zufolge hinein in die bunte, chaotische, untergründig-unausrottbare,
schmutzige und doch gerade darin faszinierende unmoralisch-morali-
sche Geschichte menschlicher Realität, die in einer Stadt wie Köln sich
symbolisch verdichten läßt. Und die Madonna ist gerade hier, in dieser
katholisch-heidnischen Stadt, der dunklen Mutter oft wie aus dem
Gesicht geschnitten.

6. Szene: 1980 »Und Maria«

1   »und maria sang
      ihrem ungeborenen sohn:

      meine seele erhebt den herrn
      ich juble zu gott meinem befreier
      ich: eine unbedeutende frau —
      aber glücklich werden mich preisen
      die leute von jetzt an
      denn großes hat gott an mir getan —

sein name ist heilig
und grenzenlos sein erbarmen
zu allen denen es ernst ist mit ihm —
er braucht seine macht
um die pläne der machthaber fortzufegen
er stürzt die hohen vom sitz
und hebt die unterdrückten empor
er macht die hungrigen reich
und schickt die reichen weg

2 und maria konnte kaum lesen
und maria konnte kaum schreiben
und maria durfte nicht singen
noch reden im bethaus der juden
wo die männer dem mann-gott dienen

dafür aber sang sie
ihrem ältesten sohn
dafür aber sang sie
den töchern den anderen söhnen
von der grossen gnade und ihrem
heiligen umsturz

3 dennoch
erschrak sie
am tage
da jesus die werkstatt
und ihre familie verliess
um im namen gottes
und mit dem feuer des täufers
ihren gesang
zu leben

4 und dann
ach dann
bestätigten sich alle ängste
aufs schlimmste:
versteinert stand sie
und sprachlos

als jesus
am galgen
vergeblich
nach gott schrie

5 später viel später
blickte maria
ratlos von den altären
auf die sie
gestellt worden war

und sie glaubte
an eine verwechslung
als sie
— die vielfache mutter —
zur jungfrau
hochgelobt wurde

und sie bangte
um ihren verstand
als immer mehr leute
auf die knie fielen
vor ihr

und angst
zerpresste ihr herz
je inniger sie
— eine machtlose frau —
angefleht wurde
um hilfe um wunder

am tiefsten
verstörte sie aber
der blasphemische kniefall
von potentaten und schergen
gegen die sie doch einst
gesungen hatte voll hoffnung

6 und maria trat
aus ihren Bildern
und kletterte

von ihren altären herab
und sie wurde
das mädchen courage
die heilige kecke jeanne d'arc
und sie war
seraphina vom freien geist
rebellin gegen männermacht und hierarchie
und sie bot
in käthe der kräutermuhme
aufständischen bauern ein versteck
und sie wurde
millionenfach als hexe
zur ehre des gottesgötzen verbrannt
und sie war
die kleine therese
aber rosa luxemburg auch
und sie war
simone weil »la vierge rouge«
und zeugin des absoluten
und sie wurde
zur madonna leone die nackt
auf dem löwen für ihre indios reitet —
und sie war und sie ist
vielleibig vielstimmig
die subversive hoffnung
ihres gesanges«

Ein Text des Schweizer Lyrikers und Pfarrers *Kurt Marti*, dessen Stärke weniger in der Originalität der Einzelaussagen liegt, sondern in seiner Synthese verschiedener Elemente: der sozialpolitischen Pointe Brechts, der christlichen Dialektik einer Gertrud von Le Fort und eines Heinrich Böll, der Ausleuchtung von Grundsituationen, wie sie Toller und Trakl versuchten. Erstmals in der deutschen Literatur liegt hier ein politisch gelesenes, lyrisch gestaltetes »Marienleben« vor, das zugegebenerweise noch sehr grobe, holzschnittartige Konturen zeigt. Doch der Entwurfcharakter des Textes — kommunikative Lyrik in der Nachfolge Brechts — wird schon von der Form her deutlich.
Typisch für die politische Dimension dieses Textes ist: Das »Magnifikat« wird Ausgangspunkt für den Entwurf eines politisch-utopischen

Marienbildes, jener Gesang der Maria aus dem Lukas-Evangelium, der von der Umkehr aller sozialen Verhältnisse durch Gott kündet. Wie Brecht setzt auch Marti historisch-kritisch an und lenkt den Blick auf die geschichtliche Person Marias. Sie ist auch hier ganz zu einer »einfachen Frau aus dem Volke« geworden, deren »Gesang« Ausdruck innerer Freiheit und Gelöstheit ist. Die Wendungen »Männer dem Mann-Gott dienen« und »heiliger Umsturz« machen die doppelte Frontstellung des Textes gleich zu Anfang deutlich: Maria ist für Marti sowohl eine Figur weiblicher Emanzipationsgeschichte wie überhaupt der politischen Befreiungsgeschichte.

Die Strophen drei und vier greifen das *Thema Mutter* auf. Marti setzt hier überraschend neue Akzente: Das *vor* der Geburt des Erstgeborenen von der Mutter gesungene Lied wird gewissermaßen zum Erziehungsprogramm für den Sohn. Das heißt: Der Sohn wird später in Angriff nehmen, wovon die Mutter nur singen, nur träumen konnte. Marti betont also die Bedeutung der Mutter nicht nur als Gebärerin, sondern auch für die inhaltliche Gestaltung der Botschaft und der Praxis des Sohnes. Daß Jesus, der Sohn, so redete und handelte, ist Teil des Lebenstraums und der Erziehungsstrategie der Mutter, die sie — nach Meinung des Anton — auch anderen ihrer Kinder vermittelte. Mutter ist Maria bei Kurt Marti auch dort ganz und gar, wo sie erschrocken auf den Aufbruch des Sohnes aus der Familie reagiert. Schmerzensmutter dort, wo sie unter dem Kreuz zur Spiegelfigur für das Leid des Sohnes wird. In der »Versteinerung« und der »Sprachlosigkeit« der Mutter verstärkt sich die ganze Dramatik des Todes dieses Sohnes.

Paradox, ja grotesk ist auch für Marti die Diskrepanz zwischen wirklicher Geschichte und Wirkungsgeschichte. All die Jungfräulichkeitsprojektionen, die Wundersucht der Menschen machen dieser Frau Angst, vor allem aber die bigotte Anbetung durch »Potentaten und Schergen«. Der Text erreicht seinen Höhepunkt dort, wo die aktive, handelnde Maria beschrieben wird, und zwar indirekt in Stellvertreterfiguren durch die Geschichte. Es gibt für Marti also so etwas wie einen Prozeß der Universalisierung der »Sache Marias« durch die Geschichte hindurch. Es gibt die »andere Maria« — jenseits aller Marienfrömmigkeit voll von Süße und Sentimentalität, Demut und Hingabe, die bei Frauen ein passives Rollenverhalten im Namen der »reinen, demütigen Magd« festzuschreiben sucht. Als These Kurt Martis zeichnet sich ab: Maria ist nicht dort lebendig, wo sie auf Bildern und Altären folgenlos angebetet, wo sie Frauen als ein falsches Vorbild gepredigt wird, sondern überall dort, wo gesellschaftliche und geistige Befreiung durch Frauen geschieht, wo Schutz den Bedrängten gewährt wird, wo Frauen Veränderungen einleiten oder auch Opfer von Gewalt und Unterdrükkung werden. Die Kämpferin Jeanne d'Arc, Mystikerinnen wie die Seraphina vom Freien Geist, die kleine Therese, Simone Weil, Revolutionärinnen wie Rosa Luxemburg, weise alte Frauen wie Käthe die Kräutermuhme, hilfreich in den Bauernkriegen: sie alle können zu Stellvertreterfiguren der Sache Marias werden. Sie alle sind Ausdruck der »subversiven Hoffnung«, die sich durch die Geschichte des Christentums zieht. Maria ist somit für diesen Autor nicht die ewige Frau, sondern die konkrete Frau, eine Befreiungsfigur gerade auch für Frauen, deren Sache ein ewiges Thema der Weltgeschichte ist: die Beförderung des Prozesses von Freiheit und Gerechtigkeit unter den Menschen. Maria gehört also in die Freiheitsgeschichte großer Frauen hinein. Insofern und nur insofern ist für Marti Maria ein universales Symbol, das für eine Sache steht, die in vielfachen Spiegelungen und Brechungen in der Geschichte der Menschheit bis heute lebendig ist: die Befreiung der Menschheit durch Gott, die in Maria, der Mutter und Jesus, dem Sohn, ihren leuchtenden Ausdruck fand.

Quellenhinweise

S. 162: Novalis-Gedicht aus: »Novalis, Werke und Briefe«, Winkler Verlag, München

S. 164: Heinrich Heine-Gedicht aus: »Heinrich Heine, Die Wallfahrt nach Kevelaar« in »Werke in einem Band«, © Hoffmann und Campe Verlag, Hamburg, 1956, 9. Auflage, 1978

S. 165/166: Rainer Maria Rilke-Gedichte aus: »Rilke, Werke in drei Bänden«, © Insel Verlag, Frankfurt/Main 1966, »Hättest du der Einfalt nicht«, S. 429, »Jetzt wird mein Elend voll«, S. 433

S. 168: Trakl-Gedicht aus »Dichtungen und Briefe, 2. Bd., Historisch-kritische Ausgabe, hrsg. von W. Killy u. H. Szklenar, Otto Müller Verlag, Salzburg, 2. ergänzte Ausgabe 1987

S. 170: Ernst Toller-Gedicht aus: »Ernst Toller, Gesammelte Werke Bd. 2«. Herausgegeben von Wolfgang Frühwald und John Spalek. Erschienen im Carl Hanser Verlag München, Wien, © 1978 by Sidney Kaufman

S. 171/172: Bertold Brecht-Gedicht aus: »Gesammelte Werke«, © Suhrkamp Verlag, Frankfurt am Main 1967, »Maria«

S. 177: Heinrich Böll 1968, alle Rechte bei René Böll

S. 178 ff.: Kurt Marti-Gedicht aus: »Kurt Marti, ABENDLAND. Gedichte«, 1980 © by Luchterhand Literaturverlag, Darmstadt

Marienverehrung und Marienkult
in der darstellenden Kunst

Das Marienbild ist ein zentrales Thema sowohl in der Kunst als auch in der christlichen Frömmigkeit. Einerseits findet ihre Verehrung einen Niederschlag in den Darstellungen, andererseits haben diese wieder die Frömmigkeit beeinflußt und geprägt. Dazu ist noch zu beachten, daß die meisten Gläubigen bis hin zur Neuzeit Analphabeten waren, für die die Darstellungen das geschriebene Wort ersetzten. Das Marienbild gehört zu den beliebtesten Themen christlichen Kunstschaffens. Theologie und Anthropologie von rund 1500 Jahren haben es geprägt, die Vorstellungen reichen noch weiter zurück. Spekulation, Meditation und Empfindung haben eine nicht systematisierbare Fülle entstehen lassen.

Es hat seine Heimat im Osten und zeigt Maria zunächst in Christus gewidmeten Themen. Seit dem Konzil von Ephesus (431) erscheinen autonome Darstellungen Marias, und aus dem 843 beendeten Bilderstreit ging das Marienbild noch einmal gestärkt hervor. Die wichtigsten Typen sind die »Nikopoia«, die thronende Maria mit dem Kind auf dem Schoß, und die »Hodegetria«, die stehende Maria mit dem Kind auf dem Arm. Eine Variante letzterer ist die »Blachernitissa«, Maria als Orantin in Voll- oder Halbfigur, eine Weiterentwicklung die »Platytera« mit dem Kind in einer Scheibe vor der Brust. Die »Glykophilusa«, die Zärtliche, die »Galaktotrophusa«, die Stillende, die »Eleusa«, die Barmherzige, u.a. sind Abwandlungen der ursprünglichen Typen.[1]

Das abendländische Marienbild ist ohne diese byzantinischen Vorbilder nicht zu denken, doch erfahren diese hier eine Fülle von Variationen, Weiterbildungen und Ausgestaltungen von Sondertypen.

Es ist in diesem Rahmen nicht möglich, dem Phänomen in seiner ganzen Mannigfaltigkeit und Vielschichtigkeit gerecht zu werden. Ich will versuchen, exemplarisch die Frage nach Entstehung und Wurzeln, das Verhältnis zu Theologie und Kirche und die Bedeutung für das Menschenbild darzustellen. Entwickle ich die Problematik zunächst historisch, so richte ich den Blick doch immer auch auf die Anfänge der Kunst unseres Jahrhunderts, wo neue Weichen gestellt wurden, um aus dem Ganzen einige ›abschließenden Fragen‹ anzuzielen. Dabei verstehen sich diese nicht als Resümee oder gar ›Abschluß‹, sondern vielmehr als Eröffnung einer Diskussion, die auf breiter Ebene geführt werden muß.

1. Maria als Große Mutter und Göttin
Die Schutzmantelmadonna und verwandte Typen

Hier können Entstehung und Wurzeln eines Bildmotivs gezeigt werden. Ich wähle als Beispiel die Schutzmantelmadonna von Gregor Erhart in Frauenstein/Oö., entstanden um 1515 (Abb. 1). Sie zeigt Maria als thronende Königin mit dem Kind auf dem Schoß. Zwei Engel breiten ihren Mantel aus, unter dem je drei Männer und drei Frauen Schutz finden.
Auf anderen verwandten Darstellungen sehen wir Maria stehend in überragender Größe. Sie begegnet auch ohne Kind und kann selbst ihren Mantel ausbreiten und einer Gruppe Gläubiger, die sich um ihre Beine drängen, Schutz bieten.
Die Anfänge des Schutzmantelbildes liegen im späten 13. Jahrhundert in Italien. Es verbreitet sich im 14. und 15. Jahrhundert auch nördlich der Alpen. Einen Bruch bildet die Reformation. Das Thema wird zwar im Zuge der Rekatholisierung wiederaufgegriffen, erfährt aber keine inhaltlichen Neuerungen. Hierbei lassen sich verschiedene Typen unterscheiden, je nachdem ob Maria mit oder ohne Kind erscheint, die Menschen als eine Menge oder in ihrer Ständevertretung dargestellt sind und ob und wie ein Bezug zu Gott hergestellt wird. Eine Sonderform sind hier die »Pestbilder«: Gott-Vater oder Christus erscheint in einer oberen Ecke des Bildes, von wo aus er auf die durch den Mantel geschützte Menschheit mit Pfeilen zielt oder schießt.
Fragt man nach der Entstehung dieses Bildtyps, lassen sich im wesentlichen zwei Traditionsstränge verfolgen, die, zum geeigneten Zeitpunkt vereint, auf dem Hintergrund der Marienfrömmigkeit diese Fülle höchst einprägsamer und auch dem einfachsten Gemüt unmittelbar verständlichen Bildschöpfungen hervorbringen konnten. Bei der Suche nach den ältesten bildlichen Wiedergaben des Mantelschutzes stoßen wir in stadtrömischen Münzprägungen des 2. Jahrhunderts auf Darstellungen des Jupiter Conservator bzw. des Jupiter

Custos, der seinen Mantel schützend über den Kaiser hält; auch die personifizierte »Pietas« begegnet mit dem »Schutzmantel«. Neben diesen »offiziellen« Darstellungen findet sich das Thema auch in der Volkskunst, bei römischen Terrakotten des 2./3. Jahrhunderts in Verbindung mit dem Matronenkult.

In der Votivikonographie des Übergangs von der Antike zum Mittelalter kennen wir ein Fresko aus dem frühen 7. Jahrhundert in der Altarnische des Felicitas-Oratoriums in den Titus-Thermen, auf dem sich der Mantel einer Felicitas-Orans[2] im Gebetsgestus öffnet. Zu beiden Seiten steht eine Gruppe Devoti[3], um ihren Kopf sind eine Reihe von Inschriften.[4] Das Stehen unter den erhobenen Armen einer Orantin hat hier die gleiche Bedeutung wie das Stehen unter dem Mantel.

Doch bevor nun Maria die römische Pietas ablöst, übernimmt die byzantinische Maria Orans diese Bedeutung. In der Sophienkathedrale in Kiew befindet sich entlang des Öffnungsbogens der Apsis ein Vers aus dem Psalm 46: »Gott ist in ihr, und sie wird nicht erschüttert werden. Gott hilft ihr Tag für Tag«, darüber die Darstellung einer Maria Orans, deren Mantel sich, bedingt durch die betend ausgebreiteten Arme, weit öffnet. Solche Darstellungen waren weit verbreitet und verbanden sich, explizit in der Blachernenkirche in Konstantinopel, mit dem Glauben an die Wunderkraft der Mantelreliquie. Das Bild der Maria Orans fand seit dem 11. und 12. Jahrhundert seinen Weg nach Italien, wo es die römische Votivikonographie wiederbelebte und als »Mater misericordiae«, als Schutzmantelmadonna, populär wurde. Sie hatte nicht nur die Bedeutung, sondern im Standardtypus auch die Gestaltform der Blachernitissa übernommen.

Ohne es im einzelnen ausführen zu können, sei darauf hingewiesen, daß auch das Motiv der Pestpfeile bereits in der Antike begegnet, nämlich in der Ilias Homers: bei der Lagerung der griechischen Schiffe vor Troja.

Es ist hier nicht der Raum, im einzelnen auf die Entstehung und Entfaltung der Marienfrömmigkeit in Form von Gebeten, Legenden, Reliquien und (nicht zuletzt) auch Bildtypen einzugehen. Fest steht, daß sie im Hoch- und Spätmittelalter zu einem breiten Strom wird, man wohl mit Recht von einer »marianischen Zeit« sprechen kann. Dies läßt allerding nach dem politisch-gesellschaftlichen Hintergrund der Marienfrömmigkeit fragen, da dieser Aufschluß gibt über deren Funktion.

1339 beginnt der 100jährige Krieg, er endet 1453 und bringt als Ergebnis den Nationalstaat. Im Osten kommt die Bedrohung von den Türken, 1354 erstreckt sie sich auf Europa, 1453 fällt Konstantinopel. Durch den wirtschaftlichen Aufstieg im 11. Jahrhundert kommt es zur Ausbildung der Städte. Sie streben nach Mehrung ihrer Freiheiten und Ausdehnung ihres Hoheitsrechtes. Doch nicht nur das Reich, auch die durch die Gregorianische Reform noch einmal gestärkte Kirche verliert an Macht und Einfluß. Mit der Bulle »Unam Sanctam« (1302) versucht Bonifaz VIII noch einmal die geistlich-politische Vormachtstellung des Papsttums geltend zu machen. Mit dem Avignoner Exil (1309−78), das in das Abendländische Schisma (1378−1417) mündet, begeben sich die Päpste in französische Abhängigkeit. Im »Defensor Pacis« (1326) werden erstmals »konziliare« Ideen formuliert. Dies führt zu einer Reihe von Reformbewegungen, worauf die Kirche im wesentlichen zwei Antworten findet. Zum einen werden sie bestätigt, so bei den Orden, zum Teil verfolgt in Form von Inquisition, die in den Hussittenkriegen und den Hexenverfolgungen (Hexenhammer 1487, verfaßt von den Dominikanern Jakob Sprenger und Heinrich Institoris) verheerende Folgen annimmt. Die Philosophie Ockhams (1285−1349) erschüttert das mittelalterliche Weltbild. Dazu kommt die Pest, die ein Fünftel bis ein Drittel, rund 25 Millionen Menschen (die Angaben weichen hier stark voneinander ab) der europäischen Bevölkerung auslöschte.

In dieser Welt der Unsicherheit, Grausamkeit und Härte suchten die Menschen Halt und Schutz, und dies nicht zuletzt bei Maria. Der Zusammenhang mit der patriarchalen Rollenaufteilung in Stärke und Barmherzigkeit und einem Familienmodell, bei dem die Frau zu einem Hort des Ausgleichs gegenüber einer als grausam und hart empfundenen Welt wird und als Mittlerin zwischen den strengen Vater und die Kinder tritt, braucht wohl nicht eigens betont zu werden. Dazu kommt noch eine besondere Form des mittelalterlichen Strafrechts mit seiner Einrichtung des Gnadenbittens und dem Asylrecht. Da ein Urteil im wesentlichen dem freien Ermessen des jeweiligen Richters unterlag, war es möglich, falls dieses zu hart schien, es durch Fürsprache abzumildern. Diese Funktion übernahm zunächst die Geistlichkeit, dann vornehme Herren und, nicht zuletzt, Frauen.

Die Vorstellungen, die hinter der Schutzmantelmadonna stehen, greifen allerdings tiefer und sind allgemeinerer Natur, als sich an der unmittelbaren Vorgeschichte ausmachen läßt. Der Gebrauch des

Mantels als eines Symbols des Schutzes im weitesten Sinn des Wortes findet sich in religiösen Vorstellungen und weltlichem Recht fast aller Völker. Wir kennen Göttinnen mit dem Sternenmantel; für den politischen Bereich sei auf den Krönungsmantel Kaiser Heinrich II. (1014–24) im Bamberger Domschatz mit Sonne, Mond, Cherubim und Seraphim, Tierkreiszeichen, extrazoidikalen Sternbildern und der Erdkugel in Goldstickerei auf blauem Grund hingewiesen. Robert Eisler deutet den Mantel als Weltenmantel und Himmelszelt, von wo her er seine besondere Kraft und Bedeutung empfängt. Dazu kommen die Vorstellungen der »Großen Mutter«, was in einer vorkolumbischen Gefäßfigur aus Peru besonders sinnfällig wird.

So verbinden sich mit Maria Bedeutungen, die weit über den christlichen Horizont hinausgehen.

Ähnliches ließe sich an dem Typus der Madonna Platytera explizieren, einer Darstellung der schwangeren Maria, bei der das Kind auf/in ihrem Unterleib, häufig umgeben von einer Lichtaureole, zu sehen ist (Abb. 2).

Dieser Sinnkreis von Mutterschaft–Geburt–Wiedergeburt ist weit verbreitet; von der Steinzeit an begegnen Symbole weiblicher Figuren, die auf eine Schwangerschaft deuten lassen; wir finden sie in unterschiedlichen Materialien, von Stein bis Gold, in verschiedenen Abstraktionsgraden, vom bloßen Kreis bis zum jugendlichen König. Ein ägyptischer bemalter Holzsarg zeigt die Darstellung des Weges der Sonne duch den Leib der Himmelsgöttin (Abb. 3). Er findet sich wieder bei Marc Chagall, jenem Künstler, der Irdisches und Himmlisches in so faszinierender, vieles offen lassender Weise miteinander zu durchdringen weiß, in einem Ölbild aus dem Jahr 1912/13 mit dem Titel »Maternité« (Abb. 4).

Es wäre zu überprüfen, wie weit Typen der Maria als alte Frau, etwa das Bild der Pietà, ebenfalls solche außerchristlichen Vorstellungen übernehmen.

Einen Schritt weiter geht der Typus der Vierge Ouvrante, bei dem Maria im geschlossenen Zustand als Madonna mit Kind dargestellt ist, im geöffneten aber die Trinität in sich birgt (Abb. 5).

Es muß nicht eigens betont werden, daß sich in den hier besprochenen Darstellungen für die christliche Gottesvorstellung problematische Züge zeigen. Maria tritt als Mittlerin zwischen die Menschheit und einen Gott, der bisweilen äußerst bedrohliche und mit dem Neuen Testament unvereinbare Züge aufweist. Sie tritt bisweilen sogar an

seine Stelle, bis sie als Allmutter die Gottheit in sich birgt. So
bemühten sich dann auch Theologie und Konzilien, ihr die rechte
Stelle zuzuweisen, und die Kunst folgt, ihre Abhängigkeit von Gott
sinnfällig zu machen.

2. Maria in der Heilsgeschichte
Von Verkündigung bis zur Verherrlichung

Allen sind Darstellungen der Verkündigung bekannt. Das Geschehen
spielt in einem Innenraum, der Engel tritt oder gleitet durch die Tür,
durch das Fenster fallen oft Lichtstrahlen, in denen die Taube des
Heiligen Geistes schwebt, auf Maria. Häufig kniet sie auf einem
Betschemel, hält ein Buch, in einem Moment gespannter Aufmerksamkeit, zögernd, aber doch bereit. Dazu können Symbole kommen,
wie eine Vase mit einer weißen Lilie, ein Hinweis auf ihre Jungfräulichkeit, oder Anspielungen auf den Sündenfall. Maria erscheint als
die in Innerlichkeit zurückgezogene – in Apokryphen (hier u. a. das
Protoevangelium des Jakobus aus dem 2. Jahrhundert) wird ihr ganzes Leben von ihrer Kindheit und Jugend bis zum Tode ausgefaltet,
was Anregung zu umfangreichen Bildzyklen gab – demütige, reine,
gehorsame ›Magd des Herrn‹. In diesen Zusammenhang gehört auch
der Typus der Madonna dell' Humilita, wo Maria am Boden sitzt,
mitunter von einer Rosenlaube oder anderen symbolischen Anspielungen umgeben. Dazu können Engel kommen, sie kann gekrönt sein
und auch einen weiten, oft kostbaren Mantel tragen. Doch ihr Blick ist
gesenkt. Auf ihrem Schoß hält sie das Kind, über ihr erscheinen oft
noch Gott-Vater und die Taube des Heiligen Geistes.
Ist Maria auch die zentrale Figur, so sitzt sie doch am Boden, den Blick
gesenkt, ihr Ruhm ist der Sohn. Sie ist eingebunden in die Dreifaltigkeit.
Diese Sicht läßt sich weiterverfolgen bis zu Darstellungen ihrer
Würdigung. Die Krönung im Tympanon des Südportals des Straßburger Münsters um 1225/30 (Abb. 6) zeigt die jugendliche Maria
sitzend neben ihrem erwachsenen Sohn, flankiert von zwei Weihrauch schwingenden Engeln. Der gekrönte Christus sitzt aufrecht,
leicht Maria zugewandt, die Rechte im Segensgestus erhoben, mit der
Linken sie krönend, sein Blick ist unbewegt ernst auf sie gerichtet.
Maria ist etwas kleiner als er, sitzt weniger sicher, leicht geneigt,
ebenfalls ihm zugewandt, ihre Hände empfangend erhoben.

Sie verdankt ihre Erhöhung dem Sohn, und was sie ist, ist sie in Abhängigkeit von ihm.

Dieses kirchlich und theologisch legitimierte, stärker die menschliche Seite betonende Marienbild begegnet in ganz anderer Weise in einem Werk unseres Jahrhunderts, der Zigeunermadonna von Otto Müller. Eine ausgemergelte, aber durchaus selbstbewußte Frau mit markanten Gesichtszügen, eine Pfeife im Mund, blickt frontal aus dem Bild. Auf ihrem Schoß hält sie ein nacktes, haarloses, traurig schauendes Kind mit einem Hungerbauch, eine Blume in der Hand. Sie sitzt vor einem Wagen, dessen Rad zu ihrem Heiligenschein wird. Es scheint ein Verdienst der Kunst v. a. der ersten Jahrzehnte unseres Jahrhunderts zu sein, den Blick auf die Banalität und Härte des alltäglichen Lebens zu richten. Ein Bild wie dieses reiht sich ein in die Tradition des Magnificat, die gerade auch in den Befreiungsbewegungen und in der neueren Literatur (vgl. J. Kuschel) an Bedeutung gewinnt. Interessanterweise ist es diese menschliche Komponente des Göttlichen, die auch das Christusbild dieses Jahrhunderts wieder neu zu beleben und ihm seinen Ernst zurückzugeben vermochte.

Maria als die »Magd des Herrn«, deren ›Gehorsam‹ Gottes Heilswerk ermöglicht, hat durchaus seinen Ernst und Gültigkeit. Es ist ein Wahr-nehmen des Menschlichen, auch als göttlich bedeutsam. Doch besteht die Gefahr einer Verflachung und Sentimentalisierung. Jungfräulichkeit, worin auch ein Moment der Eigenständigkeit enthalten ist, wird auf den körperlichen Aspekt der Askese eingeengt, Bescheidenheit und Hingabe zum Ideal christlicher Frömmigkeit – und dies nun u. a. für Frauen. Dieses Bild jungfräulicher Mütterlichkeit diente allerdings nicht nur dazu, Menschen in Abhängigkeit und Unmündigkeit zu halten, sondern auch eine andere Seite der Wirklichkeit als böse abzuspalten. Diese Seite wird personifiziert in Eva, als deren Gegenspielerin und Überwinderin Maria auftritt. Wir wenden uns damit einem neuen Problemkreis zu.

3. Maria als Neue Eva
   Eine Antithese als Bildmotiv

Dies ist eine anthropologisch sehr bedeutsame Thematik, geht es hier nicht nur um die Frage der Mündigkeit, sondern weiter um die Verbindung von Geist und Sinnlichkeit.

Ich habe auf den Aspekt des Hinweises auf Eva in Zusammenhang mit Mariendarstellungen bereits hingewiesen. Theologisch findet sich die Gegenüberstellung Eva—Maria in Analogie zur Adam—Christus—Typologie (Röm 6,12—19) schon bei den Kirchenvätern, so etwa bei Justin (gest. um 165), Irenäus v. Lyon (gest. nach 200), Tertullian (gest. nach 220) und von hier aus allgemein in der patristischen Literatur. Auf eine einfache Formel bringt sie Hieronymus (gest. 420): »Mors per Evam, vita per Mariam.«[5] Ein theologisch interessanter Aspekt sei hier noch angemerkt. Es findet sich keine »Theologie Evas« im Alten Testament. Diese entsteht erst in Anschluß an die Marias, was die Typenfunktion dieser beiden Frauengestalten sehr deutlich macht. In dem um 1481 in Salzburg entstandenen Missale des Berthold Furtmeyr finden wir diesen Gedanken illustriert (Abb. 7). Das dekorative Rankengeflecht eines Rosenstrauches teilt die Miniatur in ein zentrales Rundbild und vier Eckmedaillons. Das Hauptbild ist symmetrisch aufgebaut, die Mitte bildet der Baum, um dessen Stamm sich die Schlange windet und der bereits mit Totenkopf und Kruzifix in seinen beiden Eigenschaften charakterisiert ist. Auf der Seite des Totenkopfes empfängt die völlig nackte Eva von der Schlange Früchte und reicht sie weiter an eine Gruppe Menschen, hinter denen grinsend der Tod steht. Auf der anderen Seite nimmt die mit einem langen Kleid und Mantel bekleidete und gekrönte Maria Hostien vom Baum und gibt sie den Gläubigen, hinter denen ein Engel in langem Gewand zu sehen ist. Am Fuße des Baumes sitzt Adam, erschlafft, über das Geschehen nachsinnend. Spruchbänder erläutern das Geschehen: Der Tod: »Mors est mal(is) vita bonis inde« (Von daher ist den Bösen der Tod, den Guten das Leben); der Engel: »Ecce panis angelor(um) f(a)c(t)us cibus viato(rum)« (Siehe das Brot der Engel, bereitet als Speise für die Pilger); Adam: »S(er)pens vicit ada(m) vetida(m) sibi suggeret escam« (Die Schlange hat Adam besiegt, daß er die verbotenen [vetitam] Speise zu sich nehme). In den oberen Medaillons sind allegorische Figuren mit Spruchband (Ps 77,25; Ps 36,16), die Sockelzone schließt sich zu einem Hirtenidyll zusammen, das drei Schriftrollen als geistlichen Fürstenspiegel erklären.

Sind hier Maria und Eva noch in mehr beschreibender Weise einander gegenübergestellt, begegnet in anderen Darstellungen diese als Überwinderin jener. Sehr eindrucksvoll ist dies beim Agilolph-Altar im Kölner Dom, ein flandrischer Schnitzaltar um 1520. Den dreiteiligen, in seiner Mitte steil ansteigenden Schrein überragen die heiligen Bischöfe Anno und Agilolph, zwischen ihnen erhebt sich im Zenit eine Mondsichelmadonna. Sie ist gekrönt, reicht dem Christusknaben eine Traube, Sinnbild des eucharistischen Weines, und steht auf der nackten Eva, die noch den Apfel in der Hand hält. Um ihren Fuß windet sich die Schlange.

Maria als die Heilige/Reine triumphiert über Eva/Schlange/Sinnlichkeit. Sie weiß sich darin in enger Verbindung mit der offiziellen Kirche und ihren Sakramenten.

Auch hier will ich noch den Blick auf ein Werk des 10. Jahrhunderts richten, die Madonna von Edward Munch von 1902 (Abb. 8), mit der Frage, wie weit hier eine Überwindung des Gegensatzes gelungen ist. Diese Madonna entbehrt durchaus nicht einer Erotik, ohne diese als verachtenswert oder aufreizend vorzustellen. Sie ist dargestellt in einem Moment gelöster Hingabe, in sich ruhend und doch neues Leben anzeigend. Ist es erlaubt, hier von einem Geist und Sinnlichkeit, Selbstsein und Bezogenheit integrierenden Menschsein zu sprechen?

Die Frage ist zu schwierig und weitreichend, um sie auch nur ansatzweise beantworten zu können. Hier müßte sich eine Auseinandersetzung mit der Kunst unseres Jahrhunderts über die enge mariologische Fragestellung hinaus, jedoch in Korrespondenz mit ihr anschließen, wo gerade auch die Arbeiten von Frauen besondere Beachtung finden müßten.

Abschließende Fragen

Es konnte gezeigt werden, daß die Marienverehrung einen wesentlichen Ausgangspunkt in der Kunst hatte. Vielfach folgte dieser die Theologie nach, nicht selten korrigierend, um sie in ein umfassendes theologisches System einzubauen, das dann allerdings wiederum auf die Kunst zurückwirkte. Hierbei darf auch nicht übersehen werden, daß lange Zeit für die überwiegende Zahl der Gläubigen das Bild das geschriebene Wort ersetzte, somit die Kunst in den Dienst der Theologie trat.

Als erste sei hier eine noch sehr allgemeine, aber doch grundsätzliche Frage gestellt: Erfüllt Maria stärker eine ästhetische oder eine theologische Funktion? Weiter gefragt: Ist sie für die Theologie dann nur ein Stein des Anstoßes, den es zurechtzurücken gilt, oder bekommt dieser (der Stein) für das ganze Gebäude tragende Bedeutung? Was passiert, wenn er herausgenommen wird?

Überdies wurde augenscheinlich, wie stark göttliche Bedeutung Maria in der Kunst und damit in der Verehrung zukommen konnte. Es wurde auch deutlich, daß eine Gott auf den strengen Richter reduzierende Vorstellung eine solche Korrektur notwendig machte. Doch schließen sich auch hier Fragen an: Zum einen: Braucht das Gottesbild eine Korrektur über Maria, oder sind nicht vielmehr in diesem selbst in der Verkündigung noch zu wenig ausgeschöpfte Momente? Wie weit ist es bisher gelungen, die trinitarische Wirklichkeit als eine lebendige und auch gewährende zu begreifen? Zum anderen: Wie weit könnte Maria überhaupt zur »Göttin« werden, ist ihr Bild doch auch mit den anderen, sehr abhängigen Aspekten eng verbunden? Und weiter: Was würde eine Ersetzung des »Mannes« durch die »Frau« bringen, anders gesagt: eine Ersetzung des »Patriarchats« durch das »Matriarchat«? Aber auch: Kann aus der Marienverehrung vielleicht Befruchtendes für unsere Bilder und Rede von Gott gewonnen werden?

Es wurde auf die Ambivalenz des Marienbildes hingewiesen; die zu mächtig zu werden drohende Maria wurde in ein heilsgeschichtliches System eingebunden, das auch wieder wertvolle Züge ernstgenommener Menschlichkeit enthält, aber doch auch die Gefahr in sich birgt, sie auf ein bestimmtes, dem patriarchalen Rollenbild entsprechendes Frauenbild festzulegen. Hier schließen sich noch einmal eine theologische und dann eine anthropologische Frage an:

Was bedeutet es, daß in der Korrespondenz von Menschlichem und Göttlichem ersteres als weiblich, zweiteres als männlich vorgestellt wird?

Ist das Marienbild auf weibliche Abhängigkeit festgelegt, oder ist es für die der modernen Anthropologie und dem neuen Selbstbewußtsein entsprechenden Modifikationen offen?

In diesem Zusammenhang ist auch ihre Gegenüberstellung zu Eva von großer Bedeutung. Maria vertritt die positiv gewertete Seite der Heilsgeschichte und des Frauenbildes mit einem stark triumphierenden Aspekt. Eva und Maria haben als Typen ihre Funktion in einem auf Gegensätzen basierenden Denken. Hier nun eine Frage mit sehr weit reichenden Konsequenzen: Was bewirkt eine Aufhebung dieser Entgegensetzung, eine Rückholung der als negativ abgespaltenen Seite der Wirklichkeit in den umfassenderen Zusammenhang? Ist ein System denkbar (und auch lebbar!), in dem die Rollen und Bewertungen weniger festgelegt sind und statt dessen dem Faktor Geschichte als immer noch zu entwerfender mehr Raum gegeben wird?

Anmerkungen

1. Die Bezeichnungen für die byzantinischen Bildtypen sind nicht einheitlich. Dies liegt u. a. auch daran, daß einige ihren Namen einer Beischrift auf den Ikonen verdanken, andere einem Ort, an dem sie vornehmliche Berühmtheit erlangten, andere wieder aus der Haltung, die Maria auf dem Bild einnimmt, mitunter sogar dem Material oder der Technik, in der sie ausgeführt wurden. Die Schwierigkeiten in der Typenbenennung ergeben sich daraus, daß gleichartig dargestellte Marienbilder oft ganz verschiedene Namen tragen.
2. Felicitas (lat. Fruchtbarkeit, Glück). Als »Orans« (lat. betend) wird der Typus einer stehenden Figur mit zum Gebet erhobenen Armen bezeichnet.
3. Devoti (lat. Verehrende, Flehende) bezeichnet hier eine Menschengruppe, die eine Personifikation/Göttin von Fruchtbarkeit/Glück um Hilfe anrufen, was durch die jeweilige Inschrift verdeutlicht und näher erläutert wird.
4. Justin, Dialogus cum Tryphon 100; PG 6, 709–12.
   Irenäus, Adversus haereses 5, 19, 1; PG 7, 1175.
   Tertullian, De carne Christi 17; CSEL 70, 232–33.
   Hieronymus, Epistula 22 Ad Eustochium 21; CSEL 54, 173.
5. »Tod durch Eva, Leben durch Maria.«

Verwendete Literatur

Christa Belting-Ihm, Sub matris tutela. Untersuchungen zur Vorgeschichte der Schutzmantelmadonna (Abhandlungen der Heidelberger Akademie der Wissenschaften), Heidelberg 1976.
Robert Eisler, Weltenmantel und Himmelszelt. Religionsgeschichtliche Untersuchungen zur Urgeschichte des antiken Weltbildes, München 1910.
Ernst Guldan, Eva und Maria. Eine Antithese als Bildmotiv, Graz/Köln 1966.
Leonhard Küppers (Hg.), Die Gottesmutter. Marienbild in Rheinland und in Westfalen, Recklinghausen 1974.
Monika Leisch-Kiesl, Die Schutzmantelmadonna. Entstehung, Bedeutung und theologische Implikationen, ms. Linz 1983, erscheint im Frühjahr 1989 bei Herold/Wien.
Erich Neumann, Die Große Mutter. Eine Phänomenologie der weiblichen Gestaltungen des Unbewußten, Olten (2) 1974.
Gertrud Schiller, Ikonographie der christlichen Kunst. Bd. 4/2, Maria, Gütersloh 1980.

Horst Schwebel/Heinz-Ulrich Schmidt (Hg.), Die andere Eva. Wandlungen eines biblischen Frauenbildes, Menden 1985.

Marina Warner, Maria, Geburt, Triumph, Niedergang – Rückkehr eines Mythos?, München 1982.

Adolf Weis, Die Madonna Platytera. Entwurf für ein Christentum als Bildoffenbarung anhand der Geschichte eines Madonnenthemas, hg. v. Elisabeth Weis, Königstein/Taunus 1985.

Abb. 1: *Gregor Erhart, Schutzmantelmadonna.*
Frauenstein/Oö., um 1515. Votivgabe im Auftrag Kaiser
Maximilian I (dargestellt mit seiner Frau und vier Schutzbe-
fohlenen) (Foto: Archiv für Kunst und Geschichte, Berlin).

Abb. 2: Platytera. Sog. »Josephszweifel« (auch »Maria am Spinn-rocken«).
Tafelbild, Erfurter Meister, Ende 14. Jahrhundert. Holz m. Leinwand, 27 x 19 cm. (Foto: Gemäldegalerie Staatl. Museen Preuß. Kulturbesitz, Berlin (West)).

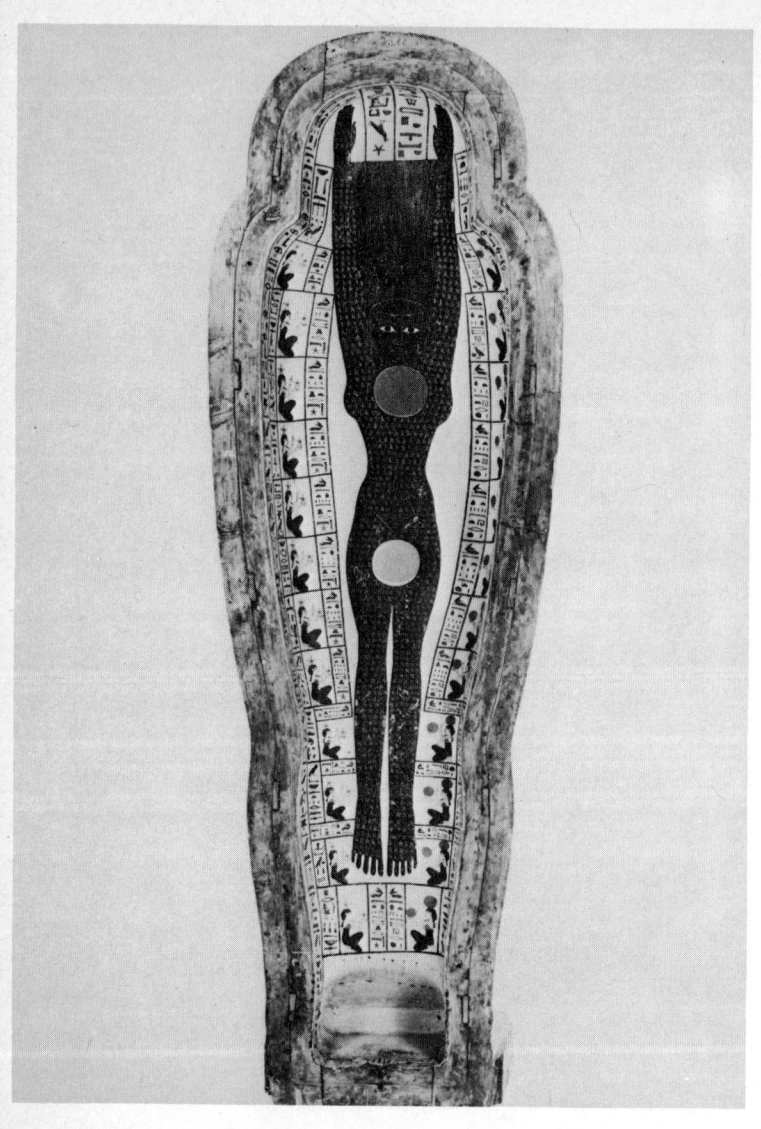

*Abb. 3: Bemalter Holzsarkophag, Innenseite
Ägypten. Rijkmuseum von Oudheden, Leiden, (Foto: Archiv
für Kunst und Geschichte, Berlin).*

Abb. 4: Marc Chagall, Maternité 1912/13
Öl/Lw., 193 x 116 cm. Stedelijk Museum, Amsterdam
(Foto: Archiv für Kunst und Geschichte, Berlin).

Abb. 5: Vierge Ouvrante.
Frankreich, 15. Jahrhundert, bemaltes Holz, Musée de
Cluny, Paris (Foto: Archiv für Kunst und Geschichte, Berlin)

Abb. 6: Marienkrönung.
    Straßburg, Münster, Südportal, Tympanon der östlichen
    Tür, 1225–30 (Foto: Bildarchiv Foto Marburg).

Abb. 7: Missale des Berhold Furtmeyr.
Um 1481, Titelminiatur fol. 60v zum Officium de Corpore
Christi, 37,5 × 27 cm. Bayr. Staatsbibl., München, Cod. lat.
15 710 (Foto: Archiv für Kunst und Geschichte, Berlin).

Abb. 8: Edward Munch, Madonna. 1902. Farblithographie.
München, Staatl. graph. Sammlung (Foto: Archiv für Kunst
und Geschichte, Berlin; © VG-Bild/Kunst, Bonn.

Die Autoren

Schalom Ben-Chorin, geb. 1913 in München; lebt seit 1935 in Jerusalem als Schriftsteller, Publizist und Dozent; verheiratet, Sohn und Tochter und drei Enkel; Verfasser vieler Bücher über Judentum und Christentum; Professor h.c. 1985; D. theol. h.c. 1988; Träger der Buber-Rosenzweig-Medaille und anderer Auszeichnungen.

Kari Elisabeth Børresen, geb. 1932 in Oslo; römisch-katholisch. 1960 M. A. mit einer Dissertation in Ideengeschichte, 1968 Doctor philosophiae (=Habilitation) an der Universität Oslo, Studien und Forschungsarbeiten auch im Ausland, vor allem in Paris und Rom; derzeitig Forschungsprofessorin des Königlich-Norwegischen Kultur- und Wissenschaftsministeriums, zeitweise Gastprofessorin an der Theologischen Fakultät der Päpstlichen Universität Gregoriana in Rom (1977–1979), an der Autonomen Fakultät für protestantische Theologie (Lehrstuhl für Ökumenik) der Universität Genf (1981), an der Divinity School der Harvard University (1981–1982). Center of Theological Inquiry, Princeton (1988–1989). Seit 1979 Mitglied des Wissenschaftlichen Rates der Internationalen Vereinigung für patristische Studien, zahlreiche Veröffentlichungen im In- und Ausland.

Virgil Elizondo, in San Antonio, Texas geboren; studierte an der Ateneo University in Manila, am dortigen East Asian Pastoral Institute und am Institut Catholique zu Paris, seit 1971 Leiter des Mexican American Cultural Center in San Antonio, veröffentlichte zahlreiche Bücher und Zeitschriftenartikel, Mitglied des Direktionskomitees von CONCILIUM, der Herausgebergremien von Catequesis Latino Americana und der »God With Us Catechetical Series« (Sadlier Publishers, Inc., USA), arbeitet in der theologischen Begleitung der Basisgruppen in den Armenvierteln der USA.

Catharina J. M. Halkes, geb. 1920 in Vlaardingen, Niederlande; Doktorat, Studium der Philologie, Literaturgeschichte und Theologie an den Universitäten Leiden, Utrecht und Nijmegen; 1970 Dozentin und Pastoral-Spervisiorin für Praktische Theologie, 1977 gründete sie das Projekt »Feminisme en Christendom«, welchem 1983 ein außerordentlicher Lehrstuhl zuerkannt wurde; 1982 Ehrendoktor von der Berkeley Divinity School at Yale Universicity; 1983–1986 Professorin für Feminismus und Christentum an der Katholischen Universität Nijmegen, 1986 em.; zahlreiche Publikationen zur Feministischen Theologie.

Maria Kassel, geb. 1931 in Frankenthal/Pfalz; studierte katholische Theologie und Germanistik, war längere Zeit Lehrerin am Gymnasium, lehrt seit 1964 als Studienprofessorin an der Katholisch-Theologischen Fakultät der Universität Münster Religionspädagogik und ist in der Fortbildung von Religionslehrern sowie in der Erwachsenenbildung tätig. Sie befaßt sich besonders mit den Berührungen zwischen Theologie und Tiefenpsychologie und mit feministischer Theologie. Verschiedene Veröffentlichungen.

Hans Küng, geb. 1928 in Sursee (Luzern); Studium der Philosophie an der Päpstlichen Universität Gregoriana in Rom, 1951 dort Lizentiat der Philosophie und 1951–55 Studium der Theologie, 1954 Ordination, 1955 Lizentiat der Theologie, 1955 Studium an der Sorbonne und am Institut Catholique in Paris, dort 1957 Doktorat der Theologie; weitere Studienaufenthalte in Amsterdam, Berlin, Madrid und London. 1957–59 in der praktischen Seelsorge an der Hofkirche in Luzern, 1959–60 Wiss. Assistent für Dogmatik an der kath.-theol. Fakultät der Universität Münster, 1960–63 ord. Professor der Fundamentaltheologie an der kath.-theol. Fakultät der Universität Tübingen; 1962 von Papst Johannes XXIII. zum offiziellen theologischen Konzilsberater ernannt; 1963–80 ord. Professor der Dogmatik und ökumenischen Theologie an der kath.-theol. Fakultät sowie Direktor des Instituts für ökumenische Forschung der Universität Tübingen; seit 1980 fakultätsunabhängiger ord. Professor für ökumenische Theologie und Direktor des Instituts für ökumenische Forschung der Universität Tübingen; sieben Ehrendoktorate, viele Gastprofessuren im In- und Ausland, versch. Preisverleihungen. Herausgeber der Reihe »Theologische Meditationen«, und (zus. m. J. Moltmann) der Reihe »Ökumenische Forschungen« sowie der »Kleinen ökumenischen Schriften«; Direktionsmitglied der Internationalen Theologischen Zeitschrift CONCILIUM, Associated Editor of Journal of Ecumenical Studies, Herausgeber (zus. m. E. Jüngel/W. Kasper/J. Moltmann) der Reihe »Ökumenische Theologie«. Mitglied von PEN American seit 1978 und des PEN-Zentrums der Bundesrepublik Deutschland seit 1978; zahlreiche Veröffentlichungen.

Karl-Josef Kuschel, geb. 1948; Studium der Germanistik und Theologie an den Universitäten Bochum und Tübingen, 1972 Staatsexamen, 1977 Promotion zum Dr.theol., 1973–1980 Wiss. Assistent. 1978/79 Visiting Scholar an der Harvard University. Ab 1981 Akademischer Rat am Institut für ökumenische Forschung der Universität Tübingen und Lehrbeauftrager an der Kath.-Theologischen Fakultät. Zahlreiche Veröffentlichungen im Grenzgebiet von Theologie und Literatur.

Monika Leisch-Kiesl, geb. 1960 in Linz, 1978 Abitur, Studium der kath. Theologie an der Universität Linz, 1984 Magister, arbeitet derzeit als Assistentin am Institut für Kunst und Kirchenbau an der Kath. Theol. Hochschule Linz, Studium der Kunstgeschichte und Philosophie in München, promoviert in Theologie in Salzburg.

Gottfried Maron, geb. 1928 in Osterwieck/Harz; Studium der Theologie in Göttingen, 1956 Promotion zum Dr.theol., 1956–1964 Wiss. Referent am Konfessionskundlichen Institut des Evangelischen Bundes in Bensheim/Bergstraße, 1963–1965 im Auftrage der Evangelischen Kirche in Deutschland Berichterstatter beim II. Vatikanischen Konzil in Rom, 1964 Wiss. Assistent, 1969 Universitätsdozent in Erlangen, 1973 Professor für Kirchengeschichte an der Kirchlichen Hochschule Berlin, 1976 Professor für Kirchen- und Dogmengeschichte an der Universität Kiel, seit 1979 Präsident des Evangelischen Bundes; zahlreiche Veröffentlichungen.

Jürgen Moltmann, geb. 1926 in Hamburg; Studium der ev. Theologie als Kriegsgefangener in England und ab 1948 in Göttingen; 1952 1. theol. Examen und Promotion zum Dr.theol. Von 1952–1958 Gemeinde- und Studentenpfarrer in Bremen, 1957 Habilitation in Göttingen, 1958–63 ord. Professor für Theologiegeschichte an der Kirchlichen Hochschule in Wuppertal, 1963–67 ord. Professor für Systematische Theologie und Sozialethik an der Universität in Bonn, seit 1971 ord. Professor für Systematische Theologie an der Universität in Tübingen. 1971 erhielt er den italienischen Literaturpreis premio d'Isola d'Elba. Sechs Ehrendoktorate; Mitglied der Paulus-Gesellschaft, Teilnahme am christlich-marxistischen Dialog der sechziger Jahre; seit 1976 am christlich-jüdischen Dialog beteiligt, von 1963 bis 1983 Mitglied der ökumenischen Abteilung Faith and Order und Teilnahme an vielen ökumenischen Konferenzen; nach dem Tod von Ernst Wolf übernahm er als Herausgeber die Zeitschrift »Evangelische Theologie«; seit 1977 Vorsitzender der »Gesellschaft für Evangelische Theologie«; Direktoriumsmitglied der katholischen Zeitschrift CONCILIUM, Herausgeber (mit Hans Küng) der Hefte zum Ökumenismus; zahlreiche Veröffentlichungen.

Elisabeth Moltmann-Wendel, geb. 1926 in Herne; Studium der Theologie an den Universitäten in Berlin und Göttingen; Promotion zum Dr.theol., verheiratet und vier Kinder, viele Veröffentlichungen, insbesondere im Kontext der Feministischen Theologie.

John McKenzie, geb. 1910 in Barzil, Indiana (USA); 1939 Priesterweihe, Studien an der St. Louis University, am St. Mary's College (Kansas) und am Weston College, Master of Arts und Doktor der Theologie. Lehrtätigkeit an der De Paul University in Chicago, Autor versch. Bücher.

Nikos Nissiotis, geb. 1925 in Athen, gest. 1986; Studium und Graduierung in Theologie an der Theologischen Fakultät der Universität Athen, weiterführende Studien und akademische Grade an den Universitäten Zürich (1948–1949) und Basel (1951–1952) sowie am Institut Supérieur de St. Thomas d'Aquin in Löwen (1952–1954); dort Erwerb von Graden in Philosophie. 1956 Promotion zum Dr.theol. an der Theologischen Fakultät der Universität Athen, 1966 dort a.o. Professor, 1969 o. Professor für Religionsphilosophie, 1958–1966 Beigeordneter Direktor des Ökumenischen Instituts von Bossey bei Genf und 1966–1974 Professor und Direktor der Graduiertenschule für ökumenische Studien an der Universität Genf. Während der Zeit seines Dienstes dort wurde er vom Ökumenischen Rat der Kirchen zu einem seiner beiden ständigen Beobachter beim II. Vatikanischen Konzil ernannt, an dem er während drei Sessionen voll teilnahm. 1967–1972 Beigeordneter Generalsekretär des Ökumenischen Rates der Kirchen, ständiges Mitglied der Gemeinsamen Arbeitsgruppe des Ökumenischen Rates und der römisch-katholischen Kirche von ihrer Gründung an (1965) bis 1974, als er aus dem Stab des Ökumensichen Rates ausschied, um sich auf Dauer in Athen niederzulassen, wo er bis zu seinem Tode hauptamtlich als Professor der Theologischen Fakultät tätig war, Autor zahlreicher Veröffentlichungen.